Peter Renz

Der Händler
Knotenpunkte meines Lebens

Dieses Buch widme ich
meiner Heimatstadt Schramberg

Inhaltsverzeichnis

Das Beste, was man nach einer Reise nach Hause bringt,
ist die heile Haut.

Persisches Sprichwort

Prolog

Im Leben eines jeden Menschen gibt es Zeiten, die wir ganz individuell als unterschiedlich lang oder kurz empfinden. Jemand, der wie ich aus einer traditionellen Uhrenstadt wie Schramberg stammt, weiß davon ein Lied zu singen. Meine Kindheit, die voller Wunder steckte, empfand ich als lang und niemals endend. Meine Jugend dagegen – und wie manche sagen meine Flegeljahre – war voller Sehnsucht nach dem Unbekannten und erschien mir mitunter als viel zu kurz. Abenteuerlich wurde eine Zeitspanne, in der ich als einer der ersten Teppichhändler der Welt Mitte des letzten Jahrhunderts nach Persien, China und Afghanistan reiste, um vor Ort nach den schönsten Stücken Ausschau zu halten. Wehmütig wurde die Zeit, als sich meine Branche radikal änderte, was sich im Rekordtempo vollzog. Und wenn ich jetzt am Schreibtisch in meinem Elternhaus sitze, aus dem Fenster quer über die Straße auf die historistische Fassade des prächtigen Rathauses unserer Stadt blicke, kommt mir die Zeit auf einmal nicht mehr linear vor, wie sie die zahllosen Uhren in unserer Stadt abbilden, sondern wie Friedrich Nietzsche sie empfunden hat: „Die Zeit ist ein Kreis", schrieb er, und genauso empfinde ich sie in diesem Augenblick. Denn ich kehre zurück an den Anfang und sehe dort als erstes Bild … einen Baum. Einen schönen, mächtigen Baum.

Kapitel 1

Zeit der Wunder

Die Knüpffäden im Teppichgefüge von Kette und Schuss nennt man Knoten. Es handelt sich jedoch nicht wirklich um Knoten, sondern um einfache, festgezogene Schlingen.

Aus den Reisetagebüchern von Peter Renz

Es ist eine Platane, und sie steht heute ganz in der Nähe meines Elternhauses. Selbst im gestutzten Zustand ist sie groß; damals jedoch erschien sie mir riesig. Soeben hatte ich unter wüstem Indianergeheul meine Freundin Karin Plake am Stamm festgebunden. Wir schrieben das Jahr 1949, ich hatte meinen achten Geburtstag hinter mir, mein Vater Otto Renz war aus französischer Kriegsgefangenschaft nach Hause zurückgekehrt, und ich war der Oberindianer in unserer kleinen Welt. Stellen Sie sich Schramberg im Schwarzwald als Städtchen in einem tiefen Tal vor – genauer gesagt in fünf tiefen Tälern –, umgeben von hohen mit dunklen Fichten und Tannen bewachsenen Bergen. Im 19. Jahrhundert war die Industrie mit Macht in dieses Städtchen gezogen und hatte die zuvor bäuerliche Gesellschaft radikal gewandelt. Es begann mit der Steingutfabrik Uechtritz & Faist im Jahr 1820, die bald zu den größten Fabriken im Königreich Württemberg gehörte und aus der später die Schramberger Majolikafabrik der Familie Meyer entstand. Die Strohmanufaktur Johann Peregrin Haas & Cie beschäftigte zu dieser Zeit bereits 6000 Menschen in Heimarbeit. Es folgten die Emaillefabrik Schweizer und die Uhrenfabrik Junghans, die zur Jahrhundertwende damit warb, die größte Uhrenfabrik der Welt zu sein. Über eine Million Uhren wurden Jahr für Jahr gebaut, und auch an anderen Orten stellte man bei uns Uhren her: in der HAU, Kürzel für Hamburg-Amerikanische Uhrenfabrik, die wie Junghans eng mit der Hugo Kern Zugfedernfabrik, der Federnfabrik von Carl Haas, der Uhrfedernfabrik Pfaff & Schlauder und der Maschinenfabrik Hermann Kneissler kooperierte. Die Papierwarenfabrik von Gustav Maier buhlte mit um die begehrten Arbeiter, wie auch die Möbelfabrik Ferdinand Moser, die als eine der ersten in Deutschland in die industrielle Fertigung von Schlafzimmern einstieg. Es ist kein Wunder, dass in der ganzen Stadt prächtige Fabrikantenvillen entstanden, und Rathaus und Königliches Postamt im repräsentativen historistischen Stil erbaut wurden. Schon früh erhielt Schramberg eine elektrische Beleuchtung. Wer etwas auf sich hielt, hatte bereits ein Telefon, und eines der ersten Autos von Gottlieb Daimler und Wilhelm Maybach kurvte durch die Straßen der Fünf-Täler-Stadt.

Als Oberindianer war mir das alles herzlich egal – erst später als aufstrebender Teppichhändler profitierte ich von der industriellen Vielfalt meiner Heimatstadt. Doch was scherte die Zukunft uns Kinder? Zwar führte mein Vater als gelernter Dekorations- und Polstermeister das vom Großvater übernommene Einrichtungshaus, in dem man vom Linoleum Stragula – das war eine Linoleum-Imitation, hergestellt aus Bitumen-Pappe – über Webteppiche und Gardinen bis hin zu Lederwaren alles bekam. Dass ich aber jemals in seine Fußstapfen treten sollte, war selbst in späteren Jahren alles andere als klar. Im Moment zählte nur, dass ich als Häuptling der Apachen endlich die feindliche Späherin der Komantschen dingfest gemacht hatte und sie jetzt kunstvoll an den Marterpfahl band, eben an die dicke Platane. Karin lachte mir ins Gesicht. Genau so ist mir meine Kindheit in Erinnerung: Wir spielten, wir lachten, wir hatten jede Menge Streiche im Kopf.

Wir – das waren die Kinder rund ums Viertel des sogenannten Beamtenbaus. Die zweiflügelige Wohnanlage, die es heute noch gibt, war von den Gebrüdern Junghans für ihre leitenden Angestellten errichtet worden. Auch die Zunftstube – damals noch mit eigenem Musikpavillon – gehörte zum Areal, und auf ihr prangte ebenfalls der Name Junghans. Von Fabrikgründer Erhard Junghans als Wohnhaus genutzt, wurde sie später zum Casino der Uhrenfabrik umgemünzt. Noch später sollte die Zunftstube eng mit meinem Namen verbunden sein – und mit einigen Skandälchen und Skandalen, von denen noch zu hören sein wird. Ein gewaltiger Gebäudekomplex grenzte unser Viertel nach Süden ab: die Junghans-Kolonie, eine Werksiedlung aus dem Jahre 1919. Die Gewerbebank, der große Klotz des damaligen Gymnasiums sowie das prächtige Postgebäude waren weitere Grenzen unseres Tatendrangs, wie auch der Schlossberg, der Schramberger Hausberg, gekrönt mit der Burg Hohenschramberg, einst eine der mächtigsten Festungsanlagen Süddeutschlands. Im Viertel gab es jede Menge Kolonialwarengeschäfte, die sprichwörtlichen Tante-Emma-Läden. Gleich um die Ecke handelte Martha Junghans mit Tabakwaren, und vor allem die wunderbar stinkenden Krummen Hunde waren begehrt. Mit anderen Worten: Wir hatten einen Spielplatz, der sich sehen lassen konnte. Sein Mittelpunkt war jedoch die Platane. Manchmal Kletterbaum, manchmal Versteck mit unseren Baumhäusern, manchmal Marterpfahl wie an jenem Tag, als mein Siegesgeheul übertönend die Komantschen johlend vom Hof des Beamtenbaus vordrangen. Ich muss lächeln, wenn ich das Foto vor mir betrachte, das mir diese Szene in Erinnerung ruft. Unser Viertel war stets voller Kinder in kurzen Hosen und langen Röcken, barfuß und dünn, denn die wöchentlichen Lebensmittelrationen fielen in Schramberg wie anderswo gering aus: 2,1 kg Brot, 3,2 Kilo Kartoffeln, 100 Gramm Fleisch, 75 Gramm Fett, 47 Gramm Käse, was rund 1000 Kalorien am Tag ergab, mussten reichen. Trotzdem sehe ich auf dem Foto nur lachende Gesichter, von deutschen wie von französischen Kindern. Das war der Nachwuchs der französischen Besatzer. Sie spielten mit uns und sprachen schon bald schwäbisch, eines der Wunder dieser Zeit. Meine Heimatstadt war am 20. April 1945, punktgenau zu Hitlers Geburtstag, von Franzosen und Marokkanern besetzt worden. Alles in allem hatten wir trotz kriegswichtiger Industrie den Krieg einigermaßen unversehrt überstanden. Ich erinnere mich an zahlreiche Luftangriffe, bei denen meine Mutter Martha meine sieben Jahre ältere Schwester Gertrud und mich an die Hand nahm, um mit uns über die Brücke vom Kirchenbach zum Felsenbunker am Rossgumpen zu laufen. Erstaunlicherweise hatte ich dort drin nie Angst; im Gegenteil: Ich machte mir einen Namen, wie mir meine Schwester später erzählte, weil ich die Menschen im Bunker mit Liedern unterhielt. Bedingt durch die enge Tallage flogen die alliierten Flugzeuge meist über die Stadt hinweg, bevor sie ihre Ziele ins Visier nehmen konnten. Im Gegensatz zum stark zerstörten Freudenstadt dreißig Kilometer weiter nördlich blieb Schramberg auf diese Weise weitgehend von den Bomben verschont. Auch kam es nicht zu Pogromen in den ersten Tagen der Besatzung, wie sie die leidgeprüfte Bevölkerung von Freudenstadt erdulden musste. Obwohl ich noch jung war, ist mir einiges davon in Erinnerung geblieben, als der französische Militärkommandant Capitaine Puga das Kommando in der Stadt übernahm, da unser Haus, eines der zentralsten im Ort, von den Franzosen annektiert wurde. Dreißig dunkelhäutige Soldaten wurden in den Geschäftsräumen einquartiert. Von nun an mussten meine Mutter, meine Großmutter und meine Tanten für sie kochen. Vor allem die jüngste der Tanten hatte Angst. Wahrscheinlich wusste sie, was Frauen und Mädchen in Freudenstadt widerfahren war. Ausgerechnet sie war als einziges Mitglied unserer Familie mit den Nationalsozialisten auf gutem Fuß gestanden. Allerdings nur, bis ihr Verlobter an der Front fiel – dann war es vorbei mit der Begeisterung. Die bei uns einquartierten Soldaten führten jedoch nichts Böses im Schilde. Die größte Gefahr, die von ihnen ausging, war, dass sie mit qualmenden Kippen im Mund einschliefen und unser Haus ständig von einem ausbrechenden Feuer bedroht war. Sie liebten die Jagd und hatten große gelb-braun gefleckte Hunde mit dabei. Gleich hinter der Platane bauten sie einen Zwinger. Einmal kletterte ich in den Ästen herum, fiel herab und mitten in das Rudel. Zum Glück hielten mich die Hunde nicht für ein verirrtes Kitz, sondern leckten mir übers Gesicht, anstatt mich zu beißen. Das hoben sie sich auf fürs Rotwild und für Wildschweine, die von den Soldaten in den dichten Wäldern rund um Schramberg gejagt wurden. Ihre Beute wurde bei uns zubereitet, und der Duft von Gebratenen zog durchs Haus hinaus auf die Straße. Das war für unsere Nachbarn sicher nicht leicht. Vielleicht haben sie sich damit getröstet, dass auch wir vom Festmahl nichts abbekamen.

Weil immer wieder neue Soldaten bei uns einquartiert wurden, hatte meine Mutter häufig in der Kommandantur zu tun. Sie war eine belesene Frau und hatte durch ihre Verwandtschaft in München viele Bekannte unter den Künstlern in Schwabing. Wie so viele Frauen war sie es mittlerweile gewohnt, den Laden allein zu schmeißen. Und so marschierte sie eines Tages ins Büro des französischen Befehlshabers mit dem festen Willen, meinen Vater aus der Kriegsgefangenschaft freizukriegen. Viele Gefangene waren in den Lagern von Sainte-Marthe, Castres an der Tarn, Chalon und Nice inhaftiert.

Im Januar 1946 kamen 12 670 von ihnen ins Durchgangslager Tuttlingen, eine Autostunde von Schramberg entfernt. Doch mein Vater war nicht unter ihnen. Vielleicht dachte meine Mutter nicht nur an ihn, sondern auch an ihren gefallenen Bruder, als sie vor dem Kommandanten stand, oder an den Bruder, der mit nur einem Arm aus dem Krieg heimgekehrt war. Was sie alles besprachen, hat sie mir nie erzählt, nur dass es um die wertvolle Briefmarkensammlung meines Vaters ging. Auf die war Monsieur le Kommandant mächtig scharf. Er versprach, Briefe zu schreiben, die die Freilassung beschleunigen sollten. Auf diese Weise bekam er die Sammlung, doch die Briefe schrieb er nie. Darüber hat mein Vater später kein Wort verloren. Überhaupt hatte er nach seiner Rückkehr nur positive Dinge über seine Zeit in Frankreich zu sagen, ausgenommen die Monate, die er im Lager Chalon sur Marne in der Nähe von Reims verbringen musste. Danach wurde er einem Bauern der Gegend als Arbeiter zugewiesen. Auf dem Bauernhof fühlte er sich wohl und konnte sogar seine Verletzungen auskurieren. Die französische Familie behandelte ihn wie einen Gleichgesinnten. Weil mein Vater handwerklich geschickt war, kamen sie bald so gut miteinander aus, dass eine Freundschaft entstand. Zurück in Schramberg war es für ihn eine ausgemachte Sache, dass ein nationalistischer Irrsinn nie wieder passieren durfte. Er sorgte dafür, dass meine Schwester und ich zum Schüleraustausch nach Frankreich kamen. Wir sollten die Sprache lernen und die Kultur erfahren. Wer sich kennt und miteinander reden kann, muss sich nicht bekriegen, war sein Motto. Bald nach seiner Rückkehr reiste mein Vater mit mir nach Reims. Wir besuchten die Familie auf dem Bauernhof, und ich stellte fest, dass beide Seiten Respekt füreinander hatten. „Patron", sprachen die Franzosen meinen Vater an. Diese Freundschaft war wahrlich mehr wert als die verlorene Briefmarkensammlung! Mir brachte sie Reims nahe – die Stadt und ihre berühmte Kathedrale sollten später in meinem Leben noch eine Rolle spielen.

Ein weiteres Motto meines Vaters kommt mir im Sinn, das ich selbst ganz und gar verinnerlicht habe. „Es muss etwas laufen", sagte er bei jeder Gelegenheit. Er hatte etwas Umtriebiges; er war ein Schaffer im besten schwäbischen Sinn mit viel Verständnis für die schönen Seiten des Lebens. Lustig durfte es sein – nein, musste es sein. Humor und „was zu lachen" waren für meinen Vater so wichtig wie die Luft zum Atmen. Und wenn es in Schramberg lustig wird, ist die Fasnet nicht weit.

Fasnet heißt bei uns die fünfte Jahreszeit. Für manche, und ich nehme mich da nicht aus, ist sie die wichtigste Jahreszeit. Wir machen jedoch keinen Karneval, denn „Fasnet", wie man hier landauf, landab zu sagen pflegt, „isch a ernschde Sach'". So eine ernste Sache mit einer lustigen Seite zu verbinden, ist eine Herausforderung, die wir Jahr für Jahr geradezu meisterlich hinkriegen. In Schramberg gehört man zum Einflussbereich schwäbisch-alemannischer Zünfte, wo man sich bis heute die Köpfe darüber heißredet, ob der Ursprung der Fasnet im Widerstand gegen die Obrigkeit liegt, ob der Vorabend der Fastenzeit gefeiert wird oder ob es um die Austreibung des Winters geht. Auszutreibende Winter gabs in meiner Kindheit noch – ich erinnere mich an Schneeberge, die von Oktober bis April die Straßen von Schramberg säumten – doch damit ist es vorbei. In der Fastenzeit biegen sich die Regale der Supermärkte unter den Schokoladen-Osterhasen. Bleibt noch der Widerstand gegen die Obrigkeit, was mir immer mal wieder eine Herzensangelegenheit wurde.

Ernst war die Fasnet auch, als in Schramberg der „Hanselsprung mit Brezelsegen" erfunden wurde. Hansel heißt eine unserer schönen Narrenfiguren. Auf seinem Kostüm – wir nennen es Häs – sieht man vorne Fuchs und Hase, auf der Rückseite das Stadtwappen mit dem Greif. Der hält allerdings kein Schwert in der Hand, sondern eine gefüllte Brezelstange. Mit der hat es etwas auf sich. So eine Stange führt der Hansel mit sich, auf ihr stecken bis zu dreißig Brezeln. Wer unser Fasnetslied zu singen versteht, bekommt eine in die Hand oder gleich in den Mund gedrückt. Man muss es erlebt haben, wenn am Fasnetssonntag 800 Hansel mit ihrem schweren Geschell am breiten Ledergurt die Hauptstraße hinabspringen, während Abertausende ausgelassene Besucher „Hoorig isch dia Katz" singen – und wer es erlebt, kann davon berichten, wie sich Gänsehaut am ganzen Körper anfühlt. Der Brauch entstand in vorindustrieller Zeit, als die Schramberger Bevölkerung bettelarm war und das Auswerfen der Brezeln eine milde Gabe bedeutete, besonders für die Kinder.

Fasnetsbräuche gibt es viele. Einen einzigartigen Brauch bietet meine Heimatstadt, wobei mein Vater bei seiner Erfindung die Hand im Spiel hatte. Es geht um die Bach-na-Fahrt, heute ein Ereignis, zu dem mehr Besucher nach Schramberg strömen, als unsere Stadt Einwohner hat. Gemeinsam mit zahlreich erschienener Prominenz stehen sie am Ufer des Kirchenbachs und rufen für Nichtschwaben unverständliche Anfeuerungen wie „Furztrocken!" oder „Batschnass!", während im mitunter wilden Fluss fantasievoll geschmückte Zuber schwimmen, gelenkt von unerschrockenen Kapitäninnen und Kapitänen – die allerdings oft im Bach anstatt im Zuber sitzen. Und dessen Wasser ist eiskalt, das weiß ich aus Erfahrung, weil ich oft genug selbst den Bach runtergefahren bin.

Tatsächlich entstand die erste Bach-na-Fahrt im Widerstand gegen die Obrigkeit. Das war im Jahr 1936. Zur Obrigkeit gehörte zu dieser Zeit die mächtige Dynastie der Familie Junghans. Die hatte verfügt, dass alle ihre Arbeiter am Fasnetsmontag schaffen müssen. Weil ziemlich jeder Schramberger bei Junghans beschäftigt war, glich das einem totalen Fasnetsverbot. Dagegen wollte eine Vereinigung von Söhnen aus Familien des gehobenen Mittelstands etwas unternehmen. Sie nannten sich „Das junge Parlament". Im „Bruckbäck", einer traditionsreichen Wirtschaft mitten in der Stadt, heckten diese jungen Parlamentarier, darunter mein Vater, einen verschmitzten Plan aus. Sie wollten dafür sorgen, dass die vielen Tausend Arbeiter, die nach der Mittagspause in einer schier endlosen Prozession zurück in die Fabrikhallen zogen, stehen blieben, um Bauklötzchen zu staunen. Weil der reißende Kirchenbach am „Bruckbäck" vorbeifloss, kamen sie auf die Idee, sich in hölzernen Zubern in die Fluten zu stürzen. Ruckzuck war der „Marineverein Schramberg" geboren und eine Handvoll aufgeregter Kinder trug Plakate mit der Aufschrift „Start der Flottille um ein Uhr" durch die Straßen. Brühzuber wurden aus den umliegenden Metzgereien organisiert und mit Siegfried Kummer wurde der erste Kanalfahrer auserkoren. Der Rest ist Geschichte. Heute ist die Bach-na-Fahrt lebendiges Brauchtum, bei dem man sich schon mal eine heftige Erkältung einhandeln kann. Daher werden überlebende Kanalfahrer mit einem Orden ausgezeichnet, den wir „Seckeles-Gäules" nennen. Darin versteckt sich der Ausdruck „Seckeleien", den man nicht so einfach auf Hochdeutsch übersetzen kann. Seckeleien sind kleine Streiche, die aber auch mal größer ausfallen können bis zum ausgewachsenen Bären, der dem Verseckelten aufgebunden wird. Natürlich gibt es dafür einen Club, den Seckeles-Gäules-Club, dessen Chef für viele Jahre meine Wenigkeit war. Bis es soweit war musste allerdings noch viel Wasser den Kirchenbach hinabfließen, wie wir in Schramberg sagen, wenn die Zeit dann doch so verstreicht, wie es unsere Uhren vorschreiben.

Kapitel 2

Versöhnung heißt sich kennenlernen

Ein Kostüm besteht aus vier Teppichen: zwei schmale Seitenstücke für Familienmitglieder, Gäste und Kinder. Ein Mittelstück als Tisch. Und ein oberes Querstück für den Herrn des Hauses und die Ehrengäste.

Aus den Reisetagebüchern von Peter Renz

Die Franzosen blieben bis 1951 in Schramberg. Ich erinnere mich an ihre Schützenpanzer auf dem Pausenhof der Volksschule. Wir Kinder liefen hin und bekamen Kekse und Schokolade. In letzterer befanden sich zwar Würmer, doch es hat mir trotzdem geschmeckt. Gut möglich, dass sich damals mein Hang zum süßen Geschmack entwickelte, der in späteren Jahren dafür sorgte, dass ich mich in persischen Basaren in den Läden der Zuckerbäcker wie im Paradies vorkam. Und noch ein Bild habe ich vor Augen: Immer wieder zogen die Franzosen durch die Stadt, manche hoch zu Ross auf prächtigen weißen Pferden, von denen es hieß, sie kämen von der arabischen Halbinsel. Dann lief ich mit meiner Trommel nach draußen, setzte mich an die Spitze ihres Zuges und schlug aus Leibeskräften aufs Blech. Die Trommel hatten wir aus der Filiale von Kaiser's Kaffee-Geschäft. Sie stammte aus der Kriegszeit und war mit Flammen und Runen bedruckt. Den Franzosen war das egal. Dass ich zur Trommel ein deutsches Kriegslied des Heimatdichters Hermann Löns sang mit dem blödsinnigen

Refrain „Wir fahren gegen Engelland", dessen Text ich aufgeschnappt hatte und den ich nicht verstand, schien auch keinen zu stören. Es war noch immer eine unbeschwerte Zeit. Wir hatten ein Schwimmbad, da war ich im Sommer rund um die Uhr zu finden. Im Winter gab es im bergigen Schwarzwaldstädtchen genug Abfahrten, die unser Adrenalin steigen ließ, was wiederum unsere Eltern viele Nerven kostete. Berüchtigt war die Alte Steige, einst im Königreich Württemberg die einzige Passstraße zwischen dem Marktflecken Schramberg und der Gemeinde Sulgau, die mittlerweile zum Stadtteil geworden war. Das Gefälle ließ keine Wünsche offen, und die gefährlichste Kurve kam auf halber Strecke am Gasthaus Kühlloch. Dort gab es zu dieser Zeit noch immer „gutes Glasbier, badische und württembergische Weine sowie Doppelbrand", wie im „Reise- und Industrie-Handbuch für Württemberg und die angrenzenden Länderstriche der Nachbarstaaten Baden, Bayern, Oesterreich" von 1879 zu lesen war. Außerdem gab es genügend Schaulustige, die den Schankraum mit einem Doppelbrand in der Hand verließen, um Wetten abzuschließen, wer von uns Kindern seinen Schlitten gefährlich nahe am Abgrund vorbeisteuerte. Unsere rasende Hatz endete nach acht Kilometern Schussfahrt drunten im Tal vor der Sankt-Maria-Kirche – ein besseres Ziel hätten wir uns wahrscheinlich gar nicht wählen können. Manchmal stiegen wir auch auf Ski um. Das waren einfache Latten, an die ein Flaschner Laschen montierte, damit wir mit den Schuhen reinkamen. Wir bauten eine Schanze, und mein kühnster Sprung sorgte dafür, dass meine Ski in viele Stücke zerbrachen. So draufgängerisch wie ich war auch mein Vetter Klaus. Er war ein pfeilschneller Schwimmer, ein schneller Läufer und talentierter Kletterer, und die Felsen und Burgen rund um Schramberg lockten uns. Da gab es Burg Falkenstein, Burg Schilteck, die Hohenschramberg – überall war unser Spielplatz, und wir kriegten nicht genug vom Rumtoben. Es war kein Wunder, dass es uns schnell langweilig wurde, als wir uns den Pfadfindern anschlossen, die ums Lagerfeuer saßen und Lieder sangen, während Klaus und ich den nächsten Streich ausheckten. Bei den katholischen Ministranten war es nicht anders. Anstatt bei der Erstkommunion andächtig die Köpfe zu neigen, duellierten wir zwei uns mit unseren Kerzen vor den Augen der entsetzten Kirchgänger. Wir konnten aber auch stundenlang über unsere Zeichenblöcke gebeugt sein. Sowohl Klaus als auch ich malten fürs Leben gern. Spaß kam auf, wenn wir bei den Tanzveranstaltungen aufs Schrägdach des Gasthauses Zunftstube kletterten, weil man von dort am besten die Pärchen beim Knutschen beobachten konnte. Kam uns der Pächter auf die Schliche – warum wusste er nur, dass wir da waren? – verließen wir uns darauf, dass dünne Jungs schneller auf den Beinen sind als dicke Gastwirte.

Manchmal, wenn mich die Lust an der Bewegung geradezu überwältigte, schnappte ich mir meine Luftpistole, die mir meine Eltern verweigert hatten, doch mein Lieblingsonkel Karl nicht. Am Sonnenberg jagte ich Hühner, und am Abend berichtete ein empörter Anwohner meinem Vater: „Peter, dein Sohn hat zwei Hühner erschossen."

Da half es nichts, dass mein Vater gar nicht Peter hieß, sondern Otto. Weil sein Vater Peter geheißen hatte, und man sich in Schramberg nur ungern von liebgewonnenen Gewohnheiten trennt, nannten ihn alle Peter. Ich denke, der Einfachheit halber hat man mir deshalb denselben Namen verpasst.

Die Standpauke ließ nicht auf sich warten. Doch für was hat ein Junge mit Flausen im Kopf zwei Ohren? Damit jede Rüge auf der einen Seite rein- und auf der anderen ungehindert rauskann. Oft hatten meine Eltern ohnehin nicht die Gelegenheit, mich auszuschimpfen. Unter der Woche sah ich sie immer seltener. Das Wirtschaftswunder stand vor der Tür, und die Menschen begannen, sich ihre Wohnungen neu einzurichten. Auf einmal hatten Vater und Mutter alle Hände voll zu tun. Dafür gab es ja Tanten, die ein wachsames Auge auf mich werfen sollten. Außerdem war da noch meine Großmutter, die Mutter meines Vaters. Schließe ich die Augen, sehe ich sie sofort vor mir in ihrem dunklen Taftkleid, die Haare zum Dutt gebunden, im Sessel neben dem Fenster. Ich saß auf meinem Schemel daneben. Großmutter sah hinaus auf die Straße und sagte: „Du lieber Himmel, nur alte Leute da draußen!" Ich folgte ihrem Blick und musste lachen, weil jeder, der an unseren Schaufenstern vorbeispazierte, viel jünger war als sie.

Es musste „Katzen hageln", wie wir in Schramberg sagen, damit es mich im Haus hielt. War das der Fall, spielte ich auf einem gewebten Perserteppich der Firma Anker, den meine Eltern im Wohnzimmer ausgelegt hatten. Er war gemustert und hatte ein Medaillon in seiner Mitte, und in diesem Muster sah ich ... Landschaften! Immer genau die Landschaften, die mein Spiel brauchte. Spielte ich Indianer und Cowboys, waren es Landschaften, die Karl May nicht hätte besser beschreiben können. Waren meine Ritter auf Raubzug unterwegs – immerhin hatte es auf Burg Hohenschramberg mit Hans von Rechberg einen der gefürchtetsten Raubritter der süddeutschen Geschichte gegeben –, passten sich die Teppichlandschaften automatisch diesem Spiel an. Im Rückblick wird mir klar, wie sehr dieser Teppich meinen Lebensweg beeinflusst hat. Da kann ich von Glück sprechen, dass sich mein Vater keinen Stragula ins Wohnzimmer gelegt hatte.

Am liebsten war ich jedoch draußen – und das hat sich nie geändert. Ich bin einer der Menschen, die zwar sesshaft sind, im Herzen aber Nomaden bleiben. Schließlich ist das Nomadentum die Lebensweise, die wir Menschen Zehntausende Jahre lang pflegten, während wir im Vergleich dazu noch nicht lange sesshaft sind. Das passierte vor rund 5000 Jahren, als sich im Zweistromland und rund um die syrische Stadt Aleppo die ersten Siedler niederließen. Es ist sicher kein Zufall, dass gerade diese Ecke der Welt mein bevorzugtes Reiseziel wurde. Wenn andere einen Koffer in New York stehen haben, habe ich ein Dutzend davon in Persien stehen, dem heutigen Iran – und das trotz des großen Wandels dieses herrlichen Landes in den letzten Jahren.

Für einen Jungen mit dem schönsten Abenteuerspielplatz der Welt direkt vor der Nase und genug Flausen im Kopf, um immer was loszumachen, endet die unbeschwerte Kindheit am Tag, an dem man ihm eine Schultüte in die Hand drückt und davon spricht, dass von heute an fürs Leben gelernt wird. Meine Schule, die Berneckschule, war 1885 erbaut worden und bot Platz für immerhin 1000 Schüler in 24 Klassenzimmern. Damals natürlich noch streng getrennt nach „Katholischen" und „Evangelischen". Nur an der Pissrinne auf dem Schülerklo waren die konfessionellen Schranken aufgehoben. Einige unserer Lehrer waren vormals stramme Nazis gewesen und hatten wenig Lust, uns Kinderchen in die neue Zeit ohne Führer zu führen. Ohrfeigen und Schläge auf den Hintern mit dem Lineal waren an der Tagesordnung, doch das störte mich nicht. Was es zu lernen gab, lernte ich schnell, und in den Pausen war ich unter denen zu finden, die sich mit Messerwerfen und Pfennigfuchsen die Zeit vertrieben. Natürlich kriegten wir Hausaufgaben, doch ich marschierte nach Hause und gab kund, dass es so etwas nicht gäbe. Irgendwie bin ich damit durchgekommen. Nach vier Jahren hieß es, der Junge muss aufs Gymnasium. Da meldete sich meine Tante zu Wort – die einmal vom Tausendjährigen Reich geträumt hatte und nun auf den Boden der Tatsachen zurückgekehrt war. Auf diesem Boden war in ihren Augen kein Platz für einen Gymnasiasten namens Peter. „Der schafft das nie", wandte sie sich an meinen Vater. „Der ist zu blöd dafür."

Mittlerweile war sie selbst Lehrerin geworden, mit einem strengen Ruf, doch nicht unbeliebt. Also eine Stimme, auf die man durchaus hören konnte. Zum Glück hatte sich mein Vater für besondere Gelegenheiten die Ohren des kleinen Jungen bewahrt – die sich bei dringendem Bedarf auf Durchzug schalten ließen – und so durfte ich zur Prüfung antreten, die mir keine Probleme bereitete. Die wichtigste Spielregel machte mir mein Vater mit einem Satz klar: „Muss ich auch nur einmal wegen eines schlechten Zeugnisses rauf zur Schule, gehst du runter", sagte er.

Er musste nie rauf, obwohl der Weg nicht weit gewesen wäre, denn das Gymnasium lag nur zwei Minuten Fußweg von unserem Haus entfernt. Dort hatte ich außer in Musik überall gute Noten. Was schade ist, denn ich liebe Musik. Doch der Versuch, mich mit dem Klavierspiel vertraut zu machen, scheiterte kläglich. Die spätere Frau des Künstlers Erich Hauser, mit dem ich in kommenden Jahren noch allerhand erleben sollte, bekam die Aufgabe, meine Finger an die weißen und schwarzen Tasten zu gewöhnen, an große Quinten und kleine Terzen. Es war aussichtslos. Eines Tages hatte sie die Nase gestrichen voll. Sie ging zu meinem Vater und sagte: „Peter malt lieber, als dass er übt. Außerdem hat er keine Zeit, solange es das Schwimmbad gibt. Was ich Ihnen eigentlich sagen will: Es ist sinnlos. Lassen Sie ihn mit dem Klavierspiel in Ruhe!"

Das Schwimmbad toppte das Klavierspiel, keine Frage – aber noch besser war Malen. Dort hatte ich das Talent, das mir in der Musik fehlte, und darauf wurde Franz Krisch aufmerksam. Mein Zeichenlehrer am Gymnasium war ein bekannter Jazzmusiker, doch mit noch mehr komplizierten Akkorden verschonte er mich. Dafür hatte er seine Söhne, Claus, Thomas und Dizzy Krisch, mit denen er die deutsche Jazzszene aufmischte. Bisher hatte ich auf kleinen Blättern gemalt, aber Franz Krisch forderte mich auf, großflächiges Packpapier zu nehmen und meiner Fantasie freien Lauf zu lassen. So begann ich, epische Schlachten zwischen Indianern und Cowboys zu malen, während mein Vetter, den Krisch ebenfalls unter seine Fittiche nahm, geheimnisvolle Bilder aufs Papier zauberte. Rückblickend kommt es mir vor, dass mir der Krieg doch in den Knochen steckte. Das einzige Bilderbuch, das ich in meiner Kindheit besaß, hieß sinnigerweise „Unsere Feinde im 1. Weltkrieg", und dort hinein hatte ich ebenfalls Kampfszenen gemalt. Viele Jahre später reiste ich unter widrigen Umständen kurz nach dem Einmarsch sowjetischer Truppen nach Afghanistan. Jahrhundertelang hatten die Knüpferinnen dort wie ihre Kolleginnen in allen Knüpfländern dieser Welt schöne Blumen- und Tiermotive in ihren Werken verarbeitet. Jetzt tauchten in den Teppichen Gewehre und Panzer auf. Die Epoche der „Kriegsteppiche aus Afghanistan" begann, und ich wurde der Erste, der sie in den Westen brachte. Ich erinnere mich noch gut, wie erschüttert ich gewesen bin – weil für mich die floralen Motive des Orientteppichs die Schönheit des Lebens widerspiegeln, in geduldiger Fleißarbeit hineingewoben, damit sich der spätere Besitzer daran erfreuen kann. Wenn diese Schönheit brutal zerstört wird, will keiner mehr Blumen weben – besser gesagt, er kann es nicht. Denn da hat die Realität die Fantasie bereits besiegt, was zu den unglücklichsten Dingen gehört, die uns Menschen passieren kann.

Hat ein Erwachsener meine Kriegsbilder betrachtend ähnliche Gedanken gehegt? Wahrscheinlich nicht, auch Franz Krisch nicht, dessen Auge ansonsten nichts entging. Er verstand es meisterhaft, meine Malerei zu professionalisieren. Als ich fünfzehn Jahre alt war, betrat er unser Geschäft und bat meinen Vater um eine Unterredung. „Dass Ihr Sohn den Laden übernimmt", sagte er ungeschminkt, „können Sie vergessen. Der muss Maler werden. Maler, nicht Anstreicher."

Mein Vater war es als guter Händler gewohnt, keinen vor den Kopf zu stoßen, auch wenn das Gegenüber eine Meinung vertrat, die ihm wenig schmeckte. Er legte Franz Krisch einen Arm um die Schulter und meinte: „Was halten Sie davon, wenn wir zwei auf ein Glas nach nebenan gehen?"

Nebenan war die Zunftstube, und dort diskutierten sie über meine Zukunft. Vater sagte weder Ja noch Nein zu den Plänen meines Zeichenlehrers. Stattdessen gab er ihm einen Auftrag. „Wissen Sie was? Jetzt malen Sie erst mal meinen Buben."

Dass Franz Krisch ein deutschlandweit bekannter Musiker war, war eine Sache. Ob er als Maler ebenso gut war, dass mein Vater ihm die Zukunft seines Sohnes anvertraute, musste er erst einmal unter Beweis stellen. Als Krisch das Porträt ablieferte, nahm es mein Vater entgegen und begutachtete es lange. Dann zückte er seine Börse und bezahlte, was zu zahlen war, nahm das Bild – und hängte es nie auf. Von diesem Tag an war das Thema Kunstakademie vom Tisch. Offenbar war er nicht davon überzeugt, dass der Zeichenlehrer die richtige Instanz war, um über meinen weiteren Werdegang zu bestimmen. Heute hängt das Bild in meiner Galerie. Es ist ganz gut getroffen, denke ich, ich wirke nur etwas zu brav darauf. Ob es im Louvre einen Platz finden würde, müssen andere entscheiden.

Damals erwachte auch meine Leidenschaft fürs Schreiben. Zwar malte ich weiter bis zum Abitur, doch nach und nach übernahm das Schreiben das Kommando. Erzählungen und Erörterungen, später unzählige Reden, Kunstbücher und Reiseberichte entstanden. Während ich mit dem Malen irgendwann aufhörte, begleiteten mich das Schreiben und das Lesen mein Leben lang. Nach dem Tod meiner Tante, von der ich immer gedacht hatte, dass sie keine besonders hohe Wertschätzung mir gegenüber hegte, fand ich viel von dem, was ich geschrieben hatte, in einer Schublade. Wie es eine Lehrerin tut, hatte sie meine Texte gelesen, korrigiert und benotet. Unter jedem prangte die Note 1. Es berührte mich, als mir klar wurde, dass sie offenbar eine bessere Meinung von mir gehabt hatte, als sie hatte ausdrücken können.

Wie viele hoffnungsvolle Poeten entdeckte ich in dieser Zeit, dass es ein weiteres Geschlecht auf dem Planeten Erde gibt. Zufälligerweise war meine Heimatstadt mit den hübschesten Exemplaren aus diesem gesegnet. Die ersten Annäherungen verliefen noch etwas holprig. Meine Wahl fiel ausgerechnet auf meine Englischlehrerin, die, als wäre das nicht genug, die Ehefrau unseres Lehrers für Geschichte war. In beiden Fächern gehörte ich zu den Besten der Klasse, was mich zum beliebten Einsager machte, denn schon damals hegt ich die Überzeugung, dass Wissen unter die Leute gehört und geteilt werden muss. Was ich aber selbst nicht wusste, war, wie man sich seiner Englischlehrerin gegenüber benimmt, die sich gerne auf den Tisch neben mir setzte, sodass ich nicht mehr auf mein Vokabelheft schauen konnte, sondern nur noch auf ihre Strapse. Eines Tages konnte ich mich nicht mehr zurückhalten. Ich griff danach und ließ sie kräftig schnalzen. Ich war über mich selbst verwundert, aber auch über ihre Reaktion. Die blieb nämlich aus – dachte ich. Am selben Abend jedoch erzählte sie ihrem Mann davon, und der nahm mich am nächsten Tag beiseite. „Ich sage dir nur eines", hob er an. „Es dauert zwar noch einige Zeit, aber wir zwei sehen uns bei deiner Abiturprüfung."

In der Tat, er hatte das Gedächtnis eines Elefanten. In der mündlichen Prüfung machte er mir klar, dass er den Vorfall nicht vergessen hatte. Einser-Kandidat, der ich war, konnte ich so gut wie keine seiner Fragen beantworten. An eine erinnere ich mich noch: „Wie wird im Königreich England der Bürgermeister einer Gemeinde gewählt?" Meine Antwort war

Schweigen – und fürs Schweigen gibt es bei mündlichen Prüfungen keine guten Noten.

Auch mit unserem Schuldirektor hatte ich so manche Begegnung der dritten Art. Vermutlich war ich der Schüler, der den kürzesten Schulweg hatte. Und wie jeder weiß, ist das die größte Verführung, so spät wie möglich das Haus zu verlassen. Mit anderen Worten: Ich war nie pünktlich, und das „nie" ist durchaus wörtlich zu nehmen. Das sprach sich herum bis ins Büro des Direktors. Eines Tages begann er, mich abzupassen mit der erklärten Absicht, dieser Untergrabung der Pünktlichkeitsmoral ein für alle Mal ein Ende zu bereiten. Schließlich ist Schramberg eine Uhrenstadt; Unpünktlichkeit steht da auf der Liste der Todsünden. Jedes Mal, wenn ich zu spät die Treppe hochlief, hielt er sich gar nicht erst mit Fragen auf, sondern scheuerte mir eine. Meistens bekam ich Nasenbluten. Dann rief der Direktor nach meinen Freund Wolfgang Sipli, der mir zur Seite stehen sollte. Das tat er auch. Ein ums andere Mal lieh er mir sein Taschentuch. Dann kam immer dieselbe Frage: „Was machen wir jetzt?"

Meine Antwort fiel auch immer gleich aus. „So geh ich nicht ins Klassenzimmer. Wie wäre es mit einem Eis?"

Eis gab es damals beim Bäcker Finkbeiner am Brestenberg, und dort ließen wir es uns schmecken. Mir kam es vor, als hätte mir der Direktor mit seinen handfesten Argumenten dafür die Legitimation geliefert. So habe ich es übrigens später mein ganzes Leben lang gehalten: Schlug ich über die Stränge, trug ich die Konsequenzen mit Bravour. Ich kann Ihnen versichern, das ist nicht nur ein guter Ratschlag für Menschen, die erfolgreiche Teppichhändler werden wollen.

Dass mein Freund Wolfgang Sipli später Arzt geworden ist, lag nicht daran, dass er sich damals meiner blutigen Nase annahm. Seine Familie war aus Königsberg vertrieben worden. In

Schramberg angekommen, übernahm sein Vater die Aufgabe des Vertrauensarztes, was nicht die reinste Freude war, weil alle, die krankgeschrieben werden wollten, bei ihm vorbeischauen mussten. Ähnlich wie ich sah Wolfgang zu dieser Zeit aus wie ein Engelchen, und ähnlich wie bei mir steckte auch in ihm ein Bengelchen. In unseren Köpfen waren so ziemlich die gleichen Flausen, und für eine Freundschaft kann es nichts Besseres geben.

Ein paar Jährchen zogen ins Land, und ich hatte mich Hals über Kopf in eine Schuhverkäuferin verknallt. Jeden Tag kam sie mit dem Zug von Alpirsbach angefahren, einem Städtchen zwanzig Kilometer entfernt, das sich einen Namen durch die dort ansässige Klosterbrauerei gemacht hat. Kam meine Angebetete am Bahnhof an, war ich vor Ort, und wir knutschten, wie man das nur im Alter von fünfzehn, sechzehn oder siebzehn Jahren so richtig gut kann. Was ich nicht wusste, war, dass sie einen Freund hatte. Der war nicht nur eifersüchtig, der hatte auch ein Messer. Eines Tages stieg an Stelle der Schuhverkäuferin dieser Freund aus dem Zug, und gleich darauf steckte das Messer in meiner Backe. Wieder einmal kam mir Wolfgang zur Hilfe. Er brachte mich zu seinem Vater. Der verarztete mich, ohne Frage zu stellen – ein Privileg, das die Leute, die von ihm krankgeschrieben werden wollten, sicher nicht bekamen. Zu Hause erzählte ich eine Geschichte, in der mein Fahrrad, ein übler Sturz und ein in die Quere gekommener Stacheldraht wesentliche Elemente waren.

Auch meinem Vater steckte damals noch der Krieg in den Knochen. Doch anders als viele zog er seine ganz eigenen Schlüsse daraus. Immer wieder betonte er, wie unsinnig der deutsch-französische Konflikt doch sei. Hier, im südwestlichsten Teil Deutschlands, schwelte dieser seit Jahrhunderten. Wer im Kinzigtal lebt, ein paar Kilometer nördlich von Schramberg, wächst mit Geschichten über die Einfälle der Franzosen auf. Der Rhein ist nahe, und für Jahrhunderte war die natürliche Grenze zwischen den beiden Ländern hart umkämpft. „Damit muss endlich Schluss sein", sagte mein Vater. „Aus unserer Feindschaft soll Freundschaft werden."

Weil er ein Mann der Tat war, und Versöhnung nur funktionieren kann, wenn man sich gegenseitig kennen und verstehen lernt, sorgte er dafür, dass meine Schwester eine Anstellung in der Sektkellerei von Reims bekam. Sie fand dort eine Familie, die auch mich aufnehmen wollte. Dass ich damit unter Deutschlands ersten Austauschschülern war, interessierte mich wenig. Die Familie hatte einen gleichaltrigen Sohn, Philipp, der ein talentierter Zeichner war, das war wichtig. Wir wurden sofort Freunde. Philipps Vater war Arzt, ein willkommener Zufall, falls auch französische Schuhverkäuferinnen eifersüchtige Freunde haben sollten. Ich wohnte mit Philipp im selben Zimmer. Von Anfang an teilte er mit mir einen Schatz, den man in Deutschland noch nicht bekommen konnte: die Tintin-Comicserie. Dort tauchte nicht nur der von Hergé genial gezeichnete junge belgische Reporter Tim mit seinem Hund Struppi auf, die um die Welt reisen und dabei in haarsträubende Abenteuer verwickelt werden, die genau meinen Neigungen entsprachen, sondern auch fantasievolle Figuren wie der Indianer Umpah-Pah von den Asterix-und-Obelix-Erfindern Albert Uderzo und René Goscinny.

Mit im Haus lebte Philipps Großmutter. Wann immer ich mich zum Essen an den Tisch setzte, stand sie auf und verließ schweigend das Zimmer. Dass sie mich nicht mochte, war also nicht schwer zu erraten, doch weshalb es so war, wusste ich nicht. Eines Tages drückte sie mir wortlos ein Buch in die Hand. Darin waren Fotos vom zerbombten Reims nach dem 1. Weltkrieg. 1914 hatte die Stadt 120 000 Einwohner gezählt, fünf Jahre später lebten nur noch zehn Prozent von ihnen in den Ruinen. Der damalige französische Präsident Raymond Poincaré erklärte Reims zur „Ville Martyre", zur Märtyrerstadt. Erst 1938 war die zerbombte Kathedrale Notre-Dame de Reims, in der vom zwölften bis zum 19. Jahrhundert französische Könige gekrönt wurden, wieder aufgebaut. Dann kam der 2. Weltkrieg, und erneut stand die Stadt im Fokus der Geschichte: Am 7. Mai 1945 unterzeichnete Generaloberst Alfred Jodl im Hauptquartier von General Dwight D. Eisenhower die bedingungslose deutsche Kapitulation. All das wusste ich, aber eben nur aus Büchern. Philipps Großmutter dagegen hatte den Schrecken miterlebt, wie mir sein Vater erklärte. „Sie hat sehr schlimme Erinnerungen daran", sagte er und versuchte mich zu trösten. „Am besten, du nimmst es dir nicht zu Herzen."

Das tat ich aber. Mein Vater wünschte sich die Versöhnung zwischen unseren Ländern, und aus diesem Grund war ich hier. Um Versöhnung sollte es auch gehen, als sich 1962 Kanzler Konrad Adenauer mit Präsident Charles de Gaulle in Reims traf. Leider gelang es mir nicht, das Eis zwischen der Großmutter und mir zu brechen. Dazu musste erst etwas geschehen.
Eines Tages hatte die Familie außerhalb von Reims zu tun, und Philipp war mit seiner Schwester Claudine mit dabei. Zwangsläufig musste ich mit der Großmutter allein bleiben. Ihr Verhalten war mir mittlerweile geradezu unheimlich geworden. Ich stahl mich aus dem Haus in den Garten. Sollte ich die Nacht besser dort verbringen? Auf einmal entdeckte ich, dass die Himbeeren reif geworden waren. Ich machte mich über sie her und aß so viel davon, dass mir hundeübel wurde. Mehr noch, ich bekam sogar einen heftigen Fieberschub. Mit letzter Kraft schleppte ich mich in Philipps Zimmer und legte mich ins Bett. Auf einmal ging die Tür auf. Die Großmutter kam herein, zog sich einen Stuhl heran und setzte sich neben mich. Dort harrte sie aus, bis am Tag darauf die Familie zu-

rückkehrte. Von dieser Stunde an war sie wie ausgewechselt. Als habe sie realisiert, während ich fiebernd im Bett lag, dass ich nur ein halbwüchsiger Junge war, der für die Verbrechen der Nazis nichts konnte. Nie wieder verließ sie den Tisch, wenn ich auftauchte.

Schreibe ich diese Erinnerung heute nieder, freue ich mich darüber, wie sehr ich durch diesen Frankreichaufenthalt dem Wunsch meines Vaters nach Versöhnung nachkommen konnte. Philipps Familie machte mir die Sache allerdings auch leicht. Außer der Großmutter ließ mich niemand Ressentiments spüren, ganz im Gegenteil. Ich wurde überall herzlich aufgenommen. Die Familie verbrachte gerne einige Zeit im Avranchin in der Normandie. Dort erhebt sich die Felseninsel Mont Saint-Michel aus dem Wattenmeer. Das berühmte Kloster ist ein Anblick, der mir beim ersten Mal fast den Atem raubte. Ganz in der Nähe besaß Philipps Familie eine Ferienwohnung. Jeden Tag spazierte sein Vater hinab zum Strand, um sich dort am Kiosk eine Zeitung zu kaufen. Wenn ich ihn begleitete, spendierte er mir jedes Mal ein Eis. Eines Tages sagte er: „Ich weiß nicht, ob Philipp davon gesprochen hat? Wir haben mit dem Kapitän der Lucrecia verabredet, dass er eine Woche mitfahren darf."

Die Lucrecia war ein Fischkutter, der von Saint-Malo aus an der Côte d'Émeraude auf Fang ging. Die Bucht hat es in sich. Mit bis zu zwölf Meter Differenz zwischen Ebbe und Flut gibt es hier einen der größten Gezeitenunterschiede in Europa. Philipps Vater hob die Schultern. „Aber jetzt will er auf einmal nicht mehr", fuhr er fort. „Was ist mit dir? Hättest du Lust dazu?"

Ich überlegte keine Sekunde lang. „Na klar! Wann gehts los?"

Es ging bereits am nächsten Morgen los. Obwohl ich die nächsten sieben Tage kein Wort, das die Seeleute sagten, verstand, weil sie sich im normannischen Dialekt der Gegend unterhielten, fühlte ich mich unter ihnen pudelwohl. Durch meine Liebe zum Wasser, der ich später als Segler gerne frönte, kam ich voll auf meine Kosten. Als ich eine Woche später die Lucrecia mit einem Gefühl des Bedauerns verließ, schenkte mir einer der Seeleute ein schlichtes Holzkreuz. Ich nahm es entgegen, als sei es aus purem Gold, weil ich wusste, dass in diesem Geschenk eine Wertschätzung mir gegenüber steckte. Seit dieser Zeit habe ich für dieses Kreuz immer einen besonderen Platz in meinem Haus reserviert.

Als Philipp nach Schramberg kam, legte ich mich natürlich ordentlich ins Zeug, damit er ebenfalls eine tolle Zeit erleben konnte. Dazu gehörte, dass wir jeden Tag ins Schwimmbad gingen, wo wir uns sehr zum Verdruss des Bademeisters immer neue Streiche einfallen ließen. Eines Tages fing er uns ab. „Renz", schrie er mich an. „Du hast Badeverbot! Und der Franzose da", er wies auf Philipp, „ebenfalls."

„Was heißt Badeverbot?", fragte Philipp. Dieses Wort hatte er noch nie gehört.

„Das bedeutet, dass wir ab jetzt einen anderen Eingang nehmen müssen", flüsterte ich.

Die Liegewiesen des Schwimmbads im engen Bernecktal stiegen terrassenförmig bis zum Waldrand an. Dort oben gab es einen Zaun, der uns nicht aufhalten konnte. Schon bald tummelten wir uns wieder im Wasser und heckten aus, was wir als Nächstes anstellen wollten. Philipp war ein „echter Gischpel", wie es bei uns heißt, wenn einer nicht still sitzen kann. Was sicher einer der Gründe war, weshalb wir uns prächtig verstanden.

„Also gut", sagte ich. „Wie wäre es mit einer *bizutage*?"

Das Wort hatte ich in Frankreich aufgeschnappt. Es umschreibt eine besondere Art von Mutproben, wie sie in französischen Eliteschulen gerne eingefordert werden. Philipp war sofort Feuer und Flamme. Wir verließen das Schwimmbad und machten uns auf den Weg zur Ruine Falkenstein. Sie liegt ebenfalls im Bernecktal und wird von Besuchern gerne mit dem Wort „hochromantisch" umschrieben. Sie ist aber nicht ungefährlich, denn sie erhebt sich auf einem steilen Felsvorsprung. Die Falkenstein gilt als älteste Burg im Schwarzwald. Mir hat es schon immer gefallen, in den fast tausend Jahre alten Gemäuern herumzustreichen. An einer Stelle ist eine Pechpfanne in der Mauer befestigt. Ich wusste aus Erfahrung, dass es nur eine Möglichkeit gab, daraufzuklettern. Man musste es rücklings tun und dabei am besten nicht daran denken, dass es an allen Seiten in die Tiefe geht. Als ich Philipp seine Aufgabe erklärte, ließ er sich nicht lumpen. Natürlich probierte er es falsch herum, mit der Folge, dass er es bis zur Pechpfanne schaffte. Dort war Schluss. Da saß er über dem Abgrund und traute sich weder vor noch zurück. Alle meine Ermunterungsrufe fruchteten nichts. Es blieb mir nichts anderes übrig, als die weite Strecke durch den Wald nach Hause zu laufen und meinem Vater die ganze Sache zu beichten. Der rief die Feuerwehr, die mit Leitern und allerhand Gerätschaften anrückte, als wollte sie die Burg wie einst die Soldaten des Bischofs von Konstanz stürmen, weil sich Herzog Ernst von Schwaben dort verschanzt hatte. Dabei galt es doch nur, meinen französischen Austauschschüler aus seiner misslichen Lage zu befreien. Danach bekam ich mal wieder die Ohren langgezogen, während Philipp von allen Seiten getröstet wurde. Das Abenteuer schweißte uns noch mehr zusammen. Wir schrieben uns regelmäßig Briefe – und sahen uns doch erst wieder, als ich viele Jahre später in Reims einer besonderen Mission nachging, von der noch zu hören sein wird.

Kapitel 3

Raus in die Welt

Mit Farben können wir unser Leben verschönern. Als Händler ist mir jedoch bewusst, wie unterschiedlich das ästhetische Empfinden der Menschen ist.

Aus den Reisetagebüchern von Peter Renz

„Oh Buben, wie wollt ihr denn das Abitur schaffen?" Der Mutter meines Freundes Klaus von Zeppelin stand die Sorge ins Gesicht geschrieben. Wenn wir mit unseren Kumpels nicht im Kühlloch an der Steige saßen – jetzt waren wir diejenigen, die dort mit einem Bier in der Hand den Kindern bei ihren waghalsigen Schlittenfahrten zuschauten – machten wir das Café Weizmann unsicher, das mir so gut gefiel, dass ich das Haus später kaufte, oder im Nachbarort Schiltach den Bierfritz, dessen Name Programm war. Ebenso oft hielten wir uns im Keller der Familie von Zeppelin auf. Dort hatten wir einen Partyraum eingerichtet – besser gesagt, ich als Sohn des örtlichen Raumausstatters hatte ihn eingerichtet, ganz im Stil der Zeit, mit Bambuskettchen und leeren Chiantiflaschen, die von der Decke baumelten.

Ich war auch derjenige, der die Statuten unseres Clubs formulierte. Da stand drin, wer eintreten durfte, und – ganz wichtig – wie sich jedes Mitglied zu benehmen hatte. Es gab zwanzig Regeln, und keine davon beschäftigte sich mit dem bevorstehenden Abitur. Die Sorge von Klaus' Mutter war also verständlich, kümmerte uns aber wenig.

„Wir lernen rund um die Uhr", wiegelte ich ab. Kaum war

Klaus' Mutter verschwunden, machten wir uns am Weinkeller seines Vaters zu schaffen.

„Ich nehme die Flaschen von ganz hinten, dann merkt er es nicht", meinte Klaus.

Ganz hinten standen die teuren Weine, und so wurde unsere Tat schnell aufgedeckt. Zum Glück war Klaus' Vater vor allem daran interessiert, dass wir endlich die Musik leise stellten. Den Begriff Zimmerlautstärke kannten wir nicht, und es lief „Rock Around the Clock". Bill Haley, Elvis und Louis Armstrong waren unsere Idole. Natürlich sangen wir jedes Lied mit, vor allem, als wir den Grand Cru vernichtet hatten.

„Buben!" Wieder stand die Mutter von Klaus vor uns. „Wir hören zwei Stockwerke über euch den Fernseher nicht mehr."

In Geschichtsbüchern ist das Jahr 1960 häufig mit dem Wort „Krise" überschrieben. Der Kalte Krieg zwischen der Sowjetunion und den USA war in vollem Gange. In Deutschland tat man sich schwer mit der Vergangenheitsbewältigung. Als sich im bayerischen Windsheim Tausende ehemaliger Mitglieder der Waffen-SS zum Pfingsttreffen einfanden, schauten Politik und Polizei einfach weg. Allerdings wurde das Jahr auch als „Afrikajahr" gefeiert, weil gleich siebzehn afrikanische Staaten das Joch der Kolonialherrschaft abstreifen konnten, um eine freie und unabhängige Existenz zu beginnen. Genauso fühlten auch wir uns: frei und unabhängig, trotz Abitur und der drängenden Frage, was danach kommen sollte. Die Gründung der Bundeswehr lag fünf Jahre zurück, zwei Jahre später waren die ersten Wehrpflichtigen eingezogen worden. Dass mir das Gleiche blühen konnte, daran verschwendete ich kaum einen Gedanken. Auch nicht ans Abitur, obwohl mich dort der Mann meiner Englischlehrerin mit seinem Elefantengedächtnis erwarten würde. Wie er angekündigt hatte, wusste ich auf nahezu keine seiner Fragen eine Antwort. Das Abitur bestand ich trotzdem.

Kurz darauf saßen wir wieder im Keller von Klaus' Eltern und tauschten uns darüber aus, was wir werden wollten.

„Lehrerin!", sagten sämtliche Mädchen wie aus einem Munde. Diesen Beruf wollte ich ganz gewiss nicht ergreifen.

„Lehrer!", sagten auch einige meiner Freunde. Die anderen warfen „Arzt" und „Ingenieur" ins heitere Beruferaten. Kann man machen, dachte ich, muss man aber nicht. So war es bei mir häufig: Ich war neugierig auf alles, konnte mich jedoch schwer entscheiden, weil diese Entscheidung bedeutete, auf den schönen Rest zu verzichten. Nicht überraschend wäre gewesen, hätten mich meine Eltern dazu gedrängt, eines Tages das Geschäft zu übernehmen und dafür jetzt die Weichen zu stellen, doch das taten sie nicht. Eine Zeit lang spielte ich mit dem Gedanken, Schriftsteller zu werden. Vor Kurzem war mein Lieblingsschriftsteller Berthold Brecht gestorben. Michael Ende hatte eben mit großem Erfolg „Jim Knopf und Lukas der Lokomotivführer" veröffentlicht, die Geschichte eines schwarzen Waisenjungen und seines erwachsenen Freundes. Günter Grass schrieb „Die Blechtrommel", Martin Walser und Heinrich Böll mischten die Szene auf. Das waren heißblütige Denker und fantasievolle Menschen, und diese Kombination gefiel mir. Doch die Aussicht, am Schreibtisch zu verdorren, während draußen die bunte Welt darauf wartete, von mir entdeckt zu werden, behagte mir nicht.

„Wenn du nicht weißt, was du werden willst", riet mein Vater, „dann probiere es als Industriekaufmann. Die braucht man immer."

Das klang auch nicht sexy. Wieder spielte meine Schwester das Zünglein an der Waage. Sie war inzwischen in Augsburg verheiratet. Ihr Mann war Personalchef der Firma Dierig. Als in Schramberg Junghans zum größten Uhrenhersteller der Welt wurde, warb man für die hauseigenen Wecker mit dem Slogan: „Deutschland wacht mit Junghans auf." Auf das Augsburger Unternehmen übertragen müsste es heißen: „Deutschland schläft in Dierig-Bettwäsche." Das Textilgeschäft boomte, und Dierig war der Hecht im Karpfenteich. 8000 Mitarbeiter beschäftigte man allein in Augsburg. Und nun sagte mein Schwager: „Bei uns kannst du Industriekaufmann werden."

Meine Antwort klang trotzig: „Ich setz mich an keinen Schreibtisch."

„Ach was", winkte mein Schwager ab. „Erstens bekommst du eine Lehrzeitverkürzung. Zweitens bist du drei Monate in der Spinnerei, drei Monate in der Weberei und drei Monate in der Färberei. Das ist alles total spannend!" Er machte mir die Sache schmackhaft. „In der Verwaltung bist du zwar auch einige Monate, aber das ist ein Klacks."

Zwar fallen mir Entscheidungen nicht leicht – doch wenn ich mich entscheide, ziehe ich die Sache durch. Als meine Kumpels fröhlich verkündeten, sie würden nach Westberlin fahren, um mal so richtig auf den Putz zu hauen, sagte ich ohne Bedauern: „Da bin ich bereits in Augsburg. Ich mach dort ne Lehre."

Bedauern kam auch keines auf, als es vor Ort gleich richtig zur Sache ging. In einer Spinnerei zu arbeiten ist kein Zuckerschlecken.

Wie das Weben gehört Spinnen zu den ältesten Techniken der Menschheit. Bevor die Garne hergestellt werden können, gibt es jedoch eine Menge vorbereitender Arbeiten zu erledigen, und die haben es in sich. Wurde die Baumwolle in großen Bündeln angeliefert und von den Batteuren klein geschlagen, war die Luft voller Fussel, die in Augen, Mund, Nase und Ohren drangen. Es juckte wie verrückt. Für mich war es das erste Mal, dass ich richtig hart arbeiten musste, und dabei entdeckte ich eine neue Seite an mir: Es machte mir Spaß! Zu dieser Zeit arbeitete Dierig mit der Druckerei Prinz zusammen, die 1837 als Bleicherei und Färberei entstanden war. Dort lernte ich die damals noch ganz neue Technologie der Filmdruckfärberei kennen, mit der Textilien im großen Stil bedruckt werden konnten. Ich war fasziniert von den Möglichkeiten, die sie bot. Überhaupt, jeden Tag gab es Neues, was ich über das Textilgewerbe lernen konnte, und das tat ich mit großer Leidenschaft. Dierig unterhielt für uns Lehrlinge eine eigene Lehrweberei, wo ich das erste Mal mit eigenen Augen sah, was später mein Leben bestimmen sollte: wie Fadensysteme bestehend aus Kette und Schuss rechtwinklig miteinander verkreuzt werden. Daraus entsteht ein Gewebe, das wir je nach Erzeugnis Tuch oder eben auch Teppich nennen. Die Webstühle verursachten einen Höllenlärm. Wenn die Schiffchen anschlugen, in denen der Schussfaden befestigt war, wackelte das ganze Gebäude. Darin herrschte ein feucht-heißes Klima wie in einem Dschungel, was zur Folge hatte, dass sich die Weberinnen nur spärlich bekleideten, weshalb alle Lehrlinge gerne in die Weberei gingen. Allerdings gefiel mir nicht, wie man mit den jungen Frauen umsprang. Viele von ihnen waren alleinerziehend und arbeiteten im Schichtdienst. Sie verdienten dadurch etwas mehr als die Buchhalter in der Verwaltung, was diese regelmäßig mit feindseligen Kommentaren bedachten. Wann immer einer dieser Männer, die Ellbogenschoner an ihren Anzügen hatten, diese „nichtsnutzigen Weiber aus der Weberei" beschimpfte, wurde ich laut. Ich war zwar nur der Lehrling, der nichts zu melden hatte, doch Ungerechtigkeiten kann ich nun mal nicht ausstehen. Ich hatte mit einigen der Weberinnen gesprochen und kannte ihr hartes Los. Nach fünf Jahren Schichtdienst an den Webstühlen mussten viele von ihnen die Arbeit quittieren.

„Die malochen", sagte ich. „Du tust das nicht. Du machst alle zwei Stunden Vesperpause. Dazwischen verdrückst du dich zum Rauchen."

Da hatte ich nicht unrecht. Rauchen am Arbeitsplatz war verboten, daher gab es eine Raucherecke, besser gesagt, eine Räucherkammer, in der man die Hand vor Augen nicht sah.

Auch wenn die 60er-Jahre die Zeit der Protestbewegung wurden, gab ich mich nicht als einer der Abiturienten aus, der alles besser weiß, die Nöte der Arbeiter und Arbeiterinnen in der Textilindustrie vor Augen hat und sich zu einem neuen Friedrich Engels oder Karl Marx berufen fühlt. Auf der anderen Seite sah ich mit wachen Augen, dass viele Deutsche so manche Arbeiten schon nicht mehr machen wollten. Das Hantieren mit Säuren in der Färberei gehörte dazu, aber auch die besonders harten Tätigkeiten in der Spinnerei. Mein Schwager reiste nach Thessaloniki und warb Leute an, die er mit nach Augsburg brachte. So entstand neben der Fabrik die „Griechensiedlung." Dafür waren die Griechen meinem Schwager sehr dankbar, weil es um ihre Heimat nicht gut bestellt war. Nach dem Bürgerkrieg, der nahtlos auf den 2. Weltkrieg gefolgt war, war das Land am Ende. Trotz harter Arbeit in der Fabrik empfanden viele Griechen das Leben in Augsburg als Befreiung. Ich freundete mich mit ihnen an und profitierte davon, dass sie für meinem Schwager und meine Schwester aufwendige Menüs kochten. Meine Kochkünste beschränkten sich darauf, dass ich mir einen Kaffee zubereiten konnte. Das machte mir nichts aus, weil in meiner Unterkunft striktes Kochverbot herrschte. Darauf bestand die ältere Dame, die mir das Zimmerchen vermietet hatte. Sie war eine Witwe, die ihr Leben ihren zwei Katzen widmete, die sie mit allem möglichen Zeugs vollstopfte. Die beiden Tiere waren so fett geworden, dass sie nicht mehr laufen konnten und den lieben langen Tag auf meinem Bett lagen.

Mein Zimmernachbar war ein junger Schwede, der als Praktikant bei Dierig arbeitete. Eines Tages nahm ich ihn zur Seite.

„Was sind das für Hemden, die du trägst?" Auf den ersten Blick war zu sehen, dass der Stoff anders war als die von Dierig produzierten Stoffe. Das Hemd gefiel mir, weil es einen weißen Kragen und eine weiße Knopfleiste hatte, was zu dieser Zeit außergewöhnlich war.

„Oh, das ist ein Melka", antwortete er, und zitierte gleich den Slogan der schwedischen Marke: „Ein gutes Stück Schweden, frei, leger und persönlichkeitsbetont." Dann ging er in sein Zimmer und kam mit zwei weiteren Hemden zurück. „Das hier ist aus Viyella", klärte er mich auf. „Eine Mischung aus Wolle und Baumwolle. Und das hier ist mein absoluter Favorit. Fühl mal, das ist Nylon."

Das Hemd fühlte sich irgendwie glitschig an.

„Nylon ist die erste Faser, die vollständig synthetisch hergestellt wurde", erläuterte er. „Sie besteht aus Kohlenstoff, Wasser und Luft. Mann, das ist es! Vergiss Baumwolle! Vergiss Wolle! Mit diesem Hemd kannst du unter die Dusche und brauchst keine Seife mehr! Für uns Junggesellen gibts nichts Besseres."

Selbstreinigende Hemden? Klar, dass ich mir sofort zwei besorgte. Schließlich waren der Schwede und ich jeden Abend auf der Piste. Er hatte die Angewohnheit, sich davor mit billigem Fusel in Stimmung zu bringen. „Weil ich schüchtern bin", erklärte er. Dann sprangen wir in meinen VW Käfer vom Typ Standard, der zwar schon einen Blinker besaß, aber immer noch den 30-PS-Motor mit manuellem Choke. In ihm kurvten wir über die Dörfer, um die Tanzveranstaltungen aufzusuchen. Auf dem Parkett waren immer nur junge Frauen zu sehen. Die Kerle hockten mit einem Bier in der Hand herum und taten, als gehörten sie nicht dazu. Fragten der Schwarzwälder und der Schwede dann die Dorfschönheiten galant nach dem nächsten Tanz, stand wie aus dem Boden gewachsen einer der Burschen daneben und zeigte stumm mit dem Daumen nach draußen.

„Das regeln wir dort", hieß das. Draußen profitierten wir vom Vorteil, dass unsere Nylonhemden glitschig waren und wir nicht zu fassen. Auf dem Weg zurück nach Augsburg waren wir immer obenauf.

„Ich sags dir", beschwörte mich mein schwedischer Freund ein ums andere Mal. „Die Zukunft gehört der Chemiefaser."

Als wir eines Tages in die Wohnung zurückkehrten, erwartete uns dort die Polizei. Unsere Vermieterin hatte ihrem Leben ein Ende bereitet. Wir waren beide schockiert. Mein schwedischer Freund beschloss, sofort in seine Heimat zurückzukehren, wo sein Vater, ähnlich wie bei mir, ein Textilgeschäft führte. Ich fand mitten in Augsburg eine kleine Mansardenwohnung, die vor meinem Einzug als Speicher gedient hatte. Es war ein sechs Meter langer Schlauch, zwei Meter fünfzig breit, in dem ich mein Bett, meinen Schrank und meinen Tisch in Reihe stellen musste, um durchzukommen. Dafür befand sich das Haus mitten in der Altstadt mit ihren Nachtlokalen und – ganz wichtig – einem Wienerwald. Die Restaurantkette war Mitte der 50er-Jahre von Friedrich Jahn in der Münchner Amalienstraße gegründet worden und hatte bis dato einen einmaligen Siegeszug angetreten.

„Heute bleibt die Küche kalt, wir gehen in den Wienerwald", hieß der Werbeslogan, und zumindest was mich anging, entsprach das den Tatsachen. Ich freundete mich mit einem Kellner an und bekam von nun an für 3 DM Hühnerklein *all you can eat*. Und damals konnte ich sehr viel davon essen – heute dafür eher weniger.

Allzu oft hielt ich mich nicht zu Hause auf. Zwar hatte ich es mir gemütlich gemacht, indem ich freizügige Fotos meiner Freundinnen an die Wand gepinnt hatte, doch jedes Mal, wenn die Putzfrau kam, die in meinem Mietvertrag vorgeschrieben war, beschwerte sich diese darüber. Selbst als ich mir in der

Musterwerkstatt Stoff besorgte und vor ihrem Auftauchen die Fotos dahinter verbarg, gab sie sich immer noch nicht zufrieden. Nun zeigte sich, was für eine pragmatische Seele ich sein kann. „Wissen Sie was?", sagte ich zu ihr. „Hier haben Sie Ihr Geld. Sie müssen nichts dafür tun. Ich putze selbst."

Damit war sie glücklich, und ich war es auch, im wahrsten Sinne des Wortes: Augsburg gefiel mir, die Arbeit in der Fabrik gefiel mir, und dass ich günstig leben konnte, gefiel mir auch. Denn mein Auge war auf ein Motorrad der Marke Horex Regina gefallen, das es auf 150 km/h brachte. Zwar hatte das Bad Homburger Unternehmen seine Produktion einstellen müssen, doch unter Kennern war die Horex eine richtig gute Maschine. Meine Liebe für starke Motoren – egal, ob diese in Zwei- oder Vierräder verbaut wurden – war erwacht. Neben der Horex begeisterte ich mich für einen Messerschmitt Kabinenroller. Von einem starken Motor konnte man im Rollermobil des genialen Konstrukteurs Fritz M. Fend zwar nicht sprechen, aber dem Fahrspaß tat das keinen Abbruch.

Blicke ich heute zurück, zeigte schon damals der gewiefte Händler in mir sein Gesicht. Mit dem Wagen holte ich die Firmenpost, und verdiente mir so nebenbei ein paar Mark dazu. Weil ich ohnehin unterwegs war, kaufte ich Brötchen und lieferte sie bei meiner Schwester ab. So kam ich zu meinem Frühstück. Dazu bot ich dem Webmeister an, in freien Stunden an der Maschine zu arbeiten. Damit schlug ich zwei Fliegen mit einer Klappe: Ich besserte meine Kasse weiter auf und konnte den technisch versierten Meistern über die Schulter sehen.

Die Krönung der Webkunst sind Damaste aus Seide, Kammgarn, Leinen oder merzerisierter Baumwolle. Meist entstehen daraus edle Tischtücher und Bettwäsche. Die Webmeister verstanden sich auf diese aufwendige Technik, und es gefiel ihnen, dass ich ständig mehr darüber erfahren wollte. Ich habe schon immer Fragen gestellt, weil man nur über Fragen zu neuem Wissen gelangt. „Wer fragt, der führt", heißt es. Und: „Wenn du nicht fragst, ist die Antwort immer Nein." Beides nahm ich mir zu Herzen, und auf diese Weise wusste ich bald viel mehr über das Weben, Spinnen und Färben als die anderen Lehrlinge. Die hatten dann wieder die Nase vorn, als die Zeit in der Verwaltung begann. Am Schreibtisch sitzen wollte ich ohnehin nicht, und von kaufmännischer Rechnung oder Buchhaltung hatte ich keine Ahnung. Als ich in der Berufsschule gefragt wurde, wie ich den durchschnittlichen Tagessatz der zu zahlenden Löhne mithilfe des ungewogenen arithmetischen Mittels berechnete, hörte man von mir ... nichts mehr. Ich hätte eine Menge sagen können, wie wichtig es beim Weben von Damast ist, dass die Grundbindung auf dem Vordergeschirr keinen wahrnehmbaren Grat aufweist, doch das interessierte den Mathematiklehrer nicht. Er sah mich schweigend an, dann sagte er: „Renz, vergiss es. Das wird nichts."

Dieser Satz brachte eine Erinnerung zurück. War das nicht auch die Meinung meiner Tante gewesen, als sie meinen Vater darin bestärken wollte, mich nicht aufs Gymnasium zu schicken? Eine weitere meiner Eigenschaften bahnte sich ans Licht, die mir später als Händler auf der ganzen Welt noch oft zur Seite stehen sollte: Ich kann hartnäckig sein. Und weil die Antwort immer Nein ist, wenn man nicht fragt, fragte ich den Mathematiklehrer: „Können Sie mir helfen?"

„Ich nicht", lautete die Antwort, „aber ein pensionierter Kollege."

Noch am selben Tag sprach ich vor. Der ehemalige Lehrer machte mich erst einmal rund, wie ich derart ahnungslos durch die Welt gehen könnte, wo ein Leben ohne Zinseszinsrechnung gar nicht vorstellbar sei. „Der Effektivzinssatz ist der entscheidende Zinssatz", sagte er mit Nachdruck. „Das wissen Sie doch hoffentlich?"

Ich wusste es nicht, aber ich war ja hier, um das zu ändern. Der Ex-Lehrer seufzte, dann setzte er sich mit mir an den Tisch und leitete mich durch die Untiefen des kaufmännischen Rechnens. Das machte er in den kommenden Wochen so gut, dass ich die Prüfung mit einer glatten 2,0 bestand – und später, auf den Basaren des Orients, nie den Überblick verlor. Ich bin nie zum Bürohengst geworden, doch Tatsache bleibt: Der Effektivzins ist der entscheidende Zinssatz.

Neben der Arbeit, die mich jeden Tag aufs Neue begeisterte, den Autos und Motorrädern, von denen ich mein Leben lang nicht genug kriegen sollte, sowie dem Vertilgen von Bergen von Hühnerklein, war ich auch damit beschäftigt, mir die Hörner abzustoßen.

Ausgerechnet in der Buchhaltung verlor ich mein Herz an eine vier Jahre ältere Frau, die den hübschen Namen Miké trug und mit ihrem charmanten Akzent erzählte, sie sei aus Ungarn und deshalb scharf wie eine Peperoni. Das bewies sie mir, doch gleichzeitig bewies sie es auch einem der Meister aus der Färberei. Das waren handfeste Männer, die mit Säuren und Laugen zu hantieren wussten. Dieser Meister lebte mit Miké in einem Bratkartoffelverhältnis, wie wilde Ehen in dieser Zeit genannt wurden. Dass es noch wilder wurde, lag nicht in seinem Interesse, und das machte er mir unmissverständlich klar.

Ich tröstete mich mit einem Mädchen meines Alters, das beim Augsburger Ballett war. Als sie irgendwann ohne mich weitertanzte, lernte ich die Schwägerin von Helmut Haller kennen. Von nun an hatte ich keine Probleme mehr, an Fußballkarten zu kommen, da der Name des Vizeweltmeisters von 1966 Tür und Tor öffnete.

Eines Tages bekam ich eine Einladung an den Ammersee. Ich schwang mich auf die Horex, in Vorfreude auf Haxen, Knödel, Bier und eine ordentliche bayerische Blasmusik, die zum Tanz aufspielt. Das alles gab es – bis eine rassige Schwarzhaarige auftauchte und ich alles um mich herum vergaß. Wahrscheinlich hatte ich noch nie so gut getanzt wie in den kommenden Stunden. Meine neue Flamme winkte mich nach draußen – und da sie um einige Jahre älter und an Erfahrung reichlich gesegnet war – kehrten wir auch nicht mehr auf die Tanzfläche zurück. Als Abschiedsgeschenk bekam ich ein Foto von ihr, ihre Adresse in München und die klare Ansage, dass ich doch fürs kommende Wochenende ein Hotel in Salzburg buchen möge. Natürlich ließ ich mich nicht zweimal bitten, auch wenn die Übernachtungskosten ein riesiges Loch in mein Budget rissen. Vielleicht war das der Grund, der mich zur Kühnheit verleitete, meine neue Freundin unangekündigt in München zu besuchen. Voller Vorfreude klingelte ich an der Wohnungstür. Als diese sich öffnete, stand ich einem schwarzen GI der amerikanischen Armee gegenüber. „What do you want?", fragte er mich, und das klang nicht nach „Komm ruhig rein, ich freu mich, dass du hier bist, willst du ein Bier?" Offenbar war der Mann Kummer gewohnt. So unauffällig wie möglich ließ ich mein Geschenk in der Tasche verschwinden. Ich hatte meine letzten Ersparnisse für ein Spitzen-Negligée ausgegeben, doch ich konnte ja schwer sagen: „Willst du ihr das geben? Da freut sie sich sicher." Also trat ich den Rückzug an, schwang mich auf meine Horex und fuhr nach Augsburg. Dort suchte ich Trost beim Wirt meines Stammlokals, an dessen Theke schon viele Männer mit gebrochenem Herzen gesessen hatten. Daher fiel sein Ratschlag auch so ehrlich aus, wie ich es mir nur wünschen konnte. „Peter", sagte er. „Es gibt eine alte Indianerweisheit, die passt zu dir: Füttere nie ein Pferd, das du nicht reiten kannst."

Ich nahm es mir zu Herzen. Zumindest für die Zeit, die ich an diesem Abend in seiner Wirtschaft verbrachte.

Damals sprach mich mein Schwager auf meine Pläne nach der Lehre an. „Es wäre toll, wenn du bei uns bleibst. Hier stehen dir Tür und Tor offen."

Sogar der Direktor von Dierig blies ins selbe Horn. Ich hatte ihn in der Zwischenzeit kennengelernt und trotz meiner jungen Jahre einen guten Draht zu ihm entwickelt. Auch er wollte, dass ich Karriere in seinem Unternehmen machte. Gerade wurden die alten durch neue Maschinen ersetzt, man hatte große Pläne. Obwohl es vor guten Chancen nur so wimmelte, gab es eine Kraft in mir, die mich in eine andere Richtung zog. Rückblickend bin ich froh, dass ich damals meinem Bauchgefühl vertraut habe, auch wenn der Verstand genug Gründe hatte, auf dieses Angebot mit „Ja" zu antworten. Auch hier zeigten sich zwei meiner maßgeblichen Eigenschaften, die mir später den Weg durch die Welt ebneten: Wenn ich will, komme ich mit jedem gut aus, egal, ob Direktor oder Arbeiter. Und ich höre auf meine Intuition, vor allem, wenn es heißt, bleib bei uns, hier kriegst du die Chance deines Lebens. Das sollte in den folgenden Jahren noch oft geschehen. Und ich bin nie geblieben.

Kapitel 4

Sturm und Drang

Das Wort Nomade stammt vom griechischen „nemein" für „weiden".
Es sind wandernde Völker aus Hirten, Viehzüchtern, Jägern und Kriegern.
Meistens tragen die Frauen mit Knüpfarbeiten zum Lebensunterhalt der Sippe bei. Auf mich üben Nomadenteppiche einen besonderen Reiz aus, weil sie oft sehr originell sind.

Aus den Reisetagebüchern von Peter Renz

In Windeseile zog ich in Augsburg noch ein Studium als Textilingenieur durch, dann brach ich meine Zelte in der Fuggerstadt ab. Fragte mich jemand, wie ich mir meine Zukunft vorstelle, blieb ich vage: „Ich will irgendwas arbeiten", antwortete ich. Irgendwas bietet ein weites Feld. Eines wusste ich: Die Arbeit mit Stoffen und Textilien machte mir Spaß, daher erwog ich jetzt nicht, Kumpel im Ruhrpott zu werden oder als Matrose zur See zu fahren. Ich hatte eine Adresse in Göppingen in der Tasche, das war die Firma Roth: ein grundsolides, schwäbisches Unternehmen, das in derselben Branche tätig war wie mein Vater, nur in einem wesentlich größeren Umfang. Als ich dazustieß, beschäftigte man nahezu hundert Menschen und hatte sich gerade etwas Neues ausgedacht. Das deutsche Wirtschaftswunder war in vollem Gange, und überall in der Republik entstanden neue Siedlungen mit Ein- und Mehrfamilienhäusern. Es wurde wie verrückt gebaut, und wo gebaut wird, muss eingerichtet werden.

„Was wollen Sie bei uns denn machen, junger Mann?", lautete die Gretchenfrage bei meinem Vorstellungsgespräch. Der Mann, der mir gegenübersaß, trug Ärmelschoner.

Ich blies die Backen auf. „Ich mach alles", sagte ich. „Nur keine Buchhaltung."

„Soso", antwortete mein Gegenüber. „Zufällig bin ich hier der Chefbuchhalter." Er musterte mich. „Ich glaube, wir haben das Richtige für Sie."

Kurze Zeit später hatte ich die Ausstattung für meinen neuen Job. Einen uralten Vorkriegs-Mercedes, zwei Musterkoffer mit Tapeten, einen Musterkoffer mit Teppichen, Linoleum und Bodenbelägen sowie eine Liste, auf der Bauvorhaben und Baugenehmigungen im Umkreis von sechzig Kilometern standen. Die sollte ich abklappern und den Leuten, die ihr Häusle bauten, eine Inneneinrichtung verkaufen. Bevor es losging, nahm mich die Chefin des Hauses unter ihre Fittiche und kutschierte mich zu einer Verwandten, einem älteren ledigen Fräulein, das mir eine kleine Wohnung vermietete.

„Das Frühstück ist im Preis aber drin, Bäsle", sagte die Chefin streng, da es ihr offenbar wichtig war, dass ich mit gut gefülltem Magen zur Arbeit erschien.

Das Bäsle war auch nicht auf den Mund gefallen. „Frühstück ja", sagte sie, „Damenbesuch nein."

Die Chefin war damit einverstanden, ich weniger. Doch ich verstand, dass jetzt nicht die Zeit für Verhandlungen war. Später brauchte ich die auch nicht. Das Bäsle ging abends um sieben Uhr zu Bett und hatte einen sehr guten Schlaf. Da meine Wohnung ebenerdig war, machte es nichts aus, wenn sie die Haustüre von innen abschloss und den Schlüssel stecken ließ. Ich kletterte durchs Fenster, und meine Besucherinnen taten es mir kichernd nach.

Meine Aufgabe nahm ich ernst. Jeden Morgen in aller Früh machte ich mich auf die Reise. Wo immer im Filstal gebaut wurde, tauchte ich auf. Auch im benachbarten Neckartal, auf den Hügeln zwischen Rems und Fils, in der Gegend zwischen den Drei-Kaiser-Bergen und im Umland des Albaufstiegs war ich zu finden. Allein, alle meine Anstrengungen fruchteten nicht. Die Adressen, die mir zur Verfügung standen, waren entweder veraltet, oder die Leute hatten sich längst eingerichtet. Oder sie hatten den Bau verschoben und im Moment ganz andere Sorgen, als sich Gedanken um Teppiche, Tapeten und Vorhänge zu machen.

„Das ist ja ein hartes Brot", dachte ich ein ums andere Mal, wenn ich am Freitag nach einer langen Arbeitswoche auf den Hof der Firma Roth fuhr, um meine Ergebnisse beim Chefbuchhalter abzuliefern. Der sah auf einen Blick, dass sich meine Verkäufe in übersichtlichen Grenzen hielten. Andererseits staunte er, wie viele Termine ich Tag für Tag wahrnahm. Er ließ die Berichte sinken und sah mich über den Rand seiner Brille an. „Ich muss feststellen", sagte er, „dass Sie durch die Gegend rasen."

Ich konnte nicht ausmachen, ob es ein Lob oder ein Tadel war. Vorsichtshalber schüttelte ich den Kopf. „Mit diesem Auto", gab ich zurück, „kann man nicht rasen. Bergauf fahre ich meist im ersten Gang, und am Drackensteiner Hang musste ich beinahe aussteigen und schieben."

Privat hatte ich den Messerschmidt Kabinenroller hinter mir gelassen und den VW Standard ebenfalls. Mittlerweile fuhr ich einen BMW Zweisitzer in der Rallye-Version mit weißen Streifen längs überm Dach. Mit dem Wagen raste ich tatsächlich, nämlich in meiner Freizeit auf zahlreichen Bergrennen, die damals populär wurden. Zwar fuhr ich meistens hinterher, wenn es galt, den Hohenstaufen oder einen anderen Berg im Umkreis in möglichst kurzer Zeit zu bezwingen, trotzdem war der Juniorchef der Firma schwer beeindruckt. Wie es meine Art ist, knüpfte ich mit ihm schnell freundschaftliche Bande.

„Ich will auch Rennen fahren", sagte er eines Tages. „Meine Frau darf aber nichts davon wissen." Er kaufte sich den von den Gebrüdern Maserati gebauten Fiat OSCA mit genug Pferdestärken, um den anderen Rennteilnehmern zu zeigen, wo der Bartel den Most holt. Mit dem rasanten Cabriolet baute er gleich einen Unfall.

Inzwischen besaß ich auch ein kleines Segelschiff, mit dem ich an Wochenenden auf dem Bodensee herumschipperte. Das gefiel ihm ebenfalls. „Ich will auch segeln", sagte er. „Meine Frau darf aber ..."

„... nichts davon wissen. Warum eigentlich nicht?"

„Das verstehst du nicht."

Dabei beließen wir es. Dass ich einen Schlag bei den Mädchen hatte, fiel meinem neuen Freund natürlich auf. Ich wartete nur darauf von ihm zu hören, dass er davon profitieren wollte, seine Frau jedoch nichts davon wissen durfte. So kam es auch. Zu Hause erzählte er, dass meine neue Wohnung – ich war inzwischen beim Bäsle ausgezogen – tapeziert werden müsse und dieses Vorhaben nur mit seiner tatkräftigen Hilfe zu erledigen sei. An diesem Tag hatte ich zwei Mädchen eingeladen. Das gefiel ihm so gut, dass er die Ausrede, bei mir tapezieren zu müssen, so lange benutzte, bis es seiner Frau zu bunt wurde. So oft kann man gar nicht eine Wohnung renovieren, dachte sie sich, und kam ihm auf die Schliche. Unserer Freundschaft tat das keinen Abbruch.

Ich war inzwischen aus der Rolle des Neulings herausgewachsen und konnte die erhofften Verkaufserfolge vorlegen, weil ich nun selbst recherchierte, wo die Leute bauten. Außerdem arbeitete ich mich zielstrebig immer tiefer in die Materie ein. Bei Tapeten war das auch nicht kompliziert. Damals gab es Blümchen, Streifen oder gestrichene Raufaser, was mir schnell zu langweilig wurde. Als aus Italien die ersten abwaschbaren Tapeten auftauchten, die mit ihren Strichlinien

wie von Kandinsky persönlich gestaltet aussahen, legte ich meinen ganzen Ehrgeiz an den Tag, sie den schwäbischen Häuslebauern schmackhaft zu machen. Hatte ich wieder welche verkauft, freute ich mich wie ein Schneekönig – und machte gleich weiter. „Wo wir schon dabei sind", sagte ich. „Was wollen Sie eigentlich für Gardinen?"
Der Mann sah ratlos seine Frau an, und die zuckte meist mit den Schultern.

„Was dädet Sie denn vorschlaga?", fragte sie dann auf gut Schwäbisch.

„Wie sieht Ihre Polstergarnitur aus?", fragte ich. „Am besten ist es doch, wenn am Ende alles passt."

Heute biegen sich die Regalbretter der Fachbüchereien unter tonnenweise Verkaufsliteratur. Ein angehender Verkäufer mit Ehrgeiz kann sich durch Tausende von Fachbüchern durchackern und hat dann immer noch nicht alles gelesen. Als Service von mir kommt hier gratis ein zusammenfassender Ratschlag auf die Frage: „Wie werde ich ein guter Verkäufer?" Allerdings, die beiden Sätze – es sind tatsächlich nicht mehr – werden nicht jedem schmecken. „Hör deinem Kunden gut zu", lautet Satz Nummer 1. Und Nummer 2 heißt: „Dann stelle die richtigen Fragen."

Die guten Verkäufer, die ich später in meinen Teams leitete, befolgten diese Devise. Allerdings sind gute Verkäufer spärlich gesät. Durchschnittliche Verkäufer hören ein wenig zu und stellen ein paar Fragen. Die allermeisten Verkäufer sind grottenschlecht. Sie fragen nichts und reden selbst. Passiert mir das in einem Geschäft – und es passiert mir oft – drehe ich mich um und gehe sofort wieder. Ich kann Ihnen nur empfehlen, es auch so zu halten. Wo Sie nicht beraten werden, sollten Sie Ihr Geld nicht hintragen.

Ich war zwar noch blutjung, aber ich hatte Lust am Fragen, Lust am Zuhören, Lust am Beraten und Lust am Verkaufen.

Das schlug sich auf meinen Erfolg nieder. So fragte ich immer, wer in der Familie bei der Planung der Wohnung das letzte Wort hat. Das tat ich schön durch die Blume. Mit dieser Erkenntnis wusste ich, an wen ich mich zu wenden hatte, um den Sack zuzumachen. Genauso schnell lernte ich, dass die Preislimitierung des Kunden nur eine Schutzbehauptung ist. Gefällt den Leuten etwas, ist es egal, was es kostet. Auch der geizigste Schwabe schaut nicht auf den Cent, wenn er etwas haben will, das ihm zusagt und ihm einen Werterhalt verspricht.

Ich hatte und habe bis heute eine große Lust, Neues zu lernen. Bei Roth waren meinem Lerneifer Tür und Tor geöffnet. Ich wandte mich an die Spezialisten in der Firma, ganz nach dem Motto, dass man von den Besten das Beste erfahren kann. Nur mit Gardinen stand ich ein wenig auf Kriegsfuß. Diese richtig auszumessen kann bei schwierigen Verhältnissen mit Erkern, Einbuchtungen, Nischen, Gauben und Heizkörpern zur komplizierten Sache werden. Da die Vorhänge jedoch einen ganz wesentlichen Teil des Firmenumsatzes ausmachten, konnte ich mich nicht davor drücken. Eines Tages vermaß ich mich kolossal. Die Kunden hatten besonders schöne, aber auch besonders teure Vorhänge bestellt, doch als ich sie aufhängen wollte, passte nichts zusammen. Ich stand sprichwörtlich da wie der begossene Pudel. Nicht besser wurde es, als ich mit der Ware zurück in die Firma kam.

„Die müssen Sie jetzt selbst nehmen", sagte die Chefin. Das war ein Schlag ins Kontor, weil mich mein Fehler zwei Monatslöhne kostete. In jener Zeit war das noch üblich, weshalb man von mir auch keinen Protest vernahm. Trotzdem bot ich der Chefin ein Bild des Jammerns.

„Die gehören jetzt Ihnen", fügte sie hinzu. „Wenn Sie sie verkaufen, ist es nur halb so schlimm."

Damit stachelte sie den Händler in mir an. Der Chefbuchhalter, der mir mittlerweile wohlgesonnen war, bedauerte meinen Fauxpas ebenfalls und half mir mit einem günstigen Kredit über die Runden. Von nun an hörte man mich jeden Kunden, der auf Gardinen aus war, mit den Worten ansprechen: „Da habe ich etwas Besonderes aus einer Musterwohnung für Sie", bevor ich dann meine eigenen Gardinen präsentierte. Tatsächlich brachte ich sie an den Mann – und lernte daraus, von nun an nicht einmal und nicht zweimal, sondern immer dreimal nachzumessen, bevor ich die Bestellungen weitergab. Und noch etwas lernte ich: Gardinen und ich werden keine Freunde.

Als ich später das Geschäft meiner Eltern übernahm, in dem es eine gut ausgestattete Abteilung für Gardinen gab, schlug ich drei Kreuze, als sich meine Frau Ute mit viel Gespür und Liebe fürs Detail der Sache annahm. Mit diesen „Lappen", wie ich Gardinen und Vorhänge verächtlich nannte, wollte ich nichts mehr zu tun haben.

Ich blieb zwei Jahre in Göppingen. Es war eine Zeit, in der zwei entscheidende Dinge passierten. Die eine Sache hing mit dem Handelsverband Gilde International zusammen. Ich knüpfte erste Kontakte mit diesem Einkaufsverband, dem sich bisher rund achtzig Fachgeschäfte in Deutschland und dreißig weitere Firmen in Frankreich, Italien und Luxemburg angeschlossen hatten. Natürlich gehörte ein Unternehmen wie Roth dazu. Ausgerechnet mit Gardinen waren die Göppinger umsatzmäßig die Nummer 2 des Verbandes in Deutschland. Zu den Fachkongressen, die Jahr für Jahr mehr einem gesellschaftlichen Event als einer Verkaufstagung glichen, durfte ich meine Chefin begleiten. Sie rutschte mir gegenüber immer mehr in eine Mutterrolle hinein, in der sie sich nicht nur darum kümmerte, dass ich fachlich etwas mitbekam, sondern auch darum, dass ich anständig aß. So lernte ich die Gilde International kennen, in der ich Jahre später die Rolle des Chefeinkäufers einnehmen sollte. Davon konnte ich natürlich noch nichts ahnen. Ich staunte, wenn wir in den feinen Hotels von Düsseldorf, Frankfurt, Mailand und Paris abstiegen. Dort drückte mir meine Chefin ihre Geldbörse in die Hand mit dem klaren Auftrag, ihr den eigenen Chefeinkäufer vom Leib zu halten. Dann stürzte sie sich ins Getümmel und wurde in den nächsten drei Tagen nicht mehr gesehen. Tauchte sie wieder auf, glühte ihr Gesicht vor Lebensfreude, bis wir nach Göppingen zurückkehrten. Dort verwandelte sie sich wieder in die strenge Firmenchefin zurück, die den Rest des Jahres allen Verlockungen des Daseins widerstand. Als sie mitbekam, dass in mir der Wandertrieb immer stärker wurde, hörte ich auch von ihr diesen Satz: „Wollen Sie nicht bleiben? Sie können bei uns eine Karriere machen!"

Das war kein leeres Versprechen. Das Geschäft lief bestens. Doch etwas Entscheidendes fehlte. „Ihre Teppichabteilung ist ein Stiefkind", erwiderte ich. Was es dort an Auswahl gab, war schon in Ordnung. Ich hatte mich aber mittlerweile in die Sache reingekniet und festgestellt, dass die besten Teppiche in Hamburg geordert wurden. Mein Arbeitgeber bestellte dagegen bei einem Zwischenhändler. Der hatte zwar einen guten Ruf, doch verteuerte der Zwischenhandel die Ware um ein Vielfaches. Diese Kalkulation ergab keine gute Rendite.

Stiefkind oder nicht – hin und wieder war mir trotzdem ein echter Orientteppich in die Hände geraten. Hegte ich gegen Gardinen eine Aversion, war dies bei Teppichen nicht der Fall. Sie faszinierten mich. Ihre Schönheit, ihre Tradition, diese unglaubliche Handwerkskunst – was immer ich darüber erfahren konnte, verschlang ich. Nächtelang blieb ich wach, um mich durch die Fachliteratur zu lesen. Ein Schirwan aus dem südöstlichen Kaukasus zeigt geometrisch vereinfachte Arabeskenmotive mit Haken und Skorpionen auf schwarzblauer Grundfarbe. Wer hätte das gedacht? Im Dorf Niya an der Seidenstraße in Ostturkestan fand man Teppichfragmente aus dem 5. Jahrhundert. Das ist ja interessant! Ohne dass ich es merkte, ergriff der Virus des Orientteppichliebhabers von mir Besitz. Und wie es mit Viren der Fall ist, wird man davon nie wieder frei. Was ich auch gar nicht wollte, denn endlich hatte ich meine Bestimmung gefunden.

Dass ich zurück nach Augsburg ging, hing einzig und allein mit einem klingenden Namen der Orientteppichbranche zusammen. Kröll & Nill war eines der alten Handelshäuser, welche die Fuggerstadt reich und berühmt gemacht hatten. Vor über 500 Jahren hatten die Fugger von hier aus ihr kommerzielles Weltreich regiert, bis 1897 Konrad Nill das Anwesen erwarb und zu einem prachtvollen Textilkaufhaus umbaute. In den Kontoren mit ihren gewölbten Glasdächern lagerten Kostbarkeiten aus allen Knüpfländern dieser Welt. Von hier hatten meine Göppinger Arbeitgeber ihre Teppiche geordert. Daher dachte ich, dass es eine gute Idee sein könnte, direkt vor Ort alles über meine neue Liebe zu lernen. Gründlicher konnte ich mich nicht täuschen. Der Chefverkäufer, ein Sachse mit dem Titel eines vereidigten Sachverständigen, sah in mir sofort die Konkurrenz. Er konnte mich nicht leiden und tat alles nur Erdenkliche, um mich von Informationen fernzuhalten. Damit konnte er trotzdem nicht verhindern, dass ich weiterhin Berge von Büchern las, in denen das geballte Wissen über Orientteppiche geschrieben stand. Doch Lesen ist das eine, praktische Erfahrung das andere. Zu meiner Überraschung konnte der Chefverkäufer wenig über die Knüpfländer selbst berichten. Fragten ihn Kunden, die einen Perserteppich begutachteten: „Sie waren sicher dort?“, musste er sich mit einer Notlüge behelfen.

Ich war schon kurz davor, den Bettel hinzuschmeißen, als ich eines Tages hinab ins Lager stieg. Dort traf ich einen Mann, der eine lebende Enzyklopädie in Sachen Orientteppiche war. Nie zuvor hatte ich jemanden mit einem derart ausgeprägten Sachverstand und guten Geschmack getroffen. Dabei wurde er vom Boss behandelt, als sei er ... nun ja, der Lagerarbeiter. Schnell waren wir unzertrennlich. Endlich hatte ich einen Mentor gefunden und fragte ihm Löcher in den Bauch. Mein Ehrgeiz war, auf jeden Orientteppich dieser Welt zugehen zu können und sofort zu wissen, um was für ein Stück es sich dabei handelt – und zwar ohne ihn umzudrehen und die Knoten zu begutachten, wie es andere Fachleute taten. Als ich später selbst vereidigter Sachverständiger war, hörte ich oft die Frage, warum ich den zu begutachtenden Teppich nicht wendete.

„Weil ich das gar nicht mehr tun muss", antwortete ich dann. „Mir genügen die Zeichnung und die Farben auf der Vorderseite."

Damals ging es mir nicht darum, mich irgendwann bei „Wetten, dass..?" als exotische Koryphäe mit seltenem Fachwissen zu beweisen. Ich hatte einfach Lust dazu, über Orientteppiche alles zu erfahren. Im Lager von Kröll & Nill bekam ich dafür eine grundlegende Ausbildung. Als ich die Augsburger Firma verließ, hatte ich erneut zwei Dinge gelernt: Die besten Sachen sind oft dort zu finden, wo es staubig und dreckig ist. Das kann ein Lager in einem altehrwürdigen Augsburger Handelshaus sein oder im hinterletzten persischen Dorf, wo sich außer mir kein anderer Einkäufer durch die Teppichberge wühlt. Und: Sollte ich einmal selbst Chef sein, würde ich alle meine Leute gut behandeln. Perlen liegen oft in Muscheln, die andere achtlos zur Seite schieben.

Bevor ich Augsburg verließ, wollte ich mir meinen ersten eigenen Orientteppich zulegen. Meine Wahl fiel auf einen Teppich im Läufermaß, der 1000 DM kostete, für mich eine atemberaubend hohe Summe. Er gefiel mir sehr, doch ich zauderte. Tausend Mark! Verdammt viel Geld! Andererseits stammte er aus einem der muslimisch geprägten Länder jenseits des Urals, von denen man zu dieser Zeit im Westen so gut wie nichts wusste.

„Nehmen Sie ihn!" Der Lagerarbeiter sprach mir gut zu. Richtig, ich fragte weder den Boss noch den Chefverkäufer um Rat. Einzig und allein den Mann aus dem Lager zog ich ins Vertrauen.

„Der Teppich ist recht dünn", wandte ich ein.

„Diese Arten sind nie dicker", antwortete er. Schon wieder was gelernt.

„Und was ist mit den Farben? Sind die nicht etwas weniger bunt als bei vielen anderen?"

„Es sind Naturfarbstoffe. Diese natürlichen Pigmente sind viel authentischer. Sie ergeben tiefere und intensivere Farben. Darüber hinaus sind sie allein durch ihre oft tausendjährige Geschichte einzigartig."

„Was meinen Sie, wie alt wird dieser Teppich sein?"

„Tausend Jahre nicht, aber Hundert." Er lachte. „Nehmen Sie ihn. Sie werden es nicht bereuen."

Der Mann sollte recht behalten. Zehn Jahre später war der Teppich bereits das Zehnfache wert.

Zu dieser Zeit betrat immer wieder ein würdiger alter Herr das Geschäft von Kröll & Nill. Wir kamen ins Gespräch, und er erzählte mir, dass er in München ein Teppichfachgeschäft führte, direkt am Marienplatz, in allerbester Lage. Seine Ware bestand aus antiken Stücken. Irgendwie gefiel ihm meine Art, und er lud mich zu sich ein. Als ich seinen Laden betrat, musste ich mich schwer zusammenreißen. „Da gibts ja nur alte Fetzen", war mein erster Gedanke. Im Lager von Kröll & Nill hatte ich zwar viel gelernt, doch antike Teppiche waren dort selten vorgekommen. Eine Welt tat sich vor mir auf, von der ich keine Ahnung hatte. Eine Welt, in der ich Neues erfahren könnte ...

„... was sagen Sie dazu?" Die Stimme des alten Herrn riss mich aus den Gedanken. „Wäre das ein Angebot, das Ihnen zusagt? Verkäufer in meinem Geschäft? Sie haben völlig freie Hand. Ich komme morgens zum Aufschließen und hole abends die Kasse. Dazwischen sind Sie Ihr eigener Chef."

Ich fiel aus allen Wolken. Gerade noch hatte ich darüber nachgedacht, dass ich in dieser Welt viel Neues lernen könnte, und schon bekam ich das Angebot, dafür auch noch bezahlt zu werden. Ich musste nicht lange ein Für und Wider abwägen. Nachdem mir der alte Herr seine Kollektion vorgeführt hatte, waren die Würfel gefallen.

„Eins noch", sagte er. „Bei mir kaufen die Leute keine Teppiche. Sie kaufen Kunst."

Das war klar: Wenn ich mir hier keine blutige Nase holen wollte, musste ich wahnsinnig viel lernen. Und weit und breit gab es keinen Mentor, der mir als Lagerarbeiter verkleidet auf die Sprünge helfen würde. Von nun an holte ich mir täglich neue Bücher aus Bibliotheken und Museen und steckte meine Nase hinein. Bei uns in der westlichen Welt findet man die ersten Darstellungen von antiken orientalischen Teppichen in Bildern der italienischen Maler ab dem Jahr 1300? Das sollte man wissen, wenn Kunden in den Laden kommen. Der älteste in seiner Struktur erhaltene Knüpfteppich stammt aus einem Grab im Pazyryk-Tal im Altaigebirge und wird auf das 5. Jahrhundert vor Christus datiert? Auch etwas, das ich ins Verkaufsgespräch einbinden könnte. Ich merkte rasch, wie tief ich in die Geschichte der Menschheit eintauchen musste, um ein Fachmann für antike Teppiche zu werden. Schon wieder hatte ich ein neues Ziel: Dieser Fachmann wollte ich unbedingt sein.

In einem Geschäft wie dem in München geben sich die Kunden nicht die Klinke in die Hand. Es ging recht gemächlich zu. Hin und wieder ertönte die wohlklingende Türglocke und jemand trat ein, um sich mit mir über die chinesischen und russischen Teppiche zu unterhalten, die mein neuer Chef der Einfachheit halber über Bügel gehängt hatte, was meinem ästhetischen Empfinden zuwider war. Doch diese Kunden kümmerten sich wenig darum, wie die Teppiche ausgebreitet aussahen. Die Geschichten dahinter waren ihnen wichtig. Die kannte ich bald alle, schließlich hatte ich Zeit, um meine Studien weiterzutreiben. Der Eigentümer des Ladens beschäftigte zwei Knüpfer und einen Lagerarbeiter, sodass ich mich auf den Verkauf und das Lernen konzentrieren konnte. Am Abend kam er wie angekündigt, um die Kasse zu holen. Er schaute rein, war zufrieden, und sagte den Satz, den er jeden Abend sagte: „Jetzt gehen wir zwei etwas essen."

Ich ging jeden Abend mit, ein halbes Jahr lang. Dann hatte ich das Gefühl, alles gelernt zu haben, was ich an diesem Ort lernen konnte. Jeden Abend essen gehen mit dem Chef wollte ich auch nicht mehr. Wahrscheinlich spürte er, dass es mich wegzog, denn er lud mich in ein besonders teures Restaurant ein. Die Worte kamen, die mich ein Leben lang verfolgten, egal, wo ich war und was ich dort tat.

„Mir wäre es recht, wenn Sie bleiben", sagte er. Und fügte hinzu: „Ich sehe Sie als meinen Nachfolger. Sie haben gezeigt, dass Sie es können."

Ich drehte mein Weinglas in der Hand hin und her. Mein Chef tat nichts anderes, als mir ein gemachtes Nest anzubieten, dennoch fühlte ich mich unwohl. Dabei wusste ich, wie schnell sich die Kasse füllte, weil keiner der Kunden, die auf ein antikes Stück aus waren, dabei auf den Preis achteten. Bequemer konnte ich es nicht haben: Im Herzen Münchens ein

Tischlein-deck-dich zu bekommen, das noch nicht einmal viel Arbeitseinsatz erforderte.

Doch das war der entscheidende Punkt. Ich war 22 Jahre alt und nicht bereit, schon in den Ruhestand zu gehen. Denn so fühlte sich das für mich an. Ich wollte meines eigenen Glückes Schmied sein. Noch bevor ich einen weiteren Schluck Wein nahm, fiel die Entscheidung. Ich würde das generöse Angebot ausschlagen. Zwar hatte ich noch keinen Plan, was ich im Anschluss tun sollte, dafür eine vage Idee. Erneut war sie entstanden, weil ich jemanden kennengelernt hatte. So ist es bei mir: Neue Menschen geben mir neue Impulse. Dieser Impuls wies nach Paris. Dort gab es ein Unternehmen, das tunesische Teppiche verkaufte. Bei dem schneiten auch die Teppicheinkäufer der großen deutschen Möbelhäuser herein.

„Für die brauchen wir Sie", hieß es, als wir am Telefon über den Posten sprachen. „Sie sagten, Sie sprechen auch französisch?"

Dank der Weitsicht meines Vaters, Philipps umfassender Comic-Sammlung und meiner Liebe zu Frankreich konnte ich das bejahen.

„*Très bien*", war die Antwort. „Dann schicken wir Ihnen den Vertrag."

Ich war derart aus dem Häuschen, meinen gemächlichen Münchner Alltag mit einem aufregenden Leben in Paris einzutauschen, dass ich vergaß zu fragen, was „für die brauchen wir Sie" eigentlich bedeutete. Großer Fehler. In Paris wurde mir das rasch klargemacht. „Die Herren aus Deutschland wollen nicht nur tunesische Teppiche kaufen. Die wollen was sehen von der Stadt. Besonders nachts, *naturellement*."

Natürlich, nachts wollen die was sehen. Und wer es ihnen zeigen sollte, war ich. Und so tauschte ich meine täglichen Abendessen mit einem älteren Herrn ein für tägliche Ausflüge ins Moulin Rouge und ins Crazy Horse. Klingt doch aufregend?

Vielleicht die ersten paar Mal, dann nicht mehr. Die Langeweile der Gewohnheit macht auch vor berühmten Pariser Etablissements nicht Halt. Zumal sich die Herren aus Deutschland durch die Bank schlecht benahmen. Wir schrieben das Jahr 1963, aber für manche schien es noch das Jahr 1940 zu sein. Ich hatte schnell *ras de bol* – die Nase gestrichen voll! Auch bei meinem eigentlichen Interesse, mehr über mein Metier zu lernen, kam ich nicht weiter. Bei den angebotenen Berberteppichen gab es eine Handvoll Muster in einer Handvoll Qualitäten. Ich war überqualifiziert und unterfordert, was zielstrebig zu einem Wort führt, das zum größten Feind meines Lebens wurde: Langeweile. Nichts schafft mir mehr Verdruss als Langeweile – und ausgerechnet in Paris sollte ich sie kennenlernen? Was für ein Reinfall, dachte ich. Warum bestellen diese Möbelhausvertreter ihre Ware nicht per Telefon? Die Antwort lag auf der Hand: Weil sie nach Paris reisen und auf den Putz hauen wollten. Mit mir als Fremdenführer und Pausenclown, der ständig das *„Sales boches!"* der Einheimischen im Ohr hatte, die den Krieg und diese Art deutscher Herrenmenschen noch nicht vergessen hatten: „Scheißkerle, ihr!"

Das war nicht mein einziges Problem. Bisher war es mir nicht gelungen eine dauerhafte Unterkunft aufzutreiben. Daher wohnte ich noch immer im Hotel, was für mein Budget viel zu teuer war. Mein Chef hatte mir eine Zeitung mit Wohnungsanzeigen in die Hand gedrückt, doch das half nicht weiter. Was ich brauchte, waren ein, zwei freie Tage, um etwas suchen zu können. Schließlich verkaufte ich tagsüber Berberteppiche und führte nachts vergnügungssüchtige Herren aus. Als ich meinen Chef um Urlaub bat, erhielt ich jedoch eine Abfuhr. An diesem Abend kam ich reichlich niedergeschlagen ins Hotel zurück. Ich holte Bleistift und Papier hervor und zählte meine Finanzen zusammen. Auf der Habenseite standen die

Franc-Scheine in meinem Geldbeutel und mein neues Auto, für das ich alle Ersparnisse geopfert hatte: Ich hatte mir ein weißes Cabrio der Marke Goggo Glas zugelegt, mit roten Plastikschalensitzen und der Schaltung, die andersherum war als üblich. Dazu war ich zu meinem Freund Heinrich Baumgartner gegangen, der in Schrambergs Nachbarort Schiltach eine Autowerkstatt betrieb und nebenbei mit besonderen Wagen handelte. Aus dieser Kernzelle heraus entstand 1970 die Firma BBS, welche die Radtechnologie im Rennsport weltweit voranbringen sollte. Vom Zeitpunkt an, als Michael Schumacher mit Benetton Renault zum 2. Mal die Formel-1 Weltmeisterschaft auf BBS Leichtmetallrädern mit ihrem typischen Kreuzspeichendesign gewann, wollte jeder damit fahren. Mit Heinrich verband mich die Liebe zu Autos, lange bevor BBS Weltmarktführer wurde. So hatte mein Goggo schon Stoßstangen aus Aluminium, die außer mir keiner fuhr. In Paris hielten sie zwei Tage lang, dann waren sie durch die robuste Einparktechnik der Franzosen abgefallen. Der Motor hatte das Bestreben, sich bei Bodenwellen aus den Verankerungen zu lösen, doch das störte mich nicht. Ich sah auch locker darüber hinweg, dass schon nach kurzer Zeit sämtliche Armaturenlämpchen brannten, und klebte einfach Pflaster darüber. Schließlich bereitete das Auto selbst keine Probleme, und es machte bei den Mädchen ungemein was her. Alles in allem gefiel mir Paris – wären da nicht mein langweiliger Job, die nervtötenden Nächte mit den Einkäufern und meine Wohnsituation gewesen.

Ich zog einen Strich unter die Rechnung und runzelte die Stirn. Zwei Wochen blieben mir, sollte ich keine günstige Wohnung finden. Und das war unmöglich, solange mir mein Chef den Weg dorthin verweigerte. Ich griff nach einem Rettungsanker: Auf den Touren durchs Montmartre hatte ich zahlreiche Billighotels entdeckt – mehr Absteigen als Hotels – wo ich mich tags darauf einmietete. Dabei musste ich in Kauf nehmen, dass mein Bett schon mal belegt war, wenn ich von der Arbeit nach Hause kam, weil die dicke Wirtin die Zimmer gleich mehrfach vermietete. Nachts hielten mich eindeutige Geräusche vom Schlafen ab.

Was tut ein Sohn in der Fremde in großer Not? Er ruft seine Mutter an. Genau das tat ich, weil mir einfiel, dass einer unserer Gardinenlieferanten in Paris eine Verkaufsniederlassung betrieb. Vielleicht konnte er mir weiterhelfen? Wenn man nicht fragt, ist die Antwort immer Nein. Tatsächlich nannte mir meine Mutter eine Telefonnummer. Ich rief sofort an. Eine junge Dame mit Kölner Dialekt nahm ab. Ich sagte mein Sprüchlein auf, doch sie hörte gar nicht zu.

„Aha", sagte sie. „Sie wollen eine Stelle bei uns. Dat es jood. Wir haben was."

Ausgerechnet ich und Gardinen! „Nein, nein", wehrte ich ab. „Ich will keine Stelle, ich will ein Zimmer!"

„Wie, was, ein Zimmer?"

Ich erklärte meine Situation. Dieses Mal fand ich ihr Ohr. Sie lachte, als ich von meiner Absteige sprach und dass ich in den Nächten kaum ein Auge zumachte. „Vielleicht gibt es eine Möglichkeit", sagte sie, und neue Hoffnung stieg in mir auf. „Kennst du am Gare de l'Est den Boulevard de Magenta?" Den kannte ich, weil sich in den dortigen Patrizierhäusern einige Möbelgeschäfte angesiedelt hatten. Sie nannte die Hausnummer und bat darum, heute Abend vorbeizukommen. „Bei der Concierge musst du dich vorbeischmuggeln", gab sie mir mit auf dem Weg. „Die ist ein harter Knochen."

Als ich eintraf, platzte ich mitten in eine Mädchen-WG: Meine Retterin aus Köln, die Französisch sprach wie ein Pariser Waschweib, eine Russin aus Moskau, eine Österreicherin und eine Französin suchten nach – ich traute meinen Ohren nicht – einem Mitbewohner. Sie zeigten mir das kleinste Zimmer in der Wohnung, das direkt vor dem Bad lag.

„Wir müssen bei dir durch", sagte die Kölnerin. „Macht dir das etwas aus?"

Ich versicherte, dass mir das auf keinen Fall ein Problem bereiten würde; wann immer sie das Bad benutzen wollten, sollten sie es tun, zu allen Tages- und Nachtzeiten.

„Dann ist ja gut." Damit war die Sache in trockenen Tüchern. Ich konnte mein Glück kaum fassen. Ich hatte eine Bleibe gefunden in einem dieser prächtigen Häuser, die für mich Paris ausmachten – und war obendrein noch Hahn im Korb in einer Wohnung voller hübscher Mädchen.

Die Kölnerin hatte einen französischen Freund, der Mitglied der OAS war. Das Kürzel für die Organisation de *l'armée secrète*, der Organisation der geheimen Armee, die mit Terroranschlägen gegen die bevorstehende Unabhängigkeit von Algerien kämpfte, war zu dieser Zeit ein Synonym für Angst und Schrecken. Ihre Mitglieder rekrutierten sich aus französischen Fallschirmjägern und Soldaten aus der Fremdenlegion, deren Opfer bereits in die Tausenden gingen. Selbst vor einem Attentat auf Präsident Charles des Gaulle schreckte man nicht zurück. Seit einem misslungenen Staatsstreich zwei Jahre zuvor verteilten OAS-Sympathisanten Flugblätter mit der Aufschrift *„L'OAS frappe où elle veut, quand elle veut"*, zu Deutsch: „Die OAS schlägt zu, wo und wann sie will." Der Staat wehrte sich mit blutigen Mitteln, ein Bürgerkrieg drohte. Und nun stellte ich fest, dass diese Propaganda ausgerechnet bei uns in der Wohnung gedruckt wurde. Täglich lief ein kleiner Matrizendrucker auf Hochtouren und spuckte Aberhunderte Pamphlete aus. Als freiheitsliebender Mensch gönnte ich Algerien die Unabhängigkeit von Frankreich, und von terroristischen Mitteln hatte ich noch nie etwas gehalten. Um ein deutliches Zeichen zu setzen, hängte ich ein großes Plakat von Präsident Charles des Gaulle auf. Kurz darauf betrat der Freund der Kölnerin mein Zimmer. „Du weißt, wer die *Pied Noirs* sind?“, fragte er. „Ich bin einer von ihnen.“

Ich nickte. *Pied Noirs* nannte man Franzosen, die in Algerien lebten und oft keine familiären Wurzeln mehr ins Mutterland hatten, nun aber notgedrungen zurückkehren mussten. Mittlerweile hatten die Militanten unter ihnen Anschläge rund um den Gare de l'Est verübt, also in unmittelbarer Nachbarschaft.

„Wieso hängst du dieses Plakat auf?“

„Weil ich ein Anhänger von de Gaulle bin“, antwortete ich. „Alle Deutschen sind das. Er hat wesentlich dazu beigetragen, uns von Hitler zu befreien. Im Übrigen ist die Kolonialzeit vorbei.“

Meine unverblümte Antwort schien ihn zu verblüffen. Für eine Weile herrschte Stille, dann fragte er: „Wirst du mich verraten?“

Auf diese Idee wäre ich im Leben nie gekommen. Auch wenn ich die Ziele und Methoden der *Pied Noirs* ablehnte, kam Verrat nicht in Frage. Um den Ernst der Lage zu entschärfen, antwortete ich: „Natürlich nicht ... wenn du mir regelmäßig eine Flasche Rotwein mitbringst.“

Ich hätte nie geglaubt, dass er meine Worte für bare Münze nahm, doch das war der Fall. Von nun an stand immer eine Flasche Wein in meinem Zimmer, bevor der Matrizendrucker seine Arbeit aufnahm. Das bemerkte der *petit ami* meiner österreichischen Mitbewohnerin. Er kam aus Japan und hatte von Sitten und Gebräuchen in Frankreich keinen blassen Schimmer. Weil mich die Mädchen zum Spaß „Patron“ nannten, nahm er irrtümlich an, ich sei der Chef im Haus. Als er sah, wie mir regelmäßig eine Flasche überreicht wurde, imitierte er diese Gewohnheit. Von nun an herrschte kein Mangel an Wein in unserer fröhlichen Wohngemeinschaft. Das Leben hätte gar nicht besser sein können, wäre da nicht dieser schreckliche Job gewesen.

Ich fasste meinen Mut zusammen und marschierte zum Chef. „Muss ich wirklich diese Leute ständig ausführen?“, fragte ich.

Die Antwort ließ keine Interpretation zu. „Dafür haben wir Sie eingestellt.“

„In dem Fall“, gab ich zurück, „reiche ich meine Kündigung ein.“

Das hatte ich mir anders vorgestellt, als ich in Schramberg jedem erzählt hatte, dass mich mein Weg nach Paris führt. Dabei hatte ich den Mund ziemlich voll genommen. Es war also unmöglich, bereits jetzt nach Hause zurückzukehren. Was sollte ich tun? Ratlos betrat ich das Bistro, das gegenüber dem Eingang zum Gare de l'Est lag. Es war eine hervorragende Lage für eine dieser typischen Eckkneipen der französischen Hauptstadt. Sie bestand aus einer Bar, wo man seinen schnellen Kaffee bekam, ein Bier auf den Weg, einen Pernod und ein paar Dutzende anderer Schnäpse. Dazu Zigaretten, Zigarillos, Zigarren. Im hinteren Teil gab es weitere Waren des täglichen Bedarfs. Wer verreisen musste oder hungrig und durstig aus dem Bahnhof kam, fand alles, was er brauchte. Auch Angestellte und Anwohner aus dem *Quartier* hatten das Bistro zu ihrem Wohnzimmer gemacht, so wie ich. Der Laden brummte, und Bruno, der Eigentümer, kam mit der Arbeit kaum hinterher. Wir waren Freunde geworden, nachdem ich bei den Mädchen eingezogen war. Ich hatte ihm meine Autoschlüssel gegeben, damit er den Goggo umparken konnte, sobald sich irgendwo eine der raren Lücken am Straßenrand auftat.

„Was machst du denn für ein Gesicht?“, begrüßte er mich. Ohne Weiteres stellte er einen Pernod vor mich.

Ich berichtete, was mir widerfahren war. „Es ging alles so schnell. Das Wort Kündigung war raus, bevor ich es mir recht überlegt hatte.“

Bruno grinste. „Dann bist du jetzt ein freier Mann.“

Mir war nicht nach Lachen zumute. „Frei sein zahlt aber nicht die Miete", gab ich zurück. „Jetzt muss ich nach Deutschland, dabei will ich das gar nicht."

„*Bon*", sagte Bruno. „In dem Fall hätte ich was für dich." Er reichte mir eine Broschüre über den Tresen. Darauf prangte das Logo von Hacker-Pschorr, der Traditionsbrauerei aus München, deren Wurzeln bis ins 14. Jahrhundert zurückreichen. „Die haben mir ein Angebot gemacht", fuhr Bruno fort, „das ich gar nicht ablehnen kann. Wenn ich ihren Gerstensaft ausschenke, klingelt die Kasse. Meine Landsleute lieben deutsches Bier."

„Klingt gut. Wo ist das Problem?"

„Siehst du das nicht? Ich hab ja jetzt schon alle Hände voll zu tun. Was ich brauche, ist ein begabter Bierzapfer. Einer, dem die Arbeit flott von der Hand geht." Er nahm mein Glas und schenkte nach, als wollte er mir damit zeigen, was er meinte. „Geht aufs Haus, *mon ami*. Also, sagst du Ja oder sagst du Ja?"

Heute sollte wohl der Tag der schnellen Entscheidungen sein. Ich reichte Bruno die Hand über den Tresen, und er schlug ein. Danach schenkte er erneut nach. „Du übernimmst die Nachtschicht", sagte er.

„Ist gut."

„Als Bayer."

„Was? Ich bin doch kein Bayer. Ich bin Schwarzwälder."

„Ab jetzt bist du Bayer. Ich besorg dir Lederhosen und … diesen komischen Hut mit diesen büschelförmigen Haaren. Wie sagt ihr dazu?"

„Gamsbart."

„Gams… was? Wie auch immer. Wenn du den trägst, flippen die Gäste aus. Haha! Ein Bayer aus dem Schwarzwald am Gare de l'Est. Du wirst sehen, das ist die Attraktion!"

Um über die Runden zu kommen, bevor das Abenteuer beginnen konnte, empfahl mir Bruno, im „Bauch von Paris" zu arbeiten. Der Großmarkt mit seinen unzähligen Markthallen befand sich damals noch im Zentrum der Stadt, und das seit dem frühen 12. Jahrhundert.

Es war reichlich kompliziert, sich dort einen Job zu beschaffen. Die Packer, die das Fleisch aus den Kühlhäusern in die LKW schleppten, waren offiziell arbeitslos gemeldet. Auf diese Weise bekamen sie vom Staat einen Arbeitslosenschein, der sie wiederum berechtigte, einen Job im Großmarkt zu ergattern. Erst musste ich also einem der Arbeitslosen seinen Schein abkaufen, was mich meine letzten Ersparnisse kostete. Dann reihte ich mich in die Gruppe Männer ein, die sich am frühen Abend vor den Schlachthäusern einfanden. Jeder hatte eine Gauloise im Mundwinkel, keiner sprach mit dem anderen, denn wir waren Konkurrenten. Sobald die ersten LKW vorfuhren, kam Bewegung in die Männer. Bruno hatte mir geraten, mich an einen der LKW-Fahrer zu wenden.

„Brauchst du einen Packer?", fragte ich den Erstbesten. Er brummte etwas zur Antwort, das ich als Zustimmung interpretierte. Die nächsten Stunden arbeitete ich hart wie nie zuvor. Ich hatte eine weiße Mütze erhalten, an der zentnerschwere Fleischbrocken mit Hilfe eines Hakens befestigt wurden, sodass sie mir wie ein Rucksack über den Rücken baumelten. Auf diese Weise konnte man ein höheres Gewicht schleppen. Als nach Stunden alles erledigt war, setzte ich mich erschöpft auf den Boden. Motorengeräusch schreckte mich auf. Mein LKW-Fahrer kurvte gerade aus dem Hof. Ich hatte nicht die Kraft, ihm hinterherzulaufen und meinen Lohn einzufordern. „Ich habe die ganze Nacht umsonst geschuftet", klagte ich Bruno Stunden später mein Leid.

„Wie kannst du nur so naiv sein!", rief er aus. „Du musst dem Fahrer den Fahrzeugbrief klauen. Wenn er wegfahren will, machst du damit winke, winke. Geld gegen Brief, so lautet das Geschäft. Oder du verbündest dich mit einem der Aufseher."

Am nächsten Abend gelang es mir weder einen Fahrzeugbrief zu stibitzen noch mich mit einem Aufseher gut zu stellen. Wieder arbeitete ich umsonst. Am dritten Abend ging ich nach eigener Strategie vor. Ich pickte mir einen Fahrer heraus und sprach ihn an. „Mit Euren Methoden komm ich nicht klar", sagte ich ehrlich. „Zahl mir ein bisschen weniger, und ich bin dein Mann."

Er war damit einverstanden, und von nun an war ich im Geschäft. Jetzt war ich auch plötzlich mit dabei, wenn die Arbeiter am Ende der Schicht auf einen Sprung ins *Pied de Cochon* gingen. Die berühmte Kneipe im Souterrain der alten Hallen mit ihrem programmatischen Namen „Schweinsfuß" füllte sich ab vier Uhr morgens mit Menschen. Dicke Schwaden zogen über den Herd, auf dem riesige gusseiserne Töpfe standen mit der besten Zwiebelsuppe, die ich in meinem Leben gegessen habe. Sie wurde in Kupferschalen serviert, dazu gab es ein Glas Rotwein. Hier unten war das Reich der Arbeiter, ein Stock höher befand sich das Restaurant der feinen Pinkel. Bevor wir gingen, entsorgten wir unsere Kippen in den Töpfen als kleinen Gruß von der Arbeiterschaft. Trat ich anschließend vor die Tür, legte sich gerade der erste Schein des Morgens über die Stadt. Rund um die Hallen herrschte geschäftiger Betrieb. Die Straßen waren verstopft mit LKW und Lieferwagen. Auch für *les poules*, die Damen des käuflichen Gewerbes, die überall die Gehsteige säumten, herrschte jetzt Hochkonjunktur.

„Eine kleine Nummer vor dem Nachhausegehen?", riefen sie mir nach, wenn ich mich auf den Weg machte. Ich hielt mein Geld lieber zusammen. Schließlich bezahlte ich dafür mit schmerzenden Muskeln und bleierner Müdigkeit. In der WG angekommen, schlief ich bis in den Mittag, immer wieder geweckt von meinen Mitbewohnerinnen, die über mich hinwegstiegen, um ins Bad zu gelangen.

„Du solltest mit diesem Job aufhören, *cherie*", rieten sie mir.

„Tu ich ja", versprach ich. „Sobald der Gamsbarthut geliefert wird."

Als meine bayerische Verkleidung vollständig war, bekam ich von Bruno eine Einweisung in die Funktion der Bierzapfanlage, dann konnte es losgehen. Schnell sprach sich herum, dass es in dem Bistro nahe dem Bahnhof von nun an original bayerisches Bier gab, gezapft von einem lustigen Burschen, der allerhand Tricks draufhatte. Einer bestand darin, dass ich eine Gauloise Filter nahm, die Zigarette an meine Wange hielt, und diese wie durch Zauberkraft daran festklebte.

„*Incroyable*!", riefen die Gäste am Tresen. „Das ist ja unglaublich! Wie zum Kuckuck machst du das?"

Selbstverständlich verriet ich es nicht. Dabei war die Sache einfach, wenn auch etwas schmerzhaft: ich steckte mir eine dünne Nadel durch die Wange, worauf ich die Zigarette spießte. Bruno gefielen meine Entertainerfähigkeiten, weil sie das Geschäft befeuerten. Neben den Zugreisenden kamen auch immer mehr Kunden aus den umliegenden Möbelgeschäften. Die wollten mittags etwas zu essen haben, doch bei uns gab es nur belegte Baguettes. Auf den nächtlichen Streifzügen durchs Montmartre hatte ich in anderen Bistros Küchenmaschinen entdeckt, mit denen man im Handumdrehen leckere Toasts zubereiten konnte. Die waren neu am Markt, und ich rechnete Bruno vor, wie schnell sich eine Investition amortisieren würde. Er zeigte sich aufgeschlossen, und so legten wir uns einen professionellen Toaster zu. Der war auch während meiner Nachtschicht ständig im Einsatz. Dann drängelte sich eine ganz andere Klientel um den Tresen: Bei *les poules* rund um den Gare de l'Est verbreitete sich die Kunde, dass wir mehr zu bieten hatten als die Konkurrenz. Bruno schärfte mir ein, die Damen zuvorkommend zu bedienen. „Die sind super Kundschaft", sagte er. „Sie kommen gleich vier-, fünfmal pro Nacht auf einen Schluck rüber. Behandelst du sie schlecht, schmeiß ich dich raus."

Was ich bestimmt nicht vorhatte. Es galt allerdings, einige Regeln einzuhalten. Die Huren durften im Bistro nicht um Kunden werben. Das hatten die meisten auch gar nicht im Sinn. Sie reichten mir ihre Handtaschen zur Aufbewahrung über den Tresen, damit keiner der Langfinger, die das Gedränge für ihre Geschäfte zu nutzen verstanden, zum Zuge kam, und verlangten nach einem Absinth. Damals war *la fée verte*, die Grüne Fee, in Frankreich streng verboten, weil sie im Ruf stand, schwerwiegende gesundheitliche Schäden hervorzurufen. Das Verbot wurde streng kontrolliert. Immer wieder schneiten Beamte herein, die den Gästen in die Gläser schauten. Daher versteckte ich die Absinthflaschen unterm Tresen und schenkte ihn in Porzellantassen aus. Wurden die Beamten trotzdem misstrauisch, besänftigte ich sie mit einem Glas Rotwein aufs Haus. Außerdem verwies ich auf ein Plakat, dass ich entrollte, sobald ich einen der Kontrolleure zu Gesicht bekam. Darauf war Präsident Charles de Gaulle zu sehen, der streng in die Kamera blickte. Darunter stand: *Contre le ivresse*, gegen die Trunksucht. Meistens gaben sie sich damit zufrieden, warfen ein paar Franc in die Jukebox und lauschten wie die anderen Gäste am liebsten Johnny Hallyday und Sylvie Vartan.

Ich behielt recht. In kurzer Zeit spielten die Toaster die Investitionssumme ein. Bruno gefiel mein Arbeitseinsatz, denn nun konnte er sich seinen Nebengeschäften widmen. In seinem Bistro wurde unter der Hand alles Mögliche vertickert, Legales und weniger Legales. Auch mir gefiel mein Job, obwohl ich nicht wirklich eine Nachteule bin. Er gab mir eine neue Sicht auf das Leben in der französischen Hauptstadt. Wenn New York für sich reklamiert, die Stadt zu sein, die niemals schläft, so gilt das auch für Paris, zumindest in unserem Viertel. Der Zapfhahn stand nicht still, und die Gefahr, mich zu langweilen, kam niemals auf.

Einer der Gäste saß Abend für Abend im Bistro. Er trug einen feinen Anzug mit Einstecktuch und elegante Lederschuhe. Meistens hielt er einen der kleinen Tische besetzt. Darauf hatte er allerhand Papiere liegen, die er zur Hand nahm, weglegte, erneut studierte. Anschließend schrieb er konzentriert etwas in einen Block.

„Monsieur", fragte ich, als ich ihm den Tee servierte, den er immer wünschte. „Darf ich erfahren, was Sie tun?"

Er griff in eine Tasche neben sich, und zog einen Groschenroman hervor. Auf dem Cover war eine schöne Frau zu sehen, dahinter stand ein gut aussehender Mann. Im Hintergrund erhob sich ein mächtiges Schloss. „Kennen Sie diese Art von Geschichten?", fragte er mich.

Ich schüttelte den Kopf. Ich war zwar eine Leseratte, aber gab doch lieber Jean-Paul Sartre und Simone de Beauvoir den Vortritt.

„Dachte ich mir", lächelte er. „Aber es gibt Millionen Menschen, die so etwas sehr gerne lesen. Mein Name ist Yilmaz Arslan. Ich übersetze diese Geschichten aus dem Französischen ins Türkische."

Alle paar Stunden gesellte sich eine Frau zu ihm. Dann unterbrach Yilmaz Arslan seine Arbeit, bestellte für sie ein Glas Wein und nahm die Übersetzung erst wieder auf, wenn die Frau das Bistro verließ. Es war klar, welcher Profession sie nachging, und ich fragte mich, in welchem Verhältnis sie zu dem Übersetzer stand.

Eines Abends winkte er mich zu sich. „Meine Lebensgeschichte und die meiner Frau könnten auch in einem Roman stehen", sagte er und deutete auf die Papiere vor ihm. „Nimmt man dann noch meinen Bruder dazu, der als Dompteur arbeitet … Was ist, wollen Sie uns begleiten? Sein Zirkus ist gerade in Paris. Wir werden Karten in der ersten Reihe bekommen."

Natürlich sagte ich nicht Nein. Nach der Vorstellung luden mich meine Gastgeber zu sich nach Hause ein. Die beiden führten einen gutbürgerlichen Haushalt. Über die wenig bürgerliche Arbeit der Ehefrau verloren sie kein Wort. Sie bereitete ein hervorragendes Coq au Vin zu, und wir unterhielten uns bis tief in die Nacht. Beide waren alt genug, um meine Eltern zu sein – und an diese dachte ich auch: Wie verschieden doch Lebenswege sein konnten! Hätte ich meine Heimat nie verlassen, hätte ich von so vielen unterschiedlichen Lebenswegen nie erfahren.

Kurze Zeit später kündigte sich meine Mutter zum Besuch an. Allein, ohne meinen Vater, der zu Hause im Geschäft blieb. Sie plante einen größeren Einkauf beim Gardinenlieferanten und wollte sehen, wie der Bub lebte. Ihre Stippvisite löste bei mir größere Aktivitäten aus. Paris war damals, was das Zusammenleben junger Menschen anging, den deutschen Gepflogenheiten um Lichtjahre voraus. Natürlich hatte ich nicht verschwiegen, dass ich mit vier jungen Frauen unter einem Dach wohnte, aber ich hatte das Thema auch nicht breitgetreten. Ich trommelte die Mädels zusammen und wir hielten Kriegsrat. „Keine Sorge", beruhigten sie mich. „Wir können uns auch benehmen. Sagen wir, fünf Minuten lang." Sie lachten schallend, und ich wusste, mein Schicksal lag in ihrer Hand.

Als meine Mutter am Gare de l'Est ankam, stand ich mit Blumen am Bahnsteig. Anschließend führte ich sie in weitem Bogen am Bistro vorbei, denn über meine Arbeit hatte ich nichts erzählt. Mir klopfte das Herz, als wir in der Wohnung eintrafen, doch meine Nervosität war grundlos. Die Mädels zeigten sich von ihrer Schokoladenseite, und das nicht fünf Minuten lang, sondern solange der Besuch meiner Mutter dauerte. Als ich sie zum Hotel brachte, schwärmte sie von den wunderbaren jungen Damen in den höchsten Tönen.

„Puh", dachte ich. „Das ist ja noch mal gut gegangen!"

Im selben Moment sagte sie: „Wo genau arbeitest du?" Ein feines Lächeln spielte um ihren Mundwinkel, das mir sagte: „Du glaubst doch nicht im Ernst, dass ich das nicht wissen will?"

Also blieb ich stehen, deutete mit dem Finger über die Straße und antwortete: „Dort drüben. In diesem Bistro."

„Oh", stieß meine Mutter aus. Nach einer Pause fügte sie hinzu: „Dann wollen wir doch mal rübergehen."

Als wir das Bistro betraten, wusste Bruno gleich, was die Glocke geschlagen hatte. Er umgarnte meine Mutter so charmant, wie es nur ein Franzose tun kann. Ich war mir auch dieses Sieges schon ziemlich sicher, als sich die Tür öffnete, und ein ganzer Schwarm der käuflichen Damen des Viertels hereinschwappte. Sie begrüßten mich auf ihre Art mit Küsschen links und Küsschen rechts und ein paar Sprüchen, die nicht druckreif sind. Dabei zeigten sie mehr als nur ein bisschen blanke Haut. Aus dem Augenwinkel sah ich, wie das Gesicht meiner Mutter versteinerte. Noch schwieg sie, doch das änderte sich, als wir den Weg zum Hotel antraten. Es war mittlerweile dunkel geworden, *les poules* hatten ihre Plätze in den Straßen rund um den Gare de l'Est eingenommen, und jede von ihnen schien mich zu kennen.

Nun platzte meiner Mutter der Kragen. „Ich will, dass du mit mir sofort nach Schramberg zurückkehrst", sagte sie, als wir das Hotel erreichten.

„Du darfst das nicht falsch verstehen", versicherte ich. „Ich kenn die alle nur von meiner Arbeit im Bistro!" Ich wusste, wie lahm meine Ausrede in ihren Ohren klingen musste. Es herrschte Alarmstufe Rot, und Bruno musste als Mediator einspringen. Das tat er gerne, weil er seinen besten Bierzapfer und Entertainer keinesfalls verlieren wollte. Zumal ich immer wieder gute Geschäftsideen einbrachte und das Bistro brummte wie nie zuvor. Auf seine charmante Art schaffte er es, meine Mutter zu beruhigen. Als ich sie einige Tage später am Bahnhof in den Zug setzte, war keine Rede mehr davon, dass ich mitkommen sollte.

Allerdings machte ich mir selbst Gedanken, wie es mit mir weitergehen sollte. Seit dem Abitur war mein Leben zielstrebig in eine Richtung verlaufen. Ich hatte die Welt der Orientteppiche kennen und lieben gelernt, und ich vermisste sie. Es hatte mir Spaß gemacht, in ihre Geheimnisse einzutauchen, und ich wusste, wie viel es für mich noch zu entdecken gab. Mein Job im Bistro war eine willkommene Schule des Lebens, aber er konnte nicht ersetzen, wonach ich strebte. Vielleicht war es Vorsehung, als eines Tages das Telefon läutete. Die Stimme, die sich meldete, ließ mein Herz schneller klopfen.
„Hallo", hörte ich. „Hier ist Ute."

Ich hätte nicht gedacht, wie sehr ich mich freute, den Dialekt meiner Heimat zu hören. Ich kannte das Mädchen, das ihn sprach, seit meiner Schulzeit. Mehr noch, wir waren in Schramberg Nachbarn gewesen und hatten uns tagtäglich gesehen. Mitunter sieht man das Gute, das so nahe ist, ja nicht, wie schon der Volksmund weiß, doch in diesem Fall war das anders. Trotzdem trennten sich nach dem Abitur unsere Wege. Ute verbrachte ein Jahr in England. Ihr Vater, der mit der Familie aus dem tschechischen Broumov, dem damaligen Braunau, vertrieben worden war und in Schramberg Architekt bei Junghans wurde, dachte über die Völkerverständigung ähnlich wie mein Vater. Als Ute wieder zurückkam, führte sie ihr erster Berufsweg zum Zoll, was aber nicht ganz ihren Vorstellungen entsprach. Nach ein paar Stationen in der Gastronomie begann sie eine Ausbildung als Dekorateurin und Kaufmannsfrau in Stuttgart in einem Einrichtungshaus. Anschließend wechselte sie nach Baden-Baden und Rastatt, um ihr Wissen bei einer Goldpfeil-Lederwarenfirma zu erweitern. Ohne darüber gesprochen zu haben, gab es Berührungspunkte in dem, was wir beruflich taten. Mit ihr, so mein Gefühl, würde man Pferde stehlen können. Doch daran dachte ich nicht, als sie jetzt am Telefon war. Ich dachte an das Mädchen in Hotpants, das Schramberg mit dem Rennrad unsicher machte.

„Ich hab gerade ein bisschen Zeit", hörte ich. „Und würde dich gerne mal besuchen."

Ich war hocherfreut – und wusste gleichzeitig, dass sie noch einen Anschubser brauchte. Und so kam es dann auch. Ich wartete und wartete – und wer nicht kam, war der ersehnte Besuch. Also setzte ich mich ins Auto, fuhr nach Schramberg, und lud sie ein, mit mir nach Paris zurückzufahren. Dort standen wir vor den Toren der Stadt zwar sechs Stunden lang im Stau, doch das machte uns gar nichts aus. Wir hatten uns eine Menge zu erzählen. In meiner WG angekommen, hatte Ute die nicht ganz leichte Aufgabe, sich in unser Leben einzufinden, denn meine hübsche deutsche Freundin brachte das Gefüge ganz schön durcheinander. Mein Durchgangszimmer war dabei auch nicht gerade die reinste Freude. Doch Ute hat die wunderbare Gabe, aus allen Gegebenheiten das Beste zu machen. Sie ging mit den Mädels einkaufen und zum Friseur, und schon bald war es, als sei sie schon immer hier gewesen. Zu zweit erkundeten wir Paris und verbrachten zusammen die Nächte im Bistro. Von mir aus hätte es ewig so weitergehen können, doch der Tag rückte näher, an dem Ute wieder nach Hause fahren musste. Wieder dachte ich darüber nach, wie es mit mir weitergehen sollte. Und dann passierte, was mir immer wieder passierte. Bruno bat mich zu sich ins Büro im hinteren Teil des Bistros. Ohne lange um den heißen Brei herumzureden, stellte er mir die Mutter aller Fragen: „Peter, willst du mein Nachfolger werden? Bevor du etwas sagst, schau mal ..."

Er fischte einige Unterlagen aus der Schreibtischschublade, öffnete einen Ordner und entnahm diesem weitere Papiere. „Du weißt selbst, wie gut der Laden läuft", sagte er. „Hier hast du es schwarz auf weiß."

Die Zahlen sprachen für sich. Ähnlich wie in München könnte ich mich in ein gemachtes Nest setzen. Und ähnlich wie in München sagte mein Verstand: „Was für eine tolle Gelegenheit", während mein Herz sagte: „Aber es ist nicht das, was du wirklich willst."

Wie schwer Menschen sich tun, zwischen dem zu entscheiden, was der Verstand will, und dem, was das Herz sagt, darüber berichten Tausende Filme, Romane und regalweise Sachliteratur. Helfen sie weiter? Mir half es immer, nie lange nachzugrübeln und stets meinen Gefühlen zu folgen. Diese sprachen eine klare Sprache: „Du möchtest dir selbst etwas aufbauen, und du willst noch mehr über Orientteppiche erfahren. Das wirst du in einem Bistro nicht können."

Damit war die Sache klar. Ich bedankte mich bei Bruno für sein großzügiges Angebot und versuchte ihm zu erklären, weshalb es für mich nicht in Frage kam. Ob er es nachvollziehen konnte, weiß ich nicht. Wie viele wusste er zwar, wie sehr ich mich einsetzte, aber nicht, wie es in meinem Inneren aussah.

Als ich Tage später das Bistro verließ, schieden wir als Freunde, sahen uns jedoch nie wieder. Noch am selben Tag sagte ich Adieu zu meinen Mitbewohnerinnen. Meine wenigen Habseligkeiten waren schnell gepackt. Als ich die *banlieues* von Paris hinter mir gelassen hatte, wusste ich mal wieder nicht, wie es weitergehen würde. Nur eines war sicher: Ein ganz neuer Lebensabschnitt würde beginnen.

Kapitel 5

Bei den Fallschirmjägern

Mameluken waren Soldaten. Viele von ihnen wurden von den Kalifen aus Bagdad angeheuert. Mameluken-Teppiche wurden in Großformaten auf horizontalen Knüpfstühlen gefertigt. Ich suche oft nach ihnen, finde sie aber meist nur in Museen.

Aus den Reisetagebüchern von Peter Renz

Größer konnte der Gegensatz gar nicht sein: Gerade noch hatte ich mir die Nächte in Paris um die Ohren gehauen, jetzt stand ich in einem nüchternen Raum vor der Musterungskommission der Bundeswehr. Ort der Handlung: Donaueschingen, das Städtchen am Rande des Schwarzwalds, das für sich beansprucht, die Quelle der Donau zu behüten, was nicht bei allen Menschen Zuspruch findet. Schließlich heißt es: „Brigach und Breg bringen die Donau zuweg." Und diese beiden Flüsschen haben ihren Ursprung außerhalb der Stadtmauern. Doch ich war nicht hier, um diese Fragen zu klären, sondern meinen Wunsch durchzusetzen, zur Marine zu kommen. Das Thema Wasser war also durchaus im Spiel.

Mittlerweile hatte ich mich von meiner Überraschung erholt, als plötzlich der Einberufungsbescheid ins Haus geflattert kam. Ob da die Hand des einflussreichen Vaters eines Mädchens im Spiel gewesen war, deren eifriges Werben ich gegen ihren – und auch seinen – Willen einfach nicht hatte erhören wollen? Schließlich wurde keiner meiner ehemaligen Schulkameraden einberufen, nur ich. Doch ich fand mich damit ab, weil ich nach dem abrupten Ende meiner Zeit in Paris ohnehin nicht so richtig wusste, wohin die Reise gehen sollte. Nur eines war klar: Wenn schon Bundeswehr, dann will ich zur Marine. Das versuchte ich der Kommission zu verdeutlichen. Ich hätte auch gegen eine Wand reden können.

„Ihr Tauglichkeitsgrad ist vorzüglich", sagte einer der Männer mit viel Lametta auf der Uniform.

Ich war sportlich, kickte, fuhr Rad, segelte, spielte Tennis und rannte regelmäßig über die Berge rund um Schramberg. Na und? Musste man bei der Marine etwa nicht fit sein?
Als hätte er meine Gedanken gelesen, fuhr er fort: „Junge Männer wie Sie brauchen wir in Nagold bei den Fallschirmjägern. Da stecken wir Sie hin!"

Der Bundeswehrstandort Nagold war in aller Munde. Der SPIEGEL und andere Medien hatten dem Ort den nicht verlockend klingenden Namen „Schleiferstadt" verliehen. Zwei Jahre zuvor, 1963, hatte Generalleutnant Leo Hepp die in der Nagolder Eisberg-Kaserne stationierte Fallschirmjäger-Ausbildungskompanie 6/9 aufgelöst, ein einmaliger Vorgang in der Geschichte der Bundeswehr. Grund war der Tod eines Rekruten nach einem Gewaltmarsch. Dazu hatte es einige Strafverfahren wegen vorsätzlicher körperlicher Misshandlung und entwürdigender Behandlung von Untergebenen gegeben. Hatte ich daher Bammel, in die neu gebildete Fallschirmjägerkompanie zu kommen? Das hatte ich nicht. Wie es meine Art war, sah ich vor allem die Vorteile. Nagold lag nur eine knappe Autostunde von Schramberg entfernt. Und dort war Ute. Mittlerweile waren wir zusammen – das zählte mehr als mein bevorstehender Einzug in die „Schleiferstadt".

Dort hatte man aus dem Skandal nicht viel gelernt. Noch immer wollte man die Rekruten in stählerne Einzelkämpfer verwandeln, was einige meiner neuen Kameraden überforderte. Ich war froh über jeden der Waldläufe, die ich seit Paris absolviert hatte, da sie mir jetzt halfen, die Märsche zu überstehen.

„Ihr müsst härter sein als andere", brüllte uns schon früh morgens ein Hauptfeldwebel an und befahl, Jacken und Hemden auszuziehen, weil es so schön knackige Minusgrade hatte. Ich fand das alles idiotisch. Dazu kam, dass ich ein paar Jahre älter war als einige Vorgesetzte und auch von der Welt ein bisschen mehr gesehen hatte als sie. Nach dem Zusammenleben mit vier hübschen Mädchen im Patrizierhaus im Pariser Boulevard de Magenta war auch das Zusammenleben mit zehn jungen Männern in einem Zimmer in der Eisberg-Kaserne eine heftige Umstellung. Zum Glück war und bin ich eine Leseratte. Wurde mir alles zu viel, öffnete ich ein Buch und steckte die Nase hinein. Beim Lesen entsteht dieser wunderbare Kokon, der es uns erlaubt, den realen Ort zu vergessen, weil der Traumort um vieles schöner ist.

„Sie sollen nicht denken, Sie sollen schießen." Auch so ein Satz, den ich in Nagold häufig hörte. Ich fand es eigenartig, kaum noch eigene Entscheidungen zu treffen. Immer gab es jemanden, der mal laut und mal lauter brüllte, was zu tun war. Damals wie heute gefiel es mir, am Ende des Tages Bilanz zu ziehen, was ich erreicht und gelernt hatte. Während der Grundausbildung fiel diese Bilanz sehr nüchtern aus.

Drei Monate später wurde ich nach Calw versetzt. Der Vorteil war, dass man von Nagold nach Calw nur zwanzig Minuten mit dem Auto unterwegs ist. Der Nachteil wog weitaus stärker: Die Graf-Zeppelin-Kaserne in der Geburtsstadt von Hermann-Hesse, der während des Ersten Weltkriegs aufgrund seiner Kritik zum Vaterlandsverräter abgestempelt worden war, genoss ebenfalls keinen guten Ruf. Ich musste dort jedoch nicht lange ausharren. Kaum war ich da, schickte man mich zum Fallschirmjägerlehrgang nach Schongau. Die Bundeswehr suchte händeringend nach Offizieren, welche die alten Kader ersetzen sollten, die noch immer den Geist der Wehrmacht verbreiteten. Dieser Lehrgang sollte für Offiziersanwärter das Sprungbrett für eine glänzende Bundeswehrlaufbahn sein. Die kam für mich eigentlich nicht in Frage – doch wie man weiß, verbirgt sich hinter dem Wörtchen „eigentlich" immer eine kleine Lüge. Denn mein Todfeind, die Langeweile, hatte mittlerweile reichlich Oberwasser gewonnen. Die Zeit kroch im Schneckentempo dahin, manche Tage wollten einfach nicht vergehen. Sollte ich den Lehrgang meistern, winkte neben einer ordentlichen Geldzulage ein etwas spannenderes Leben. So jedenfalls war meine Sicht der Dinge, die mich dazu brachte, doch mit der Offizierslaufbahn zu liebäugeln.

Davor musste ich allerdings meinen ersten Sprung aus dem Flugzeug überstehen. Die Übungssprünge vom Turm waren mir erstaunlich leicht gefallen. Angst kannte ich nicht, was nicht auf alle Teilnehmer zutraf. Verweigerte einer von ihnen den Sprung, war die Karriere vorbei, bevor sie begonnen hatte. Das nutzten einige Ausbilder zu ihrem Vorteil aus. Einer von ihnen, ein ehemaliger Boxer, der bei der Olympiade Bronze gewonnen hatte, wollte mir einen Vertrag beim Bertelsmann Buchclub aufschwätzen. Als ich ablehnte, kam er mit Versicherungen. „Wenn du die abschließt", lockte er, „hast du den Lehrgang bereits bestanden."

Ein französischer Offizier, der mit in meiner Stube wohnte, bekam die Sache mit. *„Je m'en occupe"*, sagte er. „Ich kümmere mich darum." Schließlich war ich nur Wehrpflichtiger. Meine Beschwerde würde nicht so ins Gewicht fallen wie die eines Offiziers des NATO-Verbündeten. Das war mir recht, denn die Sache wurde immer lästiger. Es war schon genug, dass andere Ausbilder sich einen Spaß daraus machten, die

Rekruten zu schikanieren. Es war kein Wunder, dass die Reihen gelichtet waren, als es endlich darum ging, den ersten Sprung zu absolvieren. Während ich ins Flugzeug kletterte, wurde mir klar, dass ich noch nie geflogen war und natürlich auch nie an einem Fallschirm zur Erde gesegelt. Das gefiel mir, weil es das Gegenteil von Langeweile war. Während die betagte Noratlas in die Höhe stieg, befahlen uns die Ausbilder zu singen. Da die meisten von ihnen den Krieg erlebt hatten, mussten es Lieder sein, die damals populär gewesen waren. Zumindest vertreibt Singen die Nervosität, die nun auch bei mir aufkam, weil ich durch die Risse im Boden der klapprigen Maschine hinab zur Erde schauen konnte. Dann hieß es aufstehen und die Fallschirme im Stahlseil einhaken. Dadurch wird nach dem Sprung der Schirm automatisch geöffnet – das hofften zumindest alle. Die Fallschirme waren von Profis gepackt worden, und damit diese bei ihrer Arbeit nicht schlampten, mussten sie jeden fünfzigsten Schirm selbst benutzen. Ich hatte auch einen Notschirm, der nie neu gepackt wurde. Wie alle benutzte ich ihn im Manöver als Kopfkissen, was nicht dazu beitrug, dass er sich im Falle des Falles öffnen ließ. All diese Gedanken schob ich zur Seite. Aufs Kommando traten wir in zwei parallelen Reihen an, um abwechselnd links und rechts aus dem Flugzeug zu springen. Damit es wie am Schnürchen klappte, postierte sich je ein Ausbilder an den Luken, um die Ängstlichen mit einem herzhaften Tritt in den Hintern hinauszubugsieren. Dem wollte ich zuvorkommen und sprang mustergültig in gehockter Haltung aus der Maschine. Gleich darauf spürte ich einen harten Stoß im Rücken als Zeichen, dass der Schirm aufgegangen war, und landete kurz darauf auf der Erde.

Auch wenn das Vergnügen nur von kurzer Dauer ist, war ich von nun süchtig nach dem Fallschirmspringen. Das war allerdings nicht bei allen Teilnehmern der Fall. Einige sprangen beherzt aus der Maschine – und erlitten den Schreck erst nach dem Sprung. Der Schriftsteller Gustav Schwab hat diesen nachträglichen Schock in seiner Ballade „Der Reiter vom Bodensee" beschrieben. Wenn in eiskalten Wintern das Meer der Schwaben zufriert, sprechen die Menschen von der „Seegfrörne". Dann kann man zu Fuß, zu Pferd, und sogar im Wagen vom deutschen Ufer zum schweizerischen gelangen. Allzu oft kommt das nicht vor; die erste Seegfröne wurde im Jahr 875 dokumentiert, die letzte erst neulich im Winter 1962/63. In Schwabs Ballade will ein Reiter in großer Eile den See erreichen, um ihn im Fährkahn zu überqueren. Weil dieser gefroren und schneebedeckt ist, merkt er nicht, dass er bereits darüberreitet. Erst am gegenüberliegenden Ufer erkennt er die Gefahr, in der er schwebte, und sinkt vor Schreck tot vom Pferd.

Die Maid, sie staunet den Reiter an:
„Der See liegt hinter dir und der Kahn."
...
Es sieht sein Blick nur den grässlichen Schlund,
Im Geist versinkt er im schwarzen Grund.
...
Da seufzt er, da sinkt er vom Ross herab,
Da ward ihm am Ufer ein – trocken Grab.

Das „Reiter-vom-Bodensee-Syndrom" sorgte dafür, dass einige der Offiziersanwärter die Springerschule verlassen mussten. Ich jedoch bekam mein Abzeichen, das ich von nun an auf der Uniform trug, und, was auch nicht zu verachten war, monatlich 150 DM Springerzulage. Damals wurde von der Politik der „Bürger in Uniform" propagiert. Die Menschen im Land sollten wissen, dass es eine Bundeswehr gibt, und daher mussten wir, wenn wir ausgehen wollten, stets die Uniform tragen. In

Nagold und Calw wollten die Menschen aber nichts vom „Bürger in Uniform" wissen. Die meisten Lokale hatten ein Schild im Fenster, auf dem „Uniformverbot" stand. Das änderte sich, wenn wir zu Manövern Richtung Osten verlegt wurden. In Grafenwöhr oder Breitengüßbach unweit der Zonengrenze waren die Leute freundlich. Sie fühlten sich von der Sowjetunion und ihren Verbündeten bedroht und sahen in uns ihre Verteidiger. Wir wurden auf Bauernhöfe eingeladen, dort bestens verköstigt, und es gab weit und breit kein Lokal, das auf ein Uniformverbot bestand.

Zurück in Calw zitierte mich der Vorgesetzte meiner Einheit in sein Büro. Ich wusste, was auf mich zukam, nämlich eine Entscheidung zu treffen.

„Renz", fragte er. „Wollen Sie Zeitsoldat werden?"

Eigentlich wollte ich nicht, aber das mit dem Eigentlich haben wir ja geklärt. Ich antwortete also mit Ja und fand mich kurz darauf in Böblingen beim Fahnenjunkerlehrgang ein. Von Calw nach Böblingen ist es auch nur eine halbe Stunde Autofahrt. Der Lehrgang wurde zur härtesten Prüfung in meinem bisherigen Leben. Dagegen war die Springerschule in Schongau das reinste Kinderspiel gewesen. Ich kenne heute noch jeden Weg rund um die Panzerkaserne, da wir alle, aber wirklich alle Wege, mit einem dreißig Kilogramm schweren Rucksack abgelaufen sind. Wie viele Nachtmärsche ich absolviert habe, weiß ich nicht mehr, weil ich irgendwann aufgehört habe sie zu zählen. Dagegen erinnere ich mich gut, dass wir nach jedem dieser Übungsmärsche, die uns körperlich an die Grenze brachten, in den Unterrichtsraum einrücken mussten. Dort galt es, in kürzester Zeit einen Fragebogen auszufüllen, was so gut wie unmöglich war, weil wir vor Erschöpfung weder denken noch einen Stift in der Hand halten konnten. Einige Kameraden verloren die Nerven, standen auf und schrien: „Ihr seid alles Idioten!" – und mussten noch am selben Tag den Lehrgang verlassen. Es war ein Stresstest, bei dem ich lernte, dass ich stressresistent bin. Das Schleppen schwerer Rucksäcke bereitete mich obendrein auf das Umschichten schwerer Teppiche vor – doch das wurde mir erst später bewusst.

Ich bestand auch diesen Lehrgang und wurde zurück nach Calw kommandiert. Dort sollte ich den LKW-Führerschein machen. Der typische Bundeswehrlaster der damaligen Zeit war ein MAN mit Kettenschaltung, der nicht leicht zu schalten war. Das haben einige nicht zustande gebracht, was wiederum ein Ausscheidungskriterium war. Einer meiner Freunde, ein Vollwaise, der um alles in der Welt Zeitsoldat werden wollte, war über sein Versagen so aufgebracht, dass er sich zum Suizid entschloss. Weil das abgefeuerte Projektil seine Lunge durchschlug, überlebte er schwer verletzt. Der Hauptfeldwebel der Kompanie – unser Spieß, wie wir ihn nannten – war ein alter Weltkriegshaudegen, der jeden wissen ließ, dass er als Fallschirmjäger über Monte Cassino abgesprungen war. Mit vier Monaten Dauer war die Schlacht von Monte Cassino als eine der längsten und blutigsten Auseinandersetzungen des Zweiten Weltkriegs zum Synonym der Sinnlosigkeit des Krieges geworden. Der Spieß war keine ein Meter sechzig groß, trug Springerstiefel in Kindergröße und hatte das Herz am rechten Fleck.

„Ihr Freund da", sagte er zu mir, „dem seine Eltern sind tot, stimmts?"

„So ist es, Herr Hauptfeldwebel", antwortete ich.

„Das heißt, er ist ganz allein. Keine Angehörigen."

„Genau, Herr Hauptfeldwebel."

„Sie wissen schon, dass einer, der sich umbringen will, kein Offizier werden kann."

„Weiß ich, Herr Hauptfeldwebel."

„Aber wir können ihn nicht hängen lassen. Das geht ja nicht."

„Auf keinen Fall, Herr Hauptfeldwebel."

Nachdem das geklärt war, verschwand der Suizidversuch auf unerklärliche Weise aus der Akte meines Freundes, und er durfte bleiben. Ich brachte ihm bei, wie man mit dem Getriebe des MAN zurechtkam, und er revanchierte sich damit, jedes Mal, wenn wir außerhalb der Kaserne etwas unternahmen, ins Abmeldebuch zu schreiben: „Besuch im Puff."

Das brachte den Spieß auf die Palme. „Ihr seid jung, das versteh ich ja, aber übertreibt ihr es nicht ein bisschen?"

„Ich war meine Oma besuchen", berichtete ich wahrheitsgemäß.

„Aber da steht doch ..." Er holte tief Luft. „Ach, ihr bringt mich noch um den Verstand. Renz, kommen Sie in mein Büro. Dieser ganze Papierkram, das hält ja keiner aus."

Er wäre lieber nochmals über Monte Cassino abgesprungen, als die Verwaltungsarbeit der Kompanie zu erledigen, ließ er mich wissen und schob mir staubige Aktenordner zu. Über seinem Schreibtisch hing ein Foto, auf dem er einem Kamel zu fressen gab.

„Das war aber nicht in Monte Cassino, oder, Herr Hauptfeldwebel?", fragte ich.

„Werden Sie nicht frech, Renz. Ich hatte ein Leben vor dem Militär. Ich war Tierpfleger im Zoo, und bei Gott, das wäre ich gerne geblieben." Er zündete sich eine Zigarre an, natürlich einen Krummen Hund, und sah versonnen auf das Foto. „Adolf hatte andere Pläne, und meine Meinung dazu hat ihn nicht interessiert", sagte er schließlich.

Natürlich tauchte dieses Foto von nun an wie von Zauberhand immer wieder am Schwarzen Brett auf. Von unbekannter Hand waren dann Sprüche daruntergeschrieben wie: „Wer ist hier das Kamel?"

Der Spieß kam zu mir und befahl: „Renz! Beseitigen Sie das Foto! Sofort!" Dann holte er tief Luft: „Wer macht nur so was?"

Ich gebe zu, dass wir alle seinen Langmut ausnutzten, auch ich. Als ich ihm erzählte, dass ich gerne male, hatte er sofort eine Idee. „Im Unteroffiziersheim fehlt noch ein farbenfrohes Bild."

„Was stellen Sie sich vor, Herr Hauptfeldwebel?"

Natürlich hätte ich es mir denken können. „Fallschirmjäger über Monte Cassino. Kriegen Sie das hin?"

„Klar, Herr Hauptfeldwebel". Sicher war ich mir nicht, aber jede andere Antwort wäre falsch gewesen. „Ich habe meine Farben in Schramberg, die muss ich erst holen."

„Wie lange brauchen Sie dazu?"

„Einen Tag, besser zwei. Damit ich sie ordnen kann."

„Sie kriegen zwei Tage frei. Dass mir aber nachher nicht Besuch im Puff im Abmeldebuch steht."

Ich war froh über jede Minute, die ich außerhalb der Kaserne verbringen konnte. In Schramberg angekommen, führte mich mein erster Weg zu Ute, der zweite ins Eiscafé Rino. Das gibt es heute noch, eine Institution im ganzen Schwarzwald, doch damals gehörten Rino Andreotta und seine Frau Piera zu den Ersten, die den Deutschen italienisches Eis schmackhaft machten. Rino, der später zu meinen Freunden gehörte, hatte das heimatliche Zoldotal in den Dolomiten 1935 verlassen, um in Wien seiner Profession als Eishersteller nachzugehen. Danach machte er sich mit einem eigenen Eiscafé in der Reichenbachstraße in München selbstständig. 1960 verschlugen ihn günstige Winde nach Schramberg. Im ehemaligen Hotel Mohren am Rathausplatz eröffnete er das Eiscafé Rino, und da dieses praktischerweise meinem Elternhaus gegenüberlag, wurde ich dort Stammgast. Damals gab es acht Eissorten im Angebot – schaue ich heute bei Rinos Sohn Attillio, dessen Frau Ornella und Tochter Lia in die Eistheke, kann ich mich unter den vielen Sorten kaum entscheiden. Aus Rino wurde ein waschechter Schramberger, der es bei der traditionellen

Bach-na-Fahrt zum hochdekorierten Admiral brachte. An diesem Tag kam ich aber nicht dazu, mir mein Eis schmecken zu lassen. Einem anderen Gast gefiel der „Bürger in Uniform" nicht, der sich gerade Erdbeere und Zitrone in die Waffel löffeln ließ. Der Typ lümmelte an einem der Tische, ein Bier vor sich.

„He, Renz", vernahm ich. „Heute schon gegen den Russen gekämpft?"

„Lass mich in Ruhe, Erich", antwortete ich.

Erich Hauser war der Mann meiner ehemaligen Klavierlehrerin. Mehr noch schickte er sich an, einer der berühmtesten Bildhauer Deutschlands zu werden. Er stellte auf der documenta III in Kassel aus und wurde Gastdozent an der Hochschule für Bildende Künste Hamburg. Noch später stellten wir einiges zusammen auf die Beine: Ich richtete seine berühmte Wohnpyramide in der Saline Wilhelmshall in Rottweil ein, er entwarf für mich einen limitierten Metallteppich, den ich in die ganze Welt verkaufte, allein zehn davon nach Japan.

Von all dem war an diesem Tag noch nichts zu spüren. Ich kannte sein raues Temperament, und er wusste, dass ich niemals klein beigab. Kaum hatte er mir sein Bier über den Kopf gegossen, fand meine Faust seine Nase. Das musste ich mir in späteren Jahren oft anhören. „Du Militarist hast mich umgehauen", hieß es dann, was tatsächlich stimmte, denn er fiel über Rinos Plastiksitze. Der ging dazwischen und drückte uns zur Versöhnung ein Eis in die Hand.

Als ich in die Kaserne zurückkehrte – mit dem wohlgeordneten Farbkasten in der Hand – schnupperte der Spieß und meinte: „Mensch, Renz, Sie stinken nach Bier." Er hatte recht. Ich verströmte weder den Geruch nach Erdbeer- noch nach Zitroneneis, sondern roch wie frisch aus dem Braukessel entstiegen.

Weil die Zeit bei der Bundeswehr für mich nur auszuhalten war, wenn ich sie nicht in einer Kaserne verbringen musste, belegte ich einen Lehrgang nach dem anderen: In Münsingen auf der Schwäbischen Alb besuchte ich einen Kurs über den Umgang mit Munition. In Hamburg stand ein Logistiklehrgang auf dem Plan. Den habe ich in besonders guter Erinnerung, weil der Seminarleiter im Dienstrang eines Obersts bereits nach dem ersten Tag verkündete: „Hiermit habt ihr den Lehrgang bestanden." Den Rest der Woche verbrachten wir auf der Reeperbahn und im Hafen, wo ich voller Sehnsucht auf die Schiffe starrte. Bei der großen Hafenrundfahrt steuerten wir durch die Speicherstadt. Im größten historischen Lagerhauskomplex der Welt zwischen Baumwall und Oberhafen lagern seit 1883 Waren aus aller Welt, insbesondere Tee, Kaffee, Gewürze und, natürlich, Teppiche. Habe ich damals davon geträumt, dass ich hier selbst einmal einen Speicher gefüllt mit den schönsten Orientteppichen haben sollte, ein Traum aus Tausendundeiner Nacht? Nein, damals dachte ich bloß daran, welchen Lehrgang ich als Nächstes besuchen konnte.

Der Spieß hatte dazu seine eigene Meinung: „Sie gehen ja wirklich überallhin", sagte er, als er meine Strategie durchschaute. „Wenn's sein muss, auch in einen Nähkurs."

Den hätte ich tatsächlich gemacht, hätte ihn die Bundeswehr im Angebot gehabt. Weil das nicht der Fall war, schickte mich der Spieß nach Rheinzabern in ein Kloster. Im Grunde genommen war er froh über meinen Eifer, da jede Einheit Leute abstellen musste. Dieses Mal hatte er aber nicht richtig hingeschaut. Es war ein Führungsseminar für hohe Dienstgrade. Als ich dort auftauchte, wollte man mich gleich wieder wegschicken.

„Können Sie denn was Besonderes?", fragte man mich.

Was konnte in diesen Kreisen besonders sein? „Was könnten Sie denn brauchen?", stellte ich die Gegenfrage, wie ich es in meinen Tagen als Verkäufer gelernt hatte.

„Haben Sie schon einmal einen Diaprojektor bedient?"

Dazu war offenbar keiner der Führungskräfte fähig, und so durfte ich bleiben.

Wenn ich nicht gebraucht wurde, bekam ich einen Wagen zur Verfügung gestellt, um durch die Weingegend rund um Rheinzabern kurven zu können. Als Autonarr gefiel mir das. Zum Glück hatte ich in meinem Kompaniechef einen Gleichgesinnten gefunden. Dem war aufgefallen, dass wir die Motoren der Lastwagen manipulierten und uns Wettrennen auf den Autobahnen lieferten. Statt uns in Senkel zu stellen, schlug er vor, innerhalb der Kaserne Rallyes zu veranstalten. Ich hatte mein neues Goggomobil, einen Glas 1300 TS mit 110 PS, am Start, eine wahre Rakete! Der Kompaniechef stiftete einen Pokal für jedes Rennen, und meistens hielt ich ihn in den Händen.

Außerdem hatte er noch einen Job für mich. „Sie haben doch diesen Logistiklehrgang gemacht", sagte er.

Ich nickte, ohne zu erwähnen, dass wir die meiste Zeit an anderen Orten als dem Seminarraum verbracht hatten.

„Jemand muss sich um die Getränkeversorgung im Casino kümmern. Trauen Sie sich das zu?"

Trauen Sie sich zu, zum Großhändler zu fahren und genug Alkohol einzukaufen, damit am Abend keiner durstig bleibt? Wenn ein junger Mann auf diese Frage mit Nein antwortet, ist ihm wohl nicht zu helfen. Von da an gehörte der Getränkeeinkauf zu den Höhepunkten meines Lebens, getoppt von Helikopterflügen, zu denen mich der Spieß immer wieder mitnahm. Das war ein Privileg, das ich zu schätzen wusste, da ein Fallschirmsprung aus dem Hubschrauber sehr viel angenehmer ist. Ein Flugzeug ist mit 300 km/h unterwegs, während der Heli in der Luft steht. Rausspringen, durch die Luft gleiten und sanft landen war ein Genuss – wenn ich davon absah, dass mir der Stahlhelm auf den Kopf drückte und das Gewehr, ans Bein gebunden, bei der Landung dafür sorgen konnte, sich sämtliche Knochen zu brechen.

Nagold, Calw, Böblingen, Schongau: Weit war ich noch nicht gekommen in meiner Bundeswehrkarriere. Jetzt wurde ich nach Bremen versetzt, um dort den Fähnrichlehrgang zu absolvieren. Als ich eintraf, erntete ich missbilligende Blicke. Lag es daran, dass ich aus dem Süden kam? Der Grund war, dass die meisten Teilnehmer die schicke blaue Ausgehuniform der Marine trugen, während mich der mausgraue Stoff der Infanterie mehr schlecht als recht kleidete. Darin lag nicht Koketterie, das edle Tuch schien notwendig zu sein. Denn ein ungeschriebenes Gesetz verpflichtete die angehenden Fähnriche, mit Bremer Militärfamilien und deren heiratsfähigen Töchtern Umgang zu pflegen. Erst dachte ich, mich verhört zu haben, als mir meine Stubenkameraden davon berichteten. „Das ist nicht wahr!", entfuhr es mir. „Wir sind doch nicht mehr bei den Preußen!"

„Wenn du dich da nicht irrst. Hast du die Sache mit dem Tanzkurs schon gehört?"

Ich hatte die Sache mit dem Tanzkurs nicht gehört, und ich war mir auch sicher, sie nicht hören zu wollen.

„Der ist Pflicht. Du musst mit einer der Töchter einen Tanzkurs absolvieren. Pech für dich, mit deiner staubgrauen Uniform."

„Das mache ich nicht!", posaunte ich heraus. Ich hatte im Alter von 17 Jahren einen Tanzkurs in Schramberg gemacht und die Sache in schlimmer Erinnerung behalten. Zum einen fand er nachmittags statt, wo man mich normalerweise im Schwimmbad fand. Zum anderen bekam ich keines der umworbenen Mädchen ab. Bis auf das, das übrig geblieben war und ausgerechnet im letzten Zipfel unseres Städtchens wohnte. Dorthin sollte ich es jedes Mal begleiten, doch schon bald verabschiedete ich mich auf halber Strecke mit wenig schmeichelhaften Worten. „Margretle ...", sie hieß Margret, war aber so klein, dass sie mir kaum an die Brust reichte, „ du findest sicher allein heim."

Und nun sollte das alles von vorn losgehen? Mein „Das mache ich nicht" verpuffte ungehört. Schon am nächsten Sonntag fand ich mich in der zugewiesenen Gastfamilie ein. Dort hatte die Mama Labskaus zubereitet, das alte Matrosengericht aus gepökeltem Rindfleisch, Roter Bete, Gewürzgurken und Matjes. Es war ein Fehler, dass ich aus lauter Höflichkeit das Gericht lobte, denn von nun an sollte es jeden Sonntag Labskaus geben, solange der Tanzkurs dauerte. Das musste ich aushalten, zusammen mit den endlosen Reden des Herrn Papa, der von seinen Heldentaten in Stalingrad schwadronierte. Währenddessen betrachtete die Tochter des Hauses mit Missfallen meine Uniform. Sie sagte nichts, aber ihr Blick sagte alles.

Irgendwann hielt ich es nicht mehr aus und wandte mich an meinen Vorgesetzten. „Gibt es keine Möglichkeit ...?", begann ich behutsam.

„Ich weiß gar nicht, was ihr habt", fauchte mich der Mann an. „Sie sind schon der Fünfte. Sind die Mädchen so hässlich? Wenn Sie da nicht mehr hingehen, kriegen Sie Stubendienst aufgebrummt. Es liegt an Ihnen."

Her mit dem Stubendienst! Der war allemal besser als die ungenießbare Kombination aus Labskaus und Stalingrad. Ich war froh, als meine Zeit in Bremen ablief. Zumindest hatte ich die Nähe zur Nordsee genossen und war so oft wie möglich ans Wasser gefahren.

Zurück in Calw wurde es ernst. Mein Vorgesetzter nahm mich zur Seite. „Renz, sprechen wir über Ihre Zukunft", sagte er.

Den Satz hatte ich in der einen oder anderen Variation schon häufiger vernommen. Dann waren mir Teppichgeschäfte angeboten worden oder Bistros am Gare de l'Est.

„Ich habe festgestellt, dass Sie mit allen Leuten gut klarkommen", sagte mein Vorgesetzter. „Selbst mit den schwierigen Typen."

Das stimmt. Blicke ich heute auf ein langes Händlerleben zurück, gehört dieser Umstand zu den wichtigsten Gründen für meinen Erfolg in der ganzen Welt. Ich komme mit allen aus, weil ich alle respektiere. Ich bin nicht nachtragend, und ich kann verzeihen. Es muss schon viel geschehen, dass ich einen Menschen ganz aus meinem Leben streiche.

„Und genau das", fuhr mein Vorgesetzter fort, „sind die besten Voraussetzungen für Ihre Karriere als Offizier der Bundeswehr. Ich spreche Klartext: Wir wollen Sie."

Da war sie wieder, die Verlockung. Das nächste vorgewärmte Nest war für mich bereitet, und ich brauchte nur noch Ja zu sagen.

Der Vorgesetzte bemerkte mein Zögern. „Passen Sie auf, Renz", sagte er. „Sprechen Sie mit den Offizieren hier am Standort. Lassen Sie sich von denen nach Hause einladen. Das tun die gerne, und dann können Sie Tacheles reden."

Tatsächlich hagelte es bald darauf Einladungen. Die Offiziere lebten in einem eigenen Viertel der Stadt. Zwar handelte es sich nicht um eine „gated community", eine mit hohen Zaum abgeschlossene Siedlung, wie das in den USA üblich ist, aber mir gab diese Enklave schon den Rest. Alle gehen demselben Beruf nach und reden das immer gleiche Zeug? Das war definitiv nichts für mich! Und erst ihre Frauen, bei allem Respekt. Abends luden sie zur Tupperwareparty ein oder hatten als Avon-Beraterinnen nichts anderes als Kosmetik im Kopf. Ich stellte mir Ute vor, wie sie versuchte, den Frauen meiner Kollegen Plastikgeschirr aufzuschwätzen. Mir grauste bei dieser Vorstellung. Mir grauste auch davor, weiterhin in Uniform ins Theater oder in die Oper zu müssen, um dort – wie mir einer meiner Gastgeber klarmachte – breitbeinig aufzutreten „und immer mit einer Kämpfermiene".

Dieses Mal war es noch schwerer, das Angebot auszuschlagen. Ich konnte nicht wie in München oder Paris einfach meine Zelte abbrechen. Außerdem wollte mich die Truppe wirklich – das bekam ich zu spüren, als ich wieder einmal ein wenig über die Stränge schlug. Es war das Jahr 1965, und die Bundeswehr feierte ihr zehnjähriges Bestehen. Und wie wurde gefeiert? Wir bekamen Samstag und Sonntag frei, durften aber den Standort nicht verlassen. Da drohte schreckliche Langeweile. Wann immer das passiert, werde ich aktiv. Einer meiner Stubenkameraden war Unteroffizier und hatte nur noch wenige Tage abzureißen. Danach wollte er studieren, um Zahnarzt zu werden. Er hieß Karl, was bei uns im Schwäbischen einfach d' Karle ist.

„Hör mal, Karle", sagte ich. „Fährst du mit?"

„Wie, was, fährst du mit? Wir dürfen nicht aus der Kaserne."

„Du wolltest doch schon immer mal mit mir in der Rakete unterwegs sein. Jetzt ist eine prima Gelegenheit dazu. Ich kenne ein paar Mädchen in Paris, die warten nur auf uns."

„Sag mal, spinnst du?"

„Ich hab schon zwei Reservekanister mit Benzin im Auto verstaut."

„Du spinnst wirklich!"

„Wusste ich's doch, dass du nicht kneifst!"

Wir schlichen uns in Uniform aus der Kaserne, stiegen in meinen Wagen, hielten im nächsten Wäldchen an und zogen uns um. Dann hieß es: Vollgas. Mein Plan war, nach Paris zu fahren, eine schöne Nacht zu verbringen, um am nächsten Tag rechtzeitig vor dem Appell wieder in Calw einzutrudeln. Ein guter Plan, der leider nicht aufging. Wenige Kilometer vor der französischen Hauptstadt kam uns ein mit Reifen beladener LKW auf der falschen Seite entgegen. Der Fahrer war am Lenkrad eingeschlafen. Ich war mit gut 170 km/h unterwegs. Als der Lastwagen uns rammte und von der Straße fegte, fing mein Auto Feuer. Mich schleuderte es links aus dem Wagen, meinen Freund rechts. Irgendwie bekam ich noch mit, wie der LKW zum Stillstand kam und ebenfalls zu brennen begann. Der Fahrer sprang heraus und rannte weg. Dann wurde es um mich dunkel.

Als ich wieder zu mir kam, befand ich mich in einem kleinen Krankenhaus am Stadtrand von Paris. Ich fühlte mich hundeelend. Doch das Wichtigste war, ich war am Leben und mein Freund war es auch. Zwar hatten wir am ganzen Körper Blessuren, doch die Sache hätte auch anders enden können. Von meinem Auto, ließ man mich wissen, sei nur noch eine Plastikskulptur übrig. Und den Fahrer hätte die Gendarmerie irgendwo auf offenem Feld geschnappt. Leider war mein Impfausweis verbrannt. Das hatte Folgen. Ich brauchte Blutkonserven, und bekam welche vom Typ Null Negativ, was nicht meiner Blutgruppe entsprach. Kein Wunder, dass es mir immer schlechter ging. Dazu erfasste mich eine innere Unruhe.

„Mensch, wir sind fahnenflüchtig", ging es mir durch den Kopf. Ich rief in meiner alten WG an, und die Kölnerin fiel aus allen Wolken. Sie hatten sich schrecklich Sorgen gemacht, als wir nicht zur verabredeten Zeit aufgetaucht waren.

„Kannst du uns ein paar Klamotten mitbringen?", fragte ich. Unsere Kleidung war zerfetzt und die Uniformen waren mit dem Auto verbrannt.

Ein paar Stunden später tauchte sie auf. Sie grinste breit, als sie uns Hosen und Hemden überreichte. „Mit den besten Empfehlungen vom OAS", sagte sie. Stöhnend zogen wir uns an, dann entließen wir uns selbst, auf eigene Gefahr natürlich, wie uns von allen Seiten eingetrichtert wurde. Die Kölnerin fuhr uns nach Paris, und dort machten wir in meinem alten Bistro die Nacht zum Tag. Früh am Morgen schwankten wir hinüber zum Gare de l'Est und nahmen den Frühzug Richtung Straßburg. Dort wartete schon die Militärpolizei auf uns. Die Soldaten grinsten, als sie uns mit unseren verbundenen Köpfen sahen, trotzdem klickten Handschellen.

Zurück in Calw zwängte ich mir den Stahlhelm über die Verbände und machte mit Büßermiene Rapport beim Kompaniechef. Dieser konnte sich zunächst ein Lachen nicht verkneifen.

„Wo kommt ihr denn her?“, fragte er. „Aus Verdun?“

Dann wurde er ernst. Sehr ernst. Fahnenflucht ist kein Kavaliersdelikt, und damit wir das ein für alle Mal verstanden, sparte er nicht mit deutlichen Worten.

Ich schämte mich – vor allem, weil ich meinen Freund in die Sache reingezogen hatte, kurz bevor er aus dem Dienst ausschied.

Irgendwann sagte der Vorgesetzte: „Sie können abtreten.“

Mein Freund und ich sahen uns ungläubig an. Abtreten? Keine Strafe? Das war ja … Bevor es sich der Chef anders überlegte, salutierten wir, machten kehrt und verließen schleunigst das Zimmer. Draußen schlugen wir den Weg Richtung Lazarett ein. Wir konnten unseren Dusel kaum fassen.

„Ich sag dir“, meinte mein Freund, „das liegt daran, dass sie dich unbedingt als Offizier haben wollen.“

Wahrscheinlich hatte er recht. Jetzt schämte ich mich noch mehr für mein Fehlverhalten, weil ich noch immer die größten Zweifel hatte, die Offerte anzunehmen.

Den endgültigen Ausschlag gab, dass ich die Restaurantchefin der Burg Liebenzell kennenlernte. Die uralte Burg, die im 12. Jahrhundert von den Grafen von Calw erbaut worden war, beherbergte ein Restaurant, in dem ich mit Freunden gerne den Feierabend verbrachte. Obwohl ich liiert war, hatte die Chefin ein Auge auf mich geworfen. Wahrscheinlich hatte ich nie deutlich genug zum Ausdruck gebracht, dass ich nicht zu haben war. Eines Tages öffnete sie eine Flasche Champagner, schenkte uns ein, und stieß mit mir an.

„Auf was trinken wir?“, fragte ich.

„Auf unsere Zukunft“, sagte sie. „Wenn du erst mal Kompaniechef in Calw bist, wirst du alle offiziellen Feierlichkeiten bei mir machen."

Sie stieß mit mir an, und es klang wie das Klimpern von Geldmünzen. Mir wurde ganz schwindelig bei der Vorstellung. Nach weiß der Kuckuck wie vielen Jahren in der Enklave der Offiziere mit meiner Tupperware verkaufenden Ehefrau hätte ich es endlich zum Kompaniechef gebracht und würde meinen ganzen Ehrgeiz hineinlegen, Bundeswehrfeste auf der Burg Liebenzell zu feiern?

Als bräuchte ich noch einen weiteren Anstoß zu entgültigen Entscheidung, brach ein Konflikt zwischen Griechenland und der Türkei um die Insel Zypern aus. Grund waren Kämpfe zwischen griechischen und türkischen Zyprern, was dazu führte, dass wir Fallschirmjäger um ein Haar hätten ausrücken müssen. Auf einmal fiel mir wieder Philipps Großmutter ein, die mir schweigend das Buch vom zerstörten Reims in die Hand gedrückt hatte.

„Denk mal darüber nach", ging es mir durch den Kopf. „Papa hat gesagt, nie wieder Krieg, und was machst du?"

Bisher hatte sich mein Vater nicht dazu geäußert, dass ich mich bei der Bundeswehr über meine Wehrzeit hinaus verpflichtet hatte. Dass er darüber nicht glücklich war, und meine Mutter ebenfalls nicht, war klar. Kürzlich hatte ich mir bei einem Übungsspringen in Malmsheim einen Lendenwirbel gebrochen, was ihnen weitere Sorgenfalten auf die Stirn getrieben hatte. Als ich nun mitteilte, dass ich mich gegen die Offizierslaufbahn entscheide, waren sie jedenfalls sehr erleichtert. Wieder einmal sagte ich Nein zum gemachten Nest, wieder einmal nahm ich Abschied von Menschen, die gerne länger mit mir zusammengearbeitet hätten. Wieder einmal wusste ich nicht, was danach kommen würde.

„Dir wird schon was einfallen", dachte ich. Und genau so war es.

Kapitel 6

Die Richtung stimmt

Wenn in Tibet eine Familie in ein neues Haus zieht oder wenn geheiratet wird, schenkt man gerne einen Teppich. Kleine Hochzeitsteppiche mit bunten Blumenmedaillons zeugen von dieser schönen Tradition.

Aus den Reisetagebüchern von Peter Renz

Auch wenn mein künftiger Weg noch immer nicht klar vor mir lag, hatte ich das Gefühl, dass die Zeit des Suchens vorbei und die Zeit des Findens gekommen war. Meine Eltern hatten mich bisher zu nichts gedrängt, wofür ich ihnen heute noch dankbar bin. Jedem jungen Menschen sollte diese Zeit des Suchens zur Verfügung stehen – wie kann er sonst herausfinden, für was er tatsächlich geschaffen ist?

Das wusste ich nun: Weder die Offizierskarriere bei der Bundeswehr noch ein Bistro in Paris waren meine Erfüllung, aber auch kein Teppichgeschäft, das mir zu Füßen gelegt wird. Deshalb schaute ich genau hin, was meine Eltern taten. In ihrem Unternehmen ging es vor allem um Lederwaren, um Gardinen und Linoleumböden. Auch gewebte Teppiche und Teppichböden waren gefragt. Doch weit und breit war nichts von geknüpften Teppichen zu sehen.

„Was meinst du, Papa, sollten wir nicht welche anbieten?"

Mein Vater wünschte sich mich als Nachfolger und wusste natürlich, dass sein Sohn eigene Wege gehen und das Geschäft womöglich etwas umkrempeln würde. Oft ist da der Konflikt schon vorprogrammiert, was bei uns nicht der Fall war, auch wenn mein Vater von meinem Vorschlag wenig hielt. „Die Leute kaufen geknüpfte Teppiche in München, Stuttgart und Freiburg. Aber nicht in Schramberg. Dazu sind wir einfach zu klein."

Ich lächelte. „Kann es nicht auch sein, dass die Leute bei uns keine geknüpften Teppiche kaufen, weil wir keine haben?" Ich dachte an den Erfolg der Toastermaschine in Brunos Bistro. Davor hatten die Gäste keinen Toast bestellt, weil es keinen gab. Kaum war er zu haben, konnten sie nicht genug davon bekommen. Dieses Phänomen nennen Betriebswirtschaftler Angebotsmarkt, wenn also das Angebot die Nachfrage steuert. Daran glaubte ich. Zumal die Webteppiche, die mein Vater verkaufte, nicht zur Billigware gehörten, sondern hochwertige Produkte der Firma Anker waren. Das war für mich Beweis genug, dass die Leute bereit waren, für einen anständigen Teppich Geld auszugeben. Ich war mir sicher, hätte ich geknüpfte Teppiche zur Verfügung, würde ich sie an den Mann und an die Frau bringen.

Meine Ersparnisse hatte ich bisher gerne für Autos ausgegeben. Es zeugte von der Ernsthaftigkeit meines Vorhabens, dass ich nun alles nahm, was ich noch hatte, und damit nach Hamburg fuhr, um in der Speicherstadt ein kleines Sortiment Orientteppiche zu erwerben. Zurück in Schramberg wurde mir klar, dass ich die Sache nicht ganz durchdacht hatte. Schöne Orientteppiche brauchen ein schönes Ambiente, um sie zu präsentieren. Außerdem trat meine Kollektion in Konkurrenz zu den Webteppichen meines Vaters. Auch dafür haben die Betriebswirtschaftler ein Wort: Sie nennen es Kannibalisierungseffekt, wenn ein Angebot das andere schädigt, und dieser Effekt trat deutlich zu Tage. Ich wollte zu keinem Kaufinteressenten sagen, nehmen Sie lieber meinen Orientteppich als den Webteppich meines Vaters.

Es gibt Menschen, die sind in der Lage, mit zwei Zungen zu sprechen. Wenn man die Zeitungen aufschlägt, findet man sie meist auf dem Titelblatt. Ich gehöre nicht zu dieser Gattung. Ich wollte ohne Gewissensbisse und aus purer Lust in den Handel mit Orientteppichen einsteigen. Dafür musste ich eine Entscheidung treffen, doch sie fiel mir leicht. Mein Weg lag nun vor mir, die Richtung stimmte, und die Lösung lag vor meiner Nase: Neben unserem Wohnhaus befand sich das historische Gebäude der Zunftstube. Nachdem es als Casino der Uhrenfabrik Junghans ausgedient hatte, war es zur Gaststätte umgewidmet worden. Seit einigen Jahren standen die Räume leer.

„Da drin", dachte ich mir, „hast du die allerbesten Möglichkeiten, Orientteppiche zu präsentieren. Sogar ein Wanddurchbruch vom Hauptgeschäft ist möglich." Vor meinem geistigen Auge sah ich alles bereits vor mir: Perfekt ausgeleuchtete Präsentationsräume in zeitlos schlichter Eleganz, darin die schönsten Orientteppiche. Voller Aufregung berichtete ich Ute von meinen Plänen. Seit ich von der Bundeswehr zurückgekommen war, waren wir unzertrennlich.

Sie war von meinen Plänen ebenso begeistert wie ich. Dann sprach sie den Satz aus, den ich verdrängt hatte. „Die Zunftstube ist doch sicher ziemlich teuer."

Das Wort ziemlich war die Verniedlichung der Tatsache. Mein Konto war leergeräumt, und meinen Vater anpumpen wollte ich nicht. Schließlich war ich in München zur Einsicht gekommen, meines eigenen Glückes Schmied zu werden. Es war mir wichtig, eine Finanzierungslösung zu finden, die meinen Möglichkeiten entsprach. Weil mir die Bereitschaft zum Wagnis nicht fremd ist, schmiedete ich einen Plan. Mir war klar, dass ich nicht von heute auf morgen ein Geschäft für Orientteppiche in einem Schwarzwaldstädtchen wie Schramberg etablieren und gleich damit rechnen konnte, dass sich die

Kunden die Klinke in die Hand geben. Dazu geht in dieser Branche der Händler in Vorleistung, zumindest war das schon damals meine Devise. Ich wollte die Teppiche nicht nur kaufen, sondern besitzen. Dazu brauchte ich mehr als meine Kollektion, um Überzeugungsarbeit leisten zu können. Ich zügelte daher meine Ungeduld und arbeitete eine Strategie aus, mit der ich die Bank auf meine Seite zog. Ein wesentlicher Bestandteil meines Planes war die Zunftstube. Sie war als Gaststätte im Gedächtnis der Menschen verankert, doch hätte sie nicht genug Rendite abgeworfen, um meine Pläne zu verwirklichen. Nun kamen mir meine Erfahrungen aus Paris zugute, da ich dort gelernt hatte, was gefragt war: ein Nachtlokal, das es im Schwarzwald in dieser Zeit – wen wundert es? – noch nicht gab. Das aber sicher nicht, weil in unserer Ecke der Welt keine Nachtschwärmer vorhanden waren, sondern weil noch keiner das Wagnis eingegangen war. Erneut dachte ich daran, dass das Angebot die Nachfrage steuert, und fand in Gerhard Bamberger den perfekten Investor. Er stammte aus Balingen, am Rand der Schwäbischen Alb gelegen, und kannte daher die Eigenarten eines ländlich geprägten Raumes. Dazu brachte er reichlich Erfahrung in der Gastronomie mit. Zusammen erarbeiteten wir eine wirtschaftliche Grundlage für das erste Schwarzwälder Nachtlokal. Außerdem hatte ich ein Ass im Ärmel, das wesentlich zum Erfolg beitragen sollte. Nachtlokale auf der ganzen Welt leben von ihrem guten Namen, wie Harry's Bar in Venedig, in der Leute wie Orson Welles oder Ernest Hemingway den dort erfundenen Bellini schlürften. Oder das Varieté Crazy Horse in Paris, das ich gut kannte, oder das Whisky a Go Go in Los Angeles, das vor wenigen Jahren in einem ehemaligen Bankgebäude seine Pforten eröffnet hatte. Natürlich konnte ich mit diesen berühmten Plätzen nicht mithalten. Dafür hatte ich einen Namen im Gepäck, der an allen Orten dieser Welt funktionieren würde. Ich hatte vor nicht allzu langer Zeit einen Mann kennengelernt, dem die Rechte am Namen Woodstock in Deutschland gehörten. Das Woodstock-Festival war weltweit im kollektiven Gedächtnis, weil Joe Cocker, Jimi Hendrix, Joan Baez, Grateful Dead, Janis Joplin, Crosby, Stills, Nash & Young, The Who, Ravi Shankar und all die anderen Stars, die vor 400 000 Menschen aufgetreten waren, einen regelrechten Mythos erschaffen hatten. Kurzerhand hatte ich die Namensrechte erworben und konnte mein Nachtlokal „Woodstock" taufen.

Das Lokal als Teil meiner Strategie diente dazu, durch die Pacht den Kredit der Bank zu bedienen. Die Zwischenzeit wollte ich nutzen, einen Kundenstamm zu erarbeiten und mir eine Kollektion erlesener Orientteppiche zuzulegen. Das alles war mit großem Risiko verbunden. Die Bedenkenträger fanden genug Argumente, warum ich die Sache abblasen sollte: Was, wenn die Nachtschwärmer das Woodstock links liegen lassen? Was, wenn es dir nicht gelingt, die Menschen für Orientteppiche zu begeistern? Und was passiert, wenn dir unterwegs das Geld ausgeht, um deine Ausgaben zu begleichen? Zum Glück hatte ich bewiesen, dass ich stressresistent bin und meine Ohren auf Durchzug schalten kann, wenn die Zweifler allzu laut werden. Ich hatte mein Ziel vor Augen und war fest entschlossen, es zu erreichen.

Auch privat war ich bereit, Nägeln mit Köpfen zu machen. Ute und ich wollten heiraten. Dazu wählten wir die schön gelegene Kirche Maria Regina Pacis – Maria Königin des Friedens – im nahen Sulzbach aus. Es ist eher eine Kapelle als eine Kirche, erbaut zwischen 1946 und 1949 als Dankkapelle für Kriegsheimkehrer. Damit war sie der richtige Ort für uns. Schließlich litt mein Schwiegervater Josef noch immer unter Ängsten, bald sterben zu müssen, was mit der Zeit zusammenhing, die er in einem Bergbaugefängnis hatte verbringen müssen. Auch meiner Schwiegermutter Hedwig, die mit Ute und deren Schwester Renate über Greifswald in den Westen geflohen war, steckte der Schrecken des Krieges noch immer in den Knochen. Dass ihnen in Schramberg der Neuanfang gelang, hat mich sehr glücklich gemacht. In späteren Jahren, als das Woodstock längst Geschichte war, zogen sie in die Räume der ehemaligen Zunftstube ein. Doch bis dahin sollte noch viel Wasser den Bach runterfließen, ein geflügeltes Wort in Schramberg, wo es von allen umgebenden Bergen her strömt und plätschert und wo Ute und mir aufregende Zeiten bevorstehen sollten. Ich war nun Ehemann mit hochfliegenden Plänen und einer Menge Schulden. Es war an der Zeit, die Ärmel hochzukrempeln und in die Hände zu spucken. Beides hatte ich vor.

Kapitel 7

Das Arabella-Abenteuer

Weicht ein Teppich von den üblichen Proportionen ab, spricht man von abnormen Maßen, wie bei einem Kelley. Wen wundert es, dass ich oft auf der Suche nach solchen Teppichen bin.

Aus den Reisetagebüchern von Peter Renz

Den arabisch-spanischen Namen Arabella, was kleine Araberin heißt, hatte sich das Unternehmen verliehen, mit dem ich die nächste Zeit Geschäfte machen sollte. Die Pachteinnahmen aus dem Woodstock reichten nicht aus, um alle meine Pläne in die Tat umzusetzen, und so stieß ich auf diese Immobilienfirma, die im bayerischen Inzell einen Ferienpark errichtete. Alle Häuser wurden als Nurdachhäuser erbaut, bei denen das Dach bis zum Erdboden reicht. Auf Madeira, vor allem in Santana im Norden der Insel, gibt es solche Gebäude, deren Dächer mit Stroh gedeckt sind, und nun fanden sie Einzug in unseren Kulturraum. Arabella suchte einen Komplettausstatter, um die Häuser einzurichten: vom Fußbodenbelag über Möbel und Gardinen bis hin zu Accessoires wie Lampen, Vasen und Tischdecken. Wie der Name befürchten lässt, findet man in Nurdachhäusern vor allem Schrägen, was das Einrichten nicht zu einer besonders vergnüglichen Arbeit macht. Daher hatten einige konkurrierende Einrichtungshäuser schon im Vorfeld das Handtuch geworfen, doch so weit wollte ich es nicht kommen lassen. Ich fand einen Architekten, der mit Ferienparks vertraut war und passende Möbel für die Nurdachhäuser entwerfen konnte. Ein findiger Schreiner war in der Lage, sie zu bauen. Ich wollte eine schlichte, aber moderne Einrichtung, die etwas aushalten konnte, weil viele der Häuser von den künftigen Eigentümern als Feriendomizil vermietet werden würden. Ute empfahl unempfindliche abziehbare Webstoffe für die Matratzen und schlug für die Gardinen Bordüren vor, die, wie wir bald herausfanden, den Interessenten sehr gut gefielen. Vor Ort sah ich allerdings auch die vielen Baumängel bei den Häusern, und war ziemlich überrascht darüber, dass Kaufwillige locker darüber hinwegsahen. Es war unsere Innendekoration, die das Haus wirken ließ. Da ich neben der Einrichtung auch den Verkauf übernahm, erinnere ich mich gut daran, wie ich immer wieder nach einem Verkaufsgespräch Ute anrief und sagte: „Ich glaube, dass eine schöne Wohnkosmetik die Leute blind macht. Im bloßen Zustand würde keiner so ein Haus kaufen."

Führte ich die Leute jedoch durch das eingerichtete Musterhaus, hörte ich: „Wissen Sie was? Wir kaufen gleich zwei Häuser, ach was, wir nehmen drei!" Als ob es sich um ein Produkt des täglichen Bedarfs handelte.

Natürlich trug die schöne Lage von Inzell ihren Teil dazu bei. Die Chiemgauer Alpen und das Berchtesgadener Land gleich um die Ecke – die Lage hätte nicht besser sein können. Die Sache lief gut an, doch ich wurde das Gefühl nicht los, dass meine Auftraggeber die Meinung vertraten, diesen jungen Burschen aus dem Schwarzwald in die Tasche stecken zu können. Die Erosion unserer Geschäftsbeziehung begann schleichend mit ausfallenden Zahlungen, die mich in arge Nöte stürzten. Ich bin nicht der Typ, der die eigenen Dienstleister hinhält, vor allem, wenn sie wie mein Schreiner ganz hervorragende Arbeit leisteten. Daher hatte ich nicht vor, mich an der Nase herumführen zu lassen.

„Hör mal", bat ich einen befreundeten Rechtsanwalt aus

Schramberg, „fährst du mit nach München? Mein Plan ist folgender …"

In München führte ich ein ernstes Gespräch mit der Bayerischen Hypobank. Mein Auftraggeber sollte Wind davon bekommen, weil ich damit ein deutliches Zeichen setzte, wie sehr ich ihnen misstraute. Das gelang mir schon mal, wie mir ein empörter Anruf bestätigte. Ich lächelte in mich hinein und setzte mich mit meinem Freund in die nächstbeste Wirtschaft. Er hatte seine Schreibmaschine mit dabei, und bei Bier und Knödel entwarfen wir einen Vertrag, der sich gewaschen hatte. Mit diesem marschierte ich ins Büro von Arabella und verlangte nach einer Unterschrift. Mir war klar, dass ich am längeren Hebel saß. Die ersten Käufer wollten ihre Häuser beziehen, und eine kleine Flotte Lastwagen sollte die restlichen Möbel anliefern. Kurz vor Inzell hatte ich sie stoppen lassen.

„Die fahren erst weiter, wenn der Rubel rollt", sagte ich und deutete auf den Vertrag.

Kampflos wollte man sich dem jungen Schwarzwälder nicht beugen, und einige unfeine Worte fielen. Doch ich schaltete meine Ohren auf Durchzug, weil ich das Recht auf meiner Seite wusste. So bekam ich meinen Vertrag. Danach lief alles wie am Schnürchen.

Innerhalb von zwei Wochen waren zehn Häuser bezugsfertig, was Arabella groß feiern wollte. Ich war auch eingeladen. In meiner Erinnerung wurde mir spätestens dort klar, dass mich ganze Welten von diesen Leuten trennten. „Handwerker nicht bezahlen aber das Geld mit beiden Händen zum Fenster rausschmeißen", dachte ich empört, während um mich herum die Stimmung immer ausgelassener wurde, angefeuert durch ein weißes Pülverchen, das man sich durch die Nase zieht, Champagner in Strömen und offenherzige Damen, die extra zum Anlass der Party gebucht worden waren. Nein, mit dieser Immobilienschickeria wollte ich nichts zu tun haben.

Ich verließ die Feier vorzeitig, um mich ganz handfesten Problemen zuzuwenden: Es galt, die restlichen Häuser einzurichten, und was mir fehlte, waren geeignete Transportmittel. Heute leben wir im Zeitalter schneller Kleintransporter und wendiger Kastenwagen – genau die hätte ich brauchen können. Also wandte ich mich an eine Firma, die sich auf Spezialtransporte spezialisiert hatte. „Ihr habt doch auch Leichenwagen, nicht wahr?", fragte ich die Mitarbeiter am Telefon. „Ich hätte davon gerne ein paar."

Die Antwort war ein langes Schweigen. Dann vernahm ich eine zögerliche Stimme: „Dürfte ich wissen, für was?"

Ich lachte und erklärte es ihr: Da die Fahrzeuge hinten hoch gebaut waren, konnte ich in ihnen komfortabel Möbel transportieren. Vorne hatten die Leichenwagen eine durchgehende Bank, sodass gleich drei Monteure Platz nehmen konnten. Und der knatternde Diesel brachte es auf immerhin 120 km/h. Dazu, dachte ich, wird es bei den Herren von Arabella Eindruck schinden, wenn ich im Leichenwagen vorfahre. Ein bisschen Schauspiel konnte im Umgang mit Immobilienhaien nicht schaden.

Trotz aller Unstimmigkeiten war ich Arabellas erster Ansprechpartner, als die Firma auf dem Feldberg im südlichen Schwarzwald eine neue Feriensiedlung bauen wollte. Inzwischen waren zwei Jahre ins Land gegangen, und ich hatte über hundert Häuser komplett eingerichtet und erfolgreich verkauft. Es war einerseits verlockend, das erworbene Know-how erneut anzuwenden – andererseits wollte ich erst Bilanz ziehen. Dabei wurde mir deutlich, wie viel Stress diese 24 Monate mit sich gebracht hatten. Nicht die Arbeit hatte mich angestrengt, sondern das ewige Gerangel mit dem Auftraggeber. Ich versammelte meine Handwerker um mich und teilte ihnen mit, dass ich am Feldberg nicht mit von der Partie sein würde. Die Hälfte von ihnen wollte ebenfalls aufhören, die andere Hälfte entschied sich dazu, weiterzumachen. Allerdings schafften sie es nicht, und der Ferienpark wurde nie gebaut. Da war ich längst aus dem Geschäft ausgeschieden und unterwegs zu neuen Ufern.

Zur selben Zeit, als ich in Inzell begann, den Ferienpark einzurichten, öffnete in Schramberg das Woodstock seine Pforten, und das gleich mit einem handfesten Skandal. Gerhard Bamberger hatte die lokale Prominenz eingeladen, inklusive Oberbürgermeister und Gemeinderat. Während drinnen die ersten Oben-ohne-Tänzerinnen des Schwarzwalds ihr Bestes gaben, versammelte sich draußen eine Menschenmenge, die ebenfalls hereinwollte. Die Leute zündeten Kartons an und drohten damit, die Tür einzuschlagen. Jemand – war ich das gewesen? – hatte das Fernsehen alarmiert, und so war tags darauf das Woodstock in aller Munde. Von nun an war der Laden Abend für Abend brechend voll. Wir waren der erste Club weit und breit, der einen Whiskyschrank hatte, aus dem man seine persönliche Flasche erwarb, die man bis zum nächsten Besuch darin aufbewahren konnte. Mit jeder Menge guter Ideen sorgte Gerhard Bamberger dafür, dass wir nie aus den Schlagzeilen kamen. Er organisierte eine Weltmeisterschaft im Plattenauflegen, womit das Woodstock im Guinnessbuch der Rekorde landete. In seinem Notizbuch standen nützliche Telefonnummern, und so fanden angesagte Künstler wie Tony Marshall und Vicky Leandros den Weg in den Schwarzwald.

Die einzigen Leidtragenden waren meine Eltern. Sie lebten Wand an Wand zum Woodstock und fanden in dieser Zeit nicht nur wenig Schlaf, sondern wurden – wen wundert es in einer Kleinstadt – oft dumm angesprochen. „Was ist das für eine Sache mit deinem Bub und den halbnackten Frauen da drin?", fragte ein Passant meinen Vater.

Der hatte ihn am Abend davor selbst ins Woodstock gehen sehen und schmierte ihm das genüsslich aufs Brot. „Dazu", fuhr mein Vater ungerührt fort, „braucht er das Geld für seine Pläne."

Was das anging, hatte ich mit Gerhard Bamberger keinerlei Probleme. Im Gegenteil, der Laden lief so gut, dass er alle drei Monate die Pacht selbst erhöhte. Gleichwohl hielt ich an meinen Plänen fest: Sobald ich den Bankkredit getilgt hatte, wollte ich mein Orientteppichgeschäft in die Tat umsetzen. Dann würde das Woodstock weichen müssen, trotz seines enormen Erfolgs. Als ich mit Gerhard Bamberger darüber sprach, war er natürlich nicht begeistert. Doch als Ehrenmann war ihm klar, dass er sich an die Vereinbarung halten würde, auch wenn es hieß, sich von einem Goldesel zu trennen. Doch hegte er bereits neue Pläne, was den Abschied nicht ganz so schmerzhaft machte. Dreißig Kilometer von Schramberg entfernt wollte er eine Großdiskothek eröffnen, in der Nähe zur Autobahn, damit die Besucher eine einfachere Anfahrt hatten. Rolf Eden in Berlin machte es mit seinem Big Eden vor, wie man mit bahnbrechenden Ideen am Wachstumsmarkt der Nachtschwärmer teilhaben konnte, und Gerhard Bamberger stand dem bekannten Playboy in nichts nach. In Schramberg selbst eröffnete er bald darauf die Diskothek Ex, die wie das Woodstock weit über die lokalen Grenzen hinaus bekannt wurde. Ich durfte das neue Lokal extravagant mit Spiegelböden und ausgefallenen Polsterungen ausstatten.

Als die letzten Tage des Woodstock anbrachen, saßen wir noch einmal zusammen. „Wissen Sie was", sagte Gerhard Bamberger. „Als wir damals den Vertrag unterzeichneten, habe ich nicht geglaubt, dass Sie jemals nach Schramberg zurückkehren. Einem wie Ihnen steht doch die Welt offen. Was wollen Sie hier?"

Damit traf er den Nagel auf den Kopf. Warum hatte ich München den Rücken gekehrt? Warum war ich nicht in Paris geblieben? Ich hätte eine internationale Karriere bei der NATO anstreben können. Warum nur wollte ich ausgerechnet in Schramberg leben, diesem Städtchen, das damit warb, in fünf tiefen Tälern zu liegen und von fünf Burgen umgeben zu sein? Wo man, wie manche bösen Zungen behaupteten, den Wald vor lauter Bäumen nicht sah?

Ich konnte die Frage nicht beantworten. Vielleicht war ich damals einfach zu jung, oder sie erschien mir obsolet. Kürzlich jedoch, als ich gerade an einer Rede für den Rotary-Club feilte, tauchten darin Worte auf, die meine damalige Gefühlslage gut reflektierten. Von der „seelischen Wohlfühlzone" schrieb ich, und davon, „dass diese einem das Gefühl verschafft, auf der richtigen Seite zu stehen."

In der ganzen Zeit des Arabella-Abenteuers hatte ich niemals das Gefühl, auf der richtigen Seite zu stehen. Und meine seelische Wohlfühlzone zeigte sich verwaist, was sich immer dann änderte, wenn ich am Wochenende Richtung Schwarzwald fuhr und den tiefen Schramberger Talkessel ansteuerte. Da unten gab es etwas, das mir half, Kraft für die nächste Woche zu tanken. Und so ist es auch zeit meines Lebens geblieben. Ich kann heute nicht mehr sagen, wie oft ich die Koffer gepackt habe, um nach Persien zu reisen, in den Himalaya, nach Indien oder in eine der anderen Teppichregionen dieser Welt. In den Siebzigern und Achtzigern waren diese Reisen kein Zuckerschlecken. Aber auch später, als die Mullahs die Macht in Iran übernahmen, forderten meine Expeditionen zu verborgenen Teppichschätzen immer ihren Tribut. Und doch packte ich die Koffer voller Vorfreude und konnte es kaum abwarten, bis es losging. Genauso gerne kam ich wieder nach Schramberg zurück. Hier hatte und habe ich das Gefühl, auf der richtigen Seite zu sein. Jeder Mensch besitzt so eine seelische Wohlfühlzone. Sie ist ein Geschenk, wenn man den Ort kennt, an dem sie sich entfalten kann.

Was ich Gerhard Bamberger antwortete, weiß ich nicht mehr. Gut in Erinnerung ist mir geblieben, wie ich mich fühlte. Nach den langen Wanderjahren konnte ich jetzt endlich damit beginnen, meinen Traum in die Tat umzusetzen. Ich war Eigentümer der Zunftstube und begann mit den baulichen Maßnahmen für den Ausstellungsraum, der mit der Konkurrenz in den großen Städten mithalten sollte; ich hatte in den letzten beiden Jahren das Umfeld sondiert und war überzeugt, Kunden zu finden. Mit anderen Worten: Ich saß in den Startlöchern.

Wenn in dieser Situation das Telefon klingelt, kann es zweierlei bedeuten: Es wird Probleme geben oder eine Chance tut sich auf. Bei mir sollte es die Chance sein.

Kapitel 8

Alles oder nichts

Safavidenkönig Shah-Abbas der Große (1587–1629) in Isfahan war ein großer Förderer von Kunst und Wissenschaft. Ich bin immer ergriffen, wenn ich auf dem Maidan-Shah, dem Königsplatz, stehe, und die Madschid-i-Shah, die Königsmoschee, bewundere. Dazu war er der Begründer der ersten gewerbsmäßigen Teppichknüpferei. Während seiner Herrschaft wurden die ersten gold- und silberdurchwirkten Teppiche hergestellt. Da diese Teppiche von polnischen Adelshäusern erworben wurden, heißen sie auch Polenteppiche.

Aus den Reisetagebüchern von Peter Renz

Das Beziehungsgeflecht im magischen Dreieck Hersteller – Händler – Kunde hat mich über die Jahre hin fasziniert. Wenn es gut läuft, profitieren alle davon; läuft es schlecht, gibt es nur Verlierer. In meiner Position zwischen Hersteller und Kunde war ich Mittler zwischen den Welten, die ansonsten nichts miteinander zu tun haben. Das zeigte sich auch in Zeiten, als ich persischen Knüpfern europäische Wünsche nahelegen konnte, damit jeder Vorteile daraus zog: Die Kunden bekamen ihren Wunschteppich, die Hersteller konnten ihr Geschäft ausbauen und durch die Einnahmen die Infrastruktur ihrer Heimat verbessern. Ich habe wirtschaftliche Beziehungen immer als Win-Win-Situation betrachtet, eine Strategie, die in den 1970er-Jahren an der Harvard-Universität entwickelt wurde. Sie strebt den nachhaltigen Erfolg bei konstanter Zusammenarbeit an. Damit ist sie das Gegenteil von dem, was in der Welt passiert, während ich an diesem Buch schreibe.

Es wäre vermessen zu behaupten, dass ich als junger ambitionierter Händler mit dem Gedanken an Win-Win angetreten bin. In solchen Kategorien habe ich noch nicht gedacht. Trotzdem kam es so, weil „zum Nutzen aller" ganz meinem Wesen entspricht. Alle meine Beziehungen – egal ob es sich um die Ehe handelt, die Partnerschaft zum Handelshaus Miri in Teheran oder Freundschaften in Schramberg und auf der ganzen Welt – tragen die Magie der Langlebigkeit in sich. Wenn wir zusammen Krisen bewältigen und gemeinsam Erfolge feiern, ist das für mich auf gut Deutsch ein lebensbejahendes Konzept. Da in diesem Wörtchen „sag ja zum Leben" steckt, fühle ich mich dadurch gut beschrieben. Ich habe stets Ja zum Leben gesagt; zu allen Herausforderungen, die es mit sich bringt.

Daher sagte ich: „Ja", als der Mann am Telefon seine Wünsche äußerte. Manch einer hätte vielleicht mit Nein geantwortet, doch das kam nicht in Frage, weil es ein Anruf war, der einen Wendepunkt in meinem Leben einläutete. Am Apparat war einer der einflussreichen Industriellen meiner Heimatstadt. Carl Haas hatte seine gleichnamige Firma 1904 gegründet, mit einer patentierten Metalllegierung den Sprung in die technische Champions League geschafft und war einer der wichtigsten Zulieferer der prosperierenden Uhrenindustrie. Anfang der 50er-Jahre ließ er sich in Schramberg eine wunderschöne Villa erbauen, umgeben von einem parkähnlichen Grundstück. Das Haus zeugte von gutem Geschmack, und was er mir zu sagen hatte, nicht minder.

„Ich bin auf der Suche nach einem Orientteppich."

Im weiteren Verlauf des Gesprächs wies er sich als echter Kenner aus. Damit entsprach er genau dem Typus Kunden, der bisher nach München oder Stuttgart gefahren war. Dass er sich an mich wandte, ließ nur einen Schluss zu: Carl Haas hatte vor, mir eine Chance zu geben.

Ich war hoch motiviert und wollte die Sache auf keinen Fall vermasseln. In meiner kleinen Kollektion war sein Wunsch natürlich nicht zu finden. Spontan entschied ich mich, nach London zu fliegen, um dort danach zu suchen. Normalerweise legt ein Händler dann eine Auswahl an Teppichen vor, doch keiner würde mir Namenlosem wertvolle Stücke in Kommission geben. Ich müsste sie schon selbst erwerben. Davon konnte keine Rede sein, weil ich mir höchstens einen Teppich leisten konnte. Mein Plan sah daher so aus: Ich wollte in London mein letztes Geld in diesen einen Teppich investieren, in der Hoffnung, dass mein Auftraggeber den Daumen hob und nicht senkte, sobald er ihn zu Gesicht bekam. Es war ein Wagnis von einer Größenordnung, das bei Misserfolg meine künftigen Pläne durchkreuzen würde. Auf der anderen Seite war es eine Chance, die man nicht alle Tage bekommt. Auch wenn ich geraume Zeit nicht mehr in der Branche gearbeitet hatte, war mein Wissen weitergewachsen. Selbst in den stressigsten Phasen des Arabella-Abenteuers hatte ich nach Feierabend meine Nase in Fachbücher gesteckt und meine Kenntnisse vertieft. Daher wusste ich, wo in London die besten Teppiche zu finden waren und was einen angemessenen Preis darstellte. Über den Tisch ziehen konnte man mich nicht, dessen war ich mir sicher. Tatsächlich fand ich einen Teppich, der meinem Kunden gefallen musste. Gefallen musste? Hier lag der Hase im Pfeffer. Ob ein Teppich gut ankommt, weiß man erst dann, wenn er ausgebreitet an Ort und Stelle liegt.

Ich wurde nervös, als ich den Teppich am Frankfurter Flughafen durch den Zoll brachte, ins Auto verfrachtete und in Schramberg die Villa von Carl Haas ansteuerte. Dort legte ich ihn aus. Es war ein antikes Stück in den Maßen drei auf vier Meter, mit wunderschönen Ornamenten in kräftigen Naturfarben. Der Mann, der mir die Chance gegeben hatte, verstand es, die Spannung zu erhöhen. Lange Zeit herrschte Schweigen, während er in Gedanken versunken vor dem Teppich stand. Wahrscheinlich übertönte mein Herzschlag den dunklen Klang der mächtigen Standuhr am Kopfende des Raumes.

Dann überzog ein feines Lächeln seine Miene. „Genau so habe ich ihn mir vorgestellt", sagte Carl Haas. „Das haben Sie wirklich gut gemacht."

Auch mein Vater machte Nägel mit Köpfen und übergab mir das Einrichtungshaus. Ich bezog mit Ute eine Dreizimmerwohnung im Schramberger Vorort Sulgen. Weil mir die Formensprache der Bauhausarchitektur in ihrer klaren Reduktion immer gefallen hat, wählte ich für unsere erste Wohnungsausstattung einige Möbel aus der Werkstatt von Walter Knoll, der diese Philosophie fortsetzte. Durch den Verkauf des Teppichs konnten wir uns ein Ledersofa, zwei Sessel und einen Couchtisch leisten, dessen Höhe man im Stil der Zeit mit einer Kurbel verstellen konnte. Die Gardinen bekamen wir aus dem Laden, der Rest musste warten. Das machte mir nichts aus, im Gegenteil. Mein ganzes Berufsleben lang durften junge Paare, die sich bei uns ihre Erstausstattung zulegten, einer ganz bestimmten Predigt lauschen. Darin kommen Sätze vor wie „Lasst euch Zeit", „Kauft Hochwertiges und dafür weniger" und „Freut euch auf den nächsten Schritt, denn Vorfreude ist die schöne Freude". Verfolge ich die Diskussionen um Nachhaltigkeit und um „weniger ist mehr", lag ich gar nicht so daneben mit diesen Weisheiten. Ich konnte sie deshalb aussprechen, weil ich mich selbst daran hielt. Ich freute mich auf den nächsten Schritt, der bei Ute und mir darin mündete, dass wir den Vorort verließen, um hinab ins Tal zu ziehen, nur um kurze Zeit später unser endgültiges Domizil in den Räumen oberhalb des Geschäfts aufzuschlagen. Nun hatte ich alles, wie es sein musste. Im Erdgeschoss das Einrichtungshaus, das unter Utes Hand wachsen und gedeihen konnte. Wie bei Roth in

Göppingen stellte ich mir einen Musterkoffer mit Tapeten, Teppichen, Bodenbelägen und Gardinen zusammen und machte mich auf den Weg. Bei Bauherren und Architekten, von denen ich wusste, dass sie an Großobjekten wie Büros, Kliniken und Hotels arbeiteten, präsentierte ich mein Angebot. Kam es zum Auftrag, lief in Schramberg die gut geölte Maschinerie an. Meine Eltern hatten dafür gesorgt, dass unsere Mitarbeiter ihr Handwerk von der Pike auf kannten. Da die Meister wussten, dass ich mich trotz meiner jungen Jahre ebenfalls gut in der Materie auskannte, entwickelte sich von Anfang an eine hervorragende Zusammenarbeit.

Gleichzeitig trieb ich die Präsentationsräume für die Teppiche voran. Das ehemalige Woodstock ließ sich nun durch einen neu geschaffenen Durchgang vom Laden aus betreten. Im Hof, wo die Platane steht, errichtete ich eine Halle, in der ich Teppichpaternoster aufstellte. Mit Hilfe dieser Maschinen konnte ich mein Angebot so präsentieren, wie es damals nur große Geschäfte taten. Auch in unserer neuen Wohnung gab es genug Platz, um jeden Quadratmeter mit den Orientteppichen zu belegen, die ich nur für mich erwerben wollte. Es war daher an der Zeit, endlich den Kosmos der knüpfenden Länder zu betreten. Dazu brauchte ich noch einen Schlüssel, der das Schloss zum Schatzkästlein öffnen würde. Wie so oft in meinem Leben war es eine Frau, die den Schlüssel in der Hand hielt.

Kapitel 9

Im Basar

Iran, „Land der Arier", führte bis ins Jahr 1925 den Namen Persien. Ich reise häufig in die Knüpfgebiete Azerbaidjan im Norden mit Tabriz als Hauptort. Baluch-Teppiche stammen aus dem Grenzgebiet zu Afghanistan, wo ich mich auch oft aufhalte. Fars, mit Shiraz als Hauptstadt, liegt am Rand des Persischen Golfs. Das Hamadangebiet grenzt an den Irak. Berühmt sind die Teppichproduktionszentren von Isfahan und Naïn. Kashan liegt am Westrand der großen Salzwüste und liefert Teppiche von Weltruf, wie auch Kerman, Mashhad und das persische Turkmenen.

Aus den Reisetagebüchern von Peter Renz

Vor ein paar Jahren wurde auf der weltgrößten Teppichmesse Domotex in Hannover ein Mann mit dem Carpet Cup für sein Lebenswerk geehrt, dessen Name mit meinem Lebenslauf eng verbunden ist. Der Carpet Cup ist in unserer Branche, was ein Ehren-Oscar in Hollywood bedeutet. Der Name des Preisträgers lautete Horst Engelhardt, und ich weiß noch, wie stolz ich an diesem Abend darauf war, ihn meinen Mentor nennen zu dürfen.

Nun gehören handgeknüpfte Teppiche nicht zu den Kunstwerken unserer Breitengrade, sondern zu denen weit entfernter Länder in Mittelasien, Iran, der Türkei, Ägypten, Indien oder China. In diesen Gegenden hat anders als bei uns der Nomadismus viel länger überlebt, ohne den die Teppichknüpferei undenkbar ist. Das Knüpfen von Teppichen entstand aus dem Bedürfnis, sich aus vorhandenen Materialien eine saubere und kälteisolierende Unterlage zu schaffen, nicht mehr und nicht weniger. So diente auch der Pazyryk-Teppich aus Iran, der zur Zeit der Achämeniden 500 vor Christus gefertigt wurde und der als ältester Teppich der Welt gilt, ebenfalls diesem profanen Zweck. Erst im Laufe der Jahrtausende entwickelte sich aus diesem rein funktionellen Gegenstand das Knüpfkunstwerk, das den Weg in die Paläste und Museen dieser Welt fand. Wem das nicht reichte, um fasziniert zu sein, dem schenkte Horst Engelhardt eines seiner berühmten Bonmots: „Wir suchen im Geheimnis des Orientteppichs den Märchentraum unserer Kindheit", sagte er – und sofort fiel mir die Erinnerung ein, als ich als kleiner Junge auf dem Teppich unseres Wohnzimmers in dessen Mustern Landschaften sah und mich ganz in meinem Spiel verlor. Es war zwar nur ein Webteppich, aber es hätte auch ein außergewöhnliches Sammlerstück sein können wie ein westpersischer Bidjar in seinem leuchtenden Rot mit geknüpften zarten Rosétönen dazwischen. Sein Mittelfeld zeigt diese fein geschwungenen Linien der Palmettmuster. Folgt man ihnen, trifft man auf das dunkelblaue Zentralmedaillon mit seiner Sternenmitte. Ja, ich sehe Landschaften, fühle die Märchenträume; und ich wollte unbedingt die Geheimnisse erforschen, die mein Mentor schon kannte.

Niemand wird als Meister seines Fachs geboren, auch Horst Engelhardt nicht. Was ihn von den meisten Händlern seiner Zeit unterschied, war, dass er neugierig und furchtlos in alle Länder reiste, weil ihn das Geheimnisvolle anzog. Darin erkannte ich einen Bruder im Geist.

„Wie kann ich es nur anstellen, dass er mich mitnimmt?", fragte ich mich. Natürlich konnte ich ihm nicht das Wasser reichen, trotzdem war er gewitzt genug, um in mir einen künftigen Konkurrenten zu sehen. Das erklärte sein Zögern, als ich ihn das erste Mal darauf ansprach.

Recht schnell, nachdem ich das Geschäft meines Vaters übernommen hatte, knüpfte ich neue Kontakte zur Gilde International. Sie war aus dem Geist des Bauhauses gegründet worden, passte daher zu mir, und ich wollte dieser Wertegesellschaft angehören. Allerdings gab es Gilde-Geschäfte nur in größeren Städten, und so blies mir ein scharfer Gegenwind ins Gesicht. Der Kollege aus Stuttgart lehnte kategorisch mein Eintrittsgesuch ab, dafür bekam ich Unterstützung von meinem früheren Arbeitgeber aus Göppingen. Als man mich endlich zu einer Tagung nach Frankfurt einlud, weil die Mehrheit glaubte, dass dieser Pimpf aus dem Schwarzwald nie zu einem ernsthaften Konkurrenten heranwachsen wird, musste ich mir erst einen Anzug zulegen. Die Inhaber der elitären Geschäfte logierten alle im Hilton, Ute und ich fanden ein günstiges Hotel im Westend. Als wir zum Bankett kamen, nahm ein Frankfurter Händler Ute väterlich zur Seite, sprach sie mit „Fräulein, was wollen Sie hier?" an, und lotste sie ohne mich zur Bar. Das war der Geist der Zeit, der in der Gilde herrschte, und den ich in den kommenden Jahren ganz schön aufmischen sollte.

Auf dieser Tagung kam ich mit Horst Engelhardts Frau Eva ins Gespräch. Wie ihr Mann war sie eine ausgezeichnete Expertin für Orientteppiche, der man in den Basaren kein X für ein U vormachen konnte. Allerdings schaute das dort herrschende Patriarchat ziemlich verdutzt aus der Wäsche, wenn diese resolute Frau auftauchte, um mit den Männern Geschäfte abzuschließen.

„Das ist nicht immer ganz leicht", sagte sie zu mir. „Trotzdem fliege ich nächste Woche wieder allein nach Iran. Mein Mann muss in die USA."

Ich witterte eine Chance. „Da brauchen Sie Schutz!" Ich sprach im Brustton der Überzeugung. „Wussten Sie, dass ich Einzelkämpfer bin? Fallschirmjäger! Ich pass auf, dass Ihnen nichts passiert."

„Keine Angst, junger Mann. Ich mach das nicht zum ersten Mal. Außerdem hab ich ja noch unseren Chefeinkäufer mit dabei."

„Ich bleibe immer zehn Schritte hinter Ihnen. Ich will auch keines Ihrer Einkaufsgeheimnisse wissen!" Jetzt sprach ich mit Engelszungen, und auf einmal hatte ich ihre Aufmerksamkeit.

„Es gibt da so Situationen ..." Sie zögerte. „Nun ja, Sie werden sehen."

„Heißt das, ich kann mit?"

„Wenn Sie alles rechtzeitig organisiert kriegen. Ich bin eine Woche in Iran, dann geht es weiter nach Pakistan."

Noch am selben Tag rief ich in einem Reisebüro an und fragte nach den Hotelkosten in Teheran. Ich glaubte, mich zu verhören, als man mir eine Summe nannte, die ich mir unmöglich leisten konnte. Ob die das in Schramberg besser hinkriegen? Wir hatten ein Reisebüro vor Ort, und tatsächlich wussten sie von einem Hotel zu einem fünfmal günstigeren Tarif.

„Welchen Flug wollen Sie nehmen?"

Meine Antwort war die des echten Schwaben. „Den billigsten."

„Der billigste ist der unbequemste. Sie müssen umsteigen, und zwar, schauen wir mal, einmal, zweimal, drei..."

„Ist mir egal. Hauptsache, ich komme an."

So war es bei mir immer. Auf Reisen brauche ich keinen Komfort, und das ist gut so. Im hintersten Hinterland, wo ich am liebsten nach Schätzen stöbere, kennt man dieses Wort ohnehin nicht.

Als ich kurze Zeit später Richtung Iran unterwegs war, fühlte ich mich, wie sich Ibn Battūta, Marco Polo, Richard Francis Burton, Henry Morton Stanley oder Fritz Mühlenweg gefühlt haben mussten, als diese großen Reisenden aufbrachen, um neue Menschen in neuen Länder und deren Sitten und Gebräuche kennenzulernen: ein enormes Gefühl der Freiheit, das aus

Sesshaften wieder Nomaden macht. Als Nomaden haben wir Menschen unsere Entwicklungsgeschichte begonnen, sesshaft sind wir erst seit einer sehr kurzen Zeitspanne – das war es, was ich spürte, als ich mich auf den Weg machte: Ich empfand mich als ein Mensch, der zu seinen Wurzeln zurückkehrt.

„Wow, das ist anders als Schramberg", ging es mir durch den Kopf, als ich Punkt Mitternacht aus dem Flughafengebäude von Teheran in die Nacht hinaustrat. Natürlich hinkt dieser Vergleich, und auch ein „Wow, das ist anders als Paris" wäre der Szenerie vor meinen Augen nicht gerecht geworden. Hatte ich mir dort nicht immer wieder über die „Stadt, die niemals schläft" Gedanken gemacht? Nun, das traf auf Teheran doppelt und dreifach zu. In den Straßen und auf den Plätzen herrschte ein Gedränge, als hätten sich die Einwohner vorgenommen, die Nacht zum Tag zu machen. War etwa ein Fest im Gange, eines, das sich meiner Kenntnis über den persischen Kalender entzog? Es sollte dauern, bis ich zur Erkenntnis kam, dass in dieser Stadt zu dieser Jahreszeit stets eine ausgelassene und fröhliche Stimmung herrschte. Teheran liegt 1200 Meter über dem Meeresspiegel. Im Winter kann es richtig kalt werden und ordentlich schneien, im Sommer sind 40° Celsius keine Seltenheit. Da die Sommernächte vergleichsweise kühl bleiben, zieht es die Menschen nach Sonnenuntergang ins Freie. Damals konnte man Männer und Frauen noch Hand in Hand spazieren gehen sehen, während sich die Kinder um die Zuckerstangenverkäufer scharten. Dazwischen kurvten hupende Autos und jede Menge Kleinlaster mit abenteuerlich aufs Dach gebundenen Gütern umher.

Ich stoppte ein Taxi und zeigte dem Fahrer den Zettel mit dem Namen meines Hotels. Er fuhr los, und ich konnte mich kaum sattsehen am Trubel in den Straßen und Gassen. Die Fahrt nahm kein Ende, und als ich versuchte, mich verständlich zu machen, bog das Taxi in eine kaum befahrene Seitenstraße ein. „Was kommt jetzt?“, fragte ich mich, als wir hielten.

„Hotel“, sagte der Fahrer und schüttelte den Kopf. Wo mein Hotel stehen musste, war nur noch eine Baulücke zwischen den Häusern. Offenbar war es abgerissen worden. Der Fahrer wandte sich um und sah mich fragend an. Ich überlegte fieberhaft. Eva Engelhardt und ihr Chefeinkäufer waren im Sheraton abgestiegen, zu dieser Zeit die erste Adresse in der Stadt. Weil mir auf die Schnelle nichts Besseres einfiel, sagte ich: „Sheraton Hotel.“

Dort gab es keine Baulücke, sondern eine Auffahrt, vollgeparkt mit edlen Karossen, die allein den Taschenrechner in meinem Kopf in Gang brachten. Livrierte Diener eilten aus dem Hotel heraus und herein. Einer nahm sich meiner Reisetasche an und suchte vergebens nach weiteren Koffern. Er musterte mich misstrauisch von oben bis unten. Wer im Sheraton abstieg, kam nicht nur mit einer Reisetasche an. Mir war das gleichgültig. Ich ging zur Rezeption und fragte nach Eva Engelhardt.

„Aha, der Einzelkämpfer ist eingetroffen“, sagte sie, als sie mich wenige Minuten später begrüßte. Der Schalk blitzte aus ihren Augen. „Ihr Hotel ist abgerissen worden? Tja, wie das Leben so spielt.“ Sie versicherte mir, dass ihr Angestellter nichts dagegen hätte, sein Zimmer mit mir zu teilen. Mir klopfte trotzdem das Herz, als ich an seine Tür pochte.

„Wer sind Sie, was wollen Sie?“, vernahm ich, als sich die Tür einen Spalt öffnete. Es sprach für den Mann, dass er trotz meiner kuriosen Erklärung die Tür öffnete. Noch mehr Pluspunkte gewann er, als er zur Minibar ging und ihr alle Fläschchen entnahm, die darin zu finden waren. „Wenn wir uns schon ein Bett teilen“, meinte er, „sollten wir uns vorher etwas kennenlernen.“

Das taten wir, bis draußen der Morgen graute. Dann schlummerten wir selig ein und vergaßen, dass Eva Engelhardt um acht Uhr zum Basar aufbrechen wollte. Sie war pünktlich, während ihr selbsternannter Personenschutz und der Chefeinkäufer in ihren Träumen Teppiche stapelten. Als wir endlich selbst loskamen, wusste keiner von uns Bescheid. Ich war noch nie auf einem Basar gewesen, mein Begleiter auch nicht.

So einen orientalischen Basar stellt man sich am besten wie ein lebendiges Wesen vor. Meist im Herzen der Stadt gelegen, ist es eine leichte Übung, sich darin rettungslos zu verlaufen. Jeder große Basar verfügt über mehrere Tore, die direkt zu den Gewerken führen. Es gibt das Tor zum Möbelbasar, das zum Basar der Elektrogeräte, und natürlich gibt es ein Tor, das in den Teppichbasar führt. Allein, wir fanden es nicht. So irrten wir durch die überdachten Gassen, die einem Labyrinth ähnelten. Aberhunderte Händler boten uns Kochtöpfe an, dazu Lampen, Süßigkeiten, Büstenhalter, Gewürze, Tee und Kaffee – doch Teppiche konnten wir nirgendwo entdecken. Um dreizehn Uhr ratterten die Rollläden herab, und der ganze Zauber war auf einmal verschwunden. Wie begossene Pudel kehrten wir ins Hotel zurück.

Eva Engelhardt traf ein paar Stunden später ein und hatte einiges auf dem Herzen. Ihr Mitarbeiter erhielt eine Standpauke, während sie zu mir nur einen Satz sagte. „Morgen früh um acht Uhr. Geht das in Ordnung?"

Und wie das in Ordnung ging! Die Sache war mir so peinlich, dass ich von nun an immer der Erste war, der sich in der Lobby einfand. Ich konnte es ohnehin kaum erwarten, endlich den Teppichbasar zu betreten. Dort findet die pure Magie des Orients statt. Diese hatte mich schnell in ihren Fängen – und hat es bis heute. Dazu konnte ich mich auch nützlich machen, denn die Ankündigung „es gibt da so Situationen" trat ein. Diese hing mit den rustikalen sanitären Anlagen zusammen, die nicht auf Frauen zugeschnitten waren, und schon gar nicht auf eine Frau von Welt. Es gab eine Grube und einen Donnerbalken, mehr durfte man in diesen Zeiten im Basar nicht erwarten. Eva Engelhardt hatte vorgesorgt und trug trotz der Hitze ihren Mantel mit sich. Den durfte ich wie einen Paravent zwischen sie und neugierige Männer halten. So kam ich doch noch zum Personenschutz und bestand die Prüfung mit Bravour.

Auf dem Basar selbst wurde mir klar: Ich befand mich in einer ähnlichen Situation wie im Sheraton. Qualität hat ihren Preis, und der war mir damals noch zu hoch. Es machte mir jedoch wenig aus, dass ich nicht selbst Teppiche kaufen konnte. Ich war schließlich hier, um zu lernen, und fuhr daher alle Antennen aus. Ich sah zu, ich hörte zu, ich schnupperte und roch, kurz: Ich nahm alle Eindrücke auf, die ich aufnehmen konnte. So auch die Gesetze des Verkaufsgesprächs, die sich fundamental von meinen westlichen Erfahrungen unterschieden. Höflichkeit ist Trumpf im Basar, der gegenseitige Respekt zwischen Verkäufer und Käufer mit Händen greifbar. Man platzt nicht in einen Laden und will was, während kein Händler einem Kunden etwas aufschwätzen wird. So etwas passiert im Touristenbasar, doch hier waren Profis unter sich. Die Händler wussten über den Wert ihrer Teppiche sehr gut Bescheid und die Einkäufer ebenfalls. Anders, als das landläufige Image erzählt, wird im Profibasar daher nicht lang und breit um den Preis gefeilscht. Hier geht es um andere Werte, und für diese muss man Zeit mitbringen.

Das taten wir. Wann immer wir ein Geschäft betraten, wurden wir erst einmal mit Tee versorgt. Dann präsentierte der Händler seine Ware, die von uns begutachtet wurde. Ich lernte, dass man niemals Sätze ausspricht, die bei uns üblich sind wie: „Hören Sie, guter Mann, das ist einfach viel zu teuer!" Übersteigt der Preis das eigene Budget, gibt man sich höflich unverbindlich und umschreibt die Situation, ohne direkt und somit beleidigend zu sein. Eva Engelhardt beherrschte dieses Spiel, als ob sie es selbst erfunden hätte. Auf späteren Reisen

Meine Eltern Martha und Otto Renz.

Meine Großmutter und ich.

Meine Schwester Gertrud. Sie ist sieben Jahre älter als ich.

Kasperle-Theater mit deutschen und französischen Spielkameraden.

Ich als Oberindianer, Wolfgang Gölle als Cowboy.
Fasnet 1954 vor der großen Platane.

Absprung im Winter bei den Fallschirmjägern.

Schönheiten unter sich: Ute auf dem Glas 1004, 1962.

Fiat 500, 1971, bemalt von einer Kunstmalerin der Majolika in Schramberg.

Prost mit „Don Peter"-Wein.

Piraten im Bach – mit Stefan Link bei der „Da-Bach-na-Fahrt" 2006.

Verleihung der Wirtschafts-Verdienst-Medaille durch Minister Ernst Pfister.

Bei der Gründung eines Kindergartens in Nepal 1972.

Christo war Vorbild: Verhülltes Teppichhaus Peter Renz.

Ich gehöre zu den Ersten, die nach der Revolution in den Iran reisen. Hier in einem Hotel in Teheran 1989.

Beim Empfang durch den iranischen Handelsminister Ajatolla Mohsen Mojtahed Shabastari am 23. August 1993 in Teheran. Links Razi Miri.

Seit Anfang der 80er förderte ich diese Mädchenschule im Südwesten Irans, die es heute noch gibt.

„Vorhang auf!" für die nächsten 50 Jahre. An meinem 50. Geburtstag 1991.

Staatsempfang auf einem Peter-Renz-Teppich: Mit Eduard Schewardnadse, Jacques Chirac, Gerhard Schröder und Klaus Kinkel.

Meine Freunde in Teheran: Razi, Sadegh und Habib mit ihrem Vater Taghi Miri.

Freunde fürs Leben: mit Taghi Miri im Jahr 2010.

mit ihrem Mann Horst bläute er mir immer wieder ein: „Vergessen Sie niemals, wir sind Partner. Es ist richtig, wir sind die Käufer, doch diese Menschen stellen die Ware her. Sorgen Sie daher für Augenhöhe, selbst beim Aushilfsknüpfer." Seine Worte sog ich auf, weil mir der gegenseitige Respekt aus dem Herzen sprach.

Anders als ich verfügte Eva Engelhardt über ein ausreichendes Budget. Wann immer sie sich mit einem Händler einig wurde, entstand eine kurze Gesprächspause. Dann wandten sich alle Augen dem alten Mann zu, der schweigsam in einer Ecke saß, und der von mir bisher noch gar nicht beachtet worden war. Bald stellte ich fest, dass diese alten Männer in jedem Laden zu finden waren. Die Händler erläuterten, welche Teppiche den Besitzer wechseln sollten, und die alten Männer nickten würdevoll. Erst jetzt war das Geschäft perfekt.

„Verstehe, der alte Herr ist der Boss", dachte ich, und genauso war es. Im Orient gilt noch der Respekt vor dem Alter – niemand käme auf die Idee, wie wir das in unserem Kulturkreis tun, auf die Erfahrung älterer Menschen zu verzichten. Als ich diese kluge Regel verstanden hatte, war ich so richtig im Orient angekommen. Von nun an kümmerte ich mich immer besonders um diese alten Herren. Ich trank mit ihnen Tee, wenn das Geschäft geglückt war; ich rauchte mit ihnen Pfeife, wenn es Spitz auf Knopf stand; und wenn es mal ganz schlecht laufen sollte, umarmten wir uns und versicherten die gegenseitige Wertschätzung. Ist es ein Wunder, dass mir unsere Welt oft kalt und gefühllos vorkam, wenn ich aus dem Orient zurückkehrte?

An diesem Tag geschah noch etwas, das meinen weiteren Lebensweg entscheidend beeinflussen sollte. Wer im Profibasar Teppiche kauft, schleppt diese nicht den lieben langen Tag mit sich herum. Auch ist das Geschäft mit dem Handel nicht abgeschlossen. Die Ware muss schließlich erst noch zum Versand hergerichtet werden. Dazu wird sie fakturiert, Zollpapiere wollen ausgefüllt sein. Für diese Aufgaben gibt es in jedem Basar Dienstleister, und einen von ihnen lernte ich kennen. Sein Name war Taghi Miri, und wie sich bald herausstellte, gehörte er zu den einflussreichsten Menschen in der persischen Welt der Teppiche. Wir plauderten auf Französisch miteinander, und als er mich höflich fragte, wie zufrieden ich im Sheraton sei, erzählte ich ihm, dass ich mir dort kein Zimmer leisten konnte. „Kennen Sie vielleicht ein günstiges Hotel?", wollte ich wissen.

Taghi Miri lächelte und wechselte plötzlich in die deutsche Sprache. „Kommen Sie bitte zu uns", sagte er. „Seien Sie unser Gast."

Die Gastfreundschaft im Orient ist legendär – und tagtäglich erlebbar. Als Taghi und ich längst enge Freunde waren, beschrieb er mir die Sache einmal so: „Im Kreise der Familie, das sagt man doch auch bei euch, nicht wahr? Stell dir also diesen Kreis vor. Ein Fremder tritt dazu. Wir öffnen den Kreis, und von diesem Augenblick bis zum Moment seines Abschieds gehört er zur Familie. Da gibt es keinen Unterschied. Das ist unser nomadisches Vermächtnis."

Wer als Nomade lebt und Wind und Wetter ausgesetzt ist, kommt irgendwann in die Verlegenheit, selbst Schutz zu brauchen. Die Gastfreundschaft garantiert diesen Schutz. Und Taghi sah in mir einen Schutzlosen: Ich war das erste Mal in Teheran, einer Stadt größer als die Städte Deutschlands. Ich hatte kein Dach überm Kopf und war der Landessprache nicht mächtig. Für ihn stand außer Frage, mich in den Kreis seiner Familie zu bitten. Dass daraus eine lebenslange Freundschaft entstehen sollte, ahnten zu diesem Zeitpunkt weder er noch ich.

Kapitel 10

Es geht voran

Es ist faszinierend zu beobachten, wie ein Knüpfer mit Hilfe eines Daffeh oder Daftun die Schussfäden gegen die Knotenreihen schlägt.
Mit diesem schweren Metallkamm mit schrägem Handgriff kann er die feste und gerade Linienführung im Grundgewebe erzielen.

Aus den Reisetagebüchern von Peter Renz

Eva Engelhardt lud mich ein, mit ihren Einkäufern von Teheran nach Karachi in Pakistan zu reisen. Das rechnete ich ihr und ihrem Mann Horst hoch an, schließlich war uns noch die Geschichte in Erinnerung, wie wir uns kennengelernt hatten, was nicht unbedingt Liebe auf den ersten Blick gewesen war. Das war einige Zeit vor der Reise nach Persien gewesen.

Natürlich war mir der Name Horst Engelhardt damals schon ein Begriff, schließlich führte er ein international bekanntes Geschäft. Auch gab er als Erster Teppichbücher heraus, die es mit aufwendigen Kunstbänden aufnehmen konnten, und schickte diese seinen Kunden in aller Welt. Wie oft hatte ich diese Bücher studiert, von vorn nach hinten und wieder zurück, um mir Wissen anzueignen. Philanthrop durch und durch engagierte sich Horst Engelhardt mit seiner Frau in zahlreichen Stiftungen, von SOS-Kinderdörfern bis zur Kinder-Tschernobylhilfe. Als persönliche Freunde des Dalai-Lama fühlte sich das Ehepaar in Tibet ebenso zu Hause wie in Indien und dem Orient. Gleichzeitig war er Profi in Werbung und Marketing sowie ein harter Geschäftsmann. Als solchen lernte ich ihn kennen.

Im Jahr 1950 war in Villingen-Schwenningen die Südwest-Messe gegründet worden, die sich zu einer der größten Verbrauchermessen im Land mauserte. Auf eine weitaus längere Geschichte konnte der Mannheimer Maimarkt zurückblicken, der sich ab 1613 vom lokalen Viehmarkt zur größten Verbraucherausstellung der Bundesrepublik entwickelt hatte. Als ich mich selbstständig machte, war der Chef der beiden Messen ein und derselbe Mann. Wie Horst Engelhardt lebte er in Mannheim. Die beiden waren befreundet und spazierten jeden Morgen mit ihren Hunden am Rheinufer entlang. Das wusste ich nicht, als der Messechef eines Tages von mir einen Teppich erwarb. Davon erfuhr Horst Engelhardt und spitzte die Ohren. „Was hat er denn gekostet?", wollte er von seinem Freund wissen.

Dieser nannte den Preis.

„Viel zu teuer!", lautete das Urteil.

Noch am selben Tag klingelte mein Telefon. „Sie wissen, wer Horst Engelhardt ist?", fragte mein Kunde. „Nach seinem Urteil ist Ihr Preis zu hoch."

Das wollte ich nicht auf mir sitzen lassen. Ich fuhr nach Mannheim, holte den Teppich zurück und ließ zwanzig Expertisen erstellen, allein fünf davon in London. Alle kamen zum Schluss, dass mein Preis angemessen sei. Dieses Ergebnis präsentierte ich in Mannheim.

Der Messechef lächelte, weil ich mir so viel Mühe gemacht hatte. „Sie nehmen die Sache offenbar ernst", sagte er. Das gefiel ihm, und er lud mich ein, den Maimarkt mit Teppichen zu bestücken. Damit wilderte ich erst recht im Jagdgebiet von Horst Engelhardt.

Ich betrachtete ihn als meinen Mentor und suchte das Gespräch. „Ich habe Ihnen einen Kunden weggeschnappt", begann ich, doch Horst Engelhardt wehrte ab.

„Ach was, mir ist der Gaul durchgegangen. Da kommt dieser Jungspund aus dem Schwarzwald ... Ich hab bei Ihrem Teppich gar nicht richtig hingesehen."

Ein Horst Engelhardt sah immer richtig hin, aber wir beließen es dabei. Er sah nämlich auch, wie ich für die Sache brannte und dass es mir nicht darauf ankam, nur Geschäfte abzuschließen. Ich wollte und will noch heute meinen Kunden Freude an ihrem Orientteppich schenken. Gelingt mir das, ist mir alles gelungen. Weil mein Mentor dasselbe Ziel verfolgte, entwickelte sich aus unserem holprigen Start eine ganz besondere Freundschaft, wie sie in unserem Gewerbe selten vorkommt. Meinen Ritterschlag bekam ich, als er mich im Jahr 2013 darum bat, ein Buch über seine berühmte Orientteppichsammlung zu schreiben. Ohne nachschlagen zu müssen, kann ich aus dem Vorwort zitieren, denn diese Worte haben für mich einen zeitlosen Wert: „Er eröffnete mir das vielfältige Universum orientalischer Knüpfkunst und lehrte mich, in diesem Universum das Beliebige vom Außergewöhnlichen, das Profane vom Kunstvollen und das Schlechte vom Guten zu unterscheiden."

So wenig wie mir genügte es Horst Engelhardt, morgens das Geschäft zu öffnen und abends zu schließen. Mit seiner Frau organisierte er großartige Ausstellungen im Mannheimer Rosengarten. Nach dessen Fertigstellung im Jahr 1903 war der Nibelungensaal mit über 6000 Plätzen einer der größten Säle Deutschlands gewesen. Den 2. Weltkrieg hatte er zwar nicht überlebt, trotzdem musste man die verbliebenen Räume erst einmal füllen. Für Horst Engelhardt schien das kein Problem zu sein, was nicht nur an seiner reichhaltigen Sammlung lag, sondern auch daran, dass er als Marketingprofi äußerst gewitzt war. Auch in diesem Bereich schaute ich als junger Händler zu ihm auf. Seine Ansichten glichen denen der besten Werber und Händler dieser Epoche.

„Es findet immer ein Verkauf statt", sagte beispielsweise David Ogilvy, Chef der damals größten Werbeagentur der Welt.

„Entweder verkaufen Sie dem Kunden Ihr Produkt. Oder der Kunde verkauft Ihnen sein Nein."

Hermann Tietz, Gründer von Hertie, setzte einen drauf: „Qualität bedeutet, der Kunde kommt zurück, nicht die Ware", sagte er, was ich ebenfalls sofort unterschreiben konnte.

Und dann gab es noch George Lois aus New York, dessen Credo des hochkreativen Werbers mir aus dem Herzen sprach: „Ich mache es systematisch anders als andere", sagte er. „Und das ist die einzige Sache, die ich systematisch mache."

Also setzte ich wie mein Mentor von Anfang an auf Ideen, die anders waren als die meiner Konkurrenz. Dabei rückte ich mich ins Zentrum der Werbebotschaft, nicht aus einem Hang zum Narzissmus heraus, sondern weil ich die Marke Peter Renz nach außen vertrat. In einer meiner ersten Anzeigen sah man mich auf einem hohen Stapel von Teppichen. Darunter stand: „Lasst mich nicht darauf sitzen." Den Leuten gefiel diese Mischung aus Humor und Angebot und sie ließen mich nie auf der Ware sitzen. Das war überlebenswichtig, weil ich immer ins Risiko ging. Wie beim ersten Teppich für den Unternehmer Carl Haas kaufte ich im Laufe der Jahre Abertausende von Teppichen auf eigene Rechnung, bevor ich sie weiterveräußerte. Hätte mich meine treue Kundschaft darauf sitzen lassen, wäre dieses Buch nie entstanden.

Auch in Karachi ging ich ins Risiko. Dort waren die Preise allerdings günstiger als im Basar von Teheran, und ich konnte endlich auch etwas kaufen. Zu dieser Zeit kostete eine Brücke gut 500 Mark, was für mich eine ordentliche Stange Geld war. Vielleicht sah ich deshalb genauer hin als die Einkäufer von Eva Engelhardt. Nach dem Kauf wurde unsere Ware kommissioniert und der Einfachheit halber nach Mannheim geschickt, wo ich nach der Rückkehr meine Teppiche abholte.

Auf diese Weise bekam sie mein Mentor zu Gesicht. Mit ungeahnten Folgen. Er rief die Einkäufer zu sich und ging mit ihrer Auswahl hart ins Gericht. „Wie kommt es, dass der Jungspund aus dem Schwarzwald schönere Sachen gekauft hat als ihr?", wollte er wissen.

Ich weiß nicht, ob er eine Antwort darauf bekommen hat. Als ich jedoch davon erfuhr, war es mir ein weiterer Ansporn.

Zu Hause in Schramberg stand mir kein Rosengarten zur Verfügung wie meinem Mannheimer Vorbild. „Dafür habe ich das Evangelische Gemeindehaus", sagte ich zu mir. Zugegeben, es hatte nicht die Atmosphäre des renommierten Kongresszentrums der Quadratstadt, dafür lag es nur ein paar Schritte von meinem Geschäft entfernt. Man zeigte sich aufgeschlossen, mir die Räumlichkeiten für meine erste Teppichausstellung zur Verfügung zu stellen, die auch die erste Teppichausstellung in Schramberg war und die erste im Schwarzwald. Dort also wollte ich meine Teppiche aus Pakistan vorführen, die allerdings alle persische Muster hatten. Dieser Umstand ließ mich einen kurzen Moment zaudern, aber wirklich nur einen kurzen Moment, weil ich nun mal kein Zauderer bin. Der Andrang übertraf alle meine Erwartungen, und die Besucher ließen mich nicht auf der Ware sitzen. Innerhalb einer Woche hatte ich alle Teppiche verkauft. Ich weiß noch heute, wie ich mich fühlte: Endlich war ich dort angekommen, wohin mich mein gewundener Weg geführt hatte. Als Händler von Orientteppichen suchte ich die schönste Ware in den Herkunftsländern aus und brachte diese als Kulturgut in meine Heimat, um den Menschen eine Freude zu machen. Fragte ich mich damals, ob es Besseres geben kann, war die Antwort ein klares Nein. Stellte ich mir diese Frage Mitte der Neunziger Jahre, als mein Geschäft 100 Jahre alt wurde und ich die 50. Schramberger Orientteppichausstellung eröffnen konnte, hatte sich an der Antwort nichts geändert. Und stelle ich mir heute die Frage noch einmal – nun, Sie ahnen es: Die Antwort bleibt immer gleich.

Ich war schon ein paar Jahre im Geschäft, als mich eine Londoner Firma zu einer Reise nach China einlud. Wir schrieben das Jahr 1979, Mao Zedong war seit vier Jahren tot, und Deng Xiaoping hatte wieder das Sagen. Dieser war zu Lebzeiten des großen Vorsitzenden schon einmal als wirtschaftlicher Pragmatist an die Macht gekommen, von Mao jedoch gestürzt und unter Hausarrest gestellt worden. Nun konnte er endlich schalten und walten, was im berühmten Satz mündete, dass Reichwerden von nun an glorreich sei. Der Kommunismus war damit nicht abgeschafft und ist auch heute weit davon entfernt, doch wurden noch im selben Jahr erste Sonderwirtschaftszonen geschaffen. Die brachte man der Bevölkerung unter dem Motto „ein Land – zwei Systeme" nahe. In diesen Zonen herrschten anderen Regeln und Gesetze als im Rest des Landes. Man wollte Fachleute aus anderen Ländern locken und mit ausländischem Kapital arbeiten, kurz: In diesen Sonderwirtschaftszonen probierte China den Kapitalismus aus. Heute weiß alle Welt, dass man sich mit viel Erfolg an diese Aufgabe machte, damals gehörte unsere Delegation zu den ersten, die zu diesem Experiment eingeladen wurden. So trafen Ute und ich in einem Land ein, in dem die Erinnerung an Mao an jeder Ecke präsent war.

Das begann bereits bei der Einreise. Wir waren über Japan geflogen, weil es noch keine Direktflüge aus Europa gab, und mussten am Pekinger Flughafen erst einmal Pässe und Geld abgeben. Weil das manchem aus unserer Delegation sauer aufstieß, hatte man uns im Vorfeld zur Kooperation mit den chinesischen Behörden verpflichtet. Von denen bekamen wir einen Zeitplan, in dem jede Minute der Reise aufgeführt war.

Außerhalb des Flughafens wartete die nächste Überraschung: Peking war damals so gut wie autofrei. Dafür war ein unübersichtliches Heer von Menschen auf Fahrrädern unterwegs; Männer wie Frauen, die alle den berüchtigten Blaumann aus der Ära der Kulturrevolution trugen. Blaumänner und Blaufrauen, soweit das Auge reichte, bis wir im Hotel ankamen. Dort regte sich schon wieder Unmut. „*Unbelievable*! Das Bettzeug ist aus Plastik", murrte einer meiner Londoner Kollegen. „Mister Renz, was halten Sie davon? Das ist doch kein Standard!" Er wusste, dass ich ein Einrichtungshaus führte, und sah in mir einen Verbündeten.

Wie konnte er wissen, dass mir Standards gleichgültig sind, sobald ich auf Reisen bin? Das Bettzeug war aus Plastik und das Plastik verdächtig feucht? Was kümmerte es mich? Ich würde die Nacht auf einem Stuhl verbringen, wenn ich dafür die Verbotene Stadt sehen durfte, und auch Ute war in dieser Beziehung nicht pingelig. Dass man uns zum Frühstück einen Schuhkarton in die Hand drückte, erfüllte uns mit Neugier anstatt Verdruss. Drinnen war eine Scheibe Brot, ein Hühnerschlegel, ein Ei, ein zuckersüßer Kringel und eine Flasche Bier. Wieder vernahm ich den Londoner Kollegen. „Das soll die Ration des Tages sein? *I can't believe it!*"

Ich öffnete die Flasche und nahm einen Schluck. „Das Bier ist gut", sagte ich. „Was brauchen wir mehr? Brechen wir jetzt endlich auf?"

Ich konnte es kaum abwarten, die chinesischen Teppichmanufakturen zu sehen. Während der Regierungszeiten der Kaiser K'ang-hi und K'ang Hsi ab 1662 war die Teppichknüpferei gefördert worden ohne den Einfluss von anderen Teppichkulturen. Was würde es nicht alles zu entdecken geben! Endlich würde ich mit eigenen Augen sehen, wie man im Reich der Mitte Drachen auf goldenen Grund knüpft. In der chinesischen Mythologie ist der Drache ein glücksbringendes und wohltätiges Wesen. Er tritt als Himmelsdrache oder Erddrache auf, als Geisterdrache oder Schatzhüterdrache. Die Farbe Gold wiederum ist dem Kaiserhaus zugeordnet. Andere Symbole zeigen goldene Münzen, die jedoch nicht weltlichen Reichtum verkörpern, sondern innere Rechtschaffenheit. Rauten symbolisieren den Sieg, Spiegel bewahren vor Unheil, der Gong bedeutet Glückseligkeit und zwei mit einem Band verknüpfte Bücher gute Wünsche. In manchen Teppichen entdeckte ich Muster der Pflanze Artemisia, was Gesundheit und ein hohes Alter ausdrückt. Ich fühlte mich ganz in meinem Element und schwärmte über die floralen Muster aus der Region Kansu nahe der Großen Mauer und über Teppiche aus der Nordprovinz Ning-Hsia. Meine Begeisterung hielt auch am Abend an, als unser Gastgeber zum Festbankett einlud. Unter seinen strengen Augen trugen ein paar Dutzend Bedienstete Speisen auf. Meinem Londoner Kollegen fielen fast die Augen aus dem Kopf, als in den einen Töpfen frittierte Käfer zum Vorschein kamen, in den anderen ein gekochter Affenkopf. Wie im Film „Indiana Jones und der Tempel des Todes" löffelte unser Gastgeber das Hirn heraus, was zum Glück sein Privileg blieb. Wir anderen wurden mit Tausendjährigen Eiern verköstigt, die keiner von uns zuvor probiert hatte. Ich ließ mir erklären, wie man für diese Spezialität rohe Enteneier für einige Monate in einem Brei aus Teeblättern, Piniennadeln, gebranntem Kalk, Holzasche, Sägespänen, Anis und Szechuanpfeffer einlegt. Dadurch verfärbt sich das Eigelb grün, während das Eiklar aussieht wie eine bernsteinfarbene Gelatine. Die Eier werden durch die Prozedur konserviert, vielleicht nicht tausend Jahre, aber immer noch lange genug. Rufe ich mir ihren Geschmack in Erinnerung, fällt mir ein Satz ein: Kann man essen, muss man aber nicht. Die exotischen Speisen waren sicher mit ein Grund, weshalb wir kräftig dem Reisschnaps zusprachen, der süß schmeckte und rasch in den Kopf stieg. Da war der nächste Fauxpas schon vorprogrammiert und traf leider unseren tüchtigen Reiseleiter Karl-Heinz Terwiel, Geschäftsführer der Gilde International.

In diesem Verband war ich bisher nur ein kleines Licht gewesen. Das sich diese gerade änderte, hatte ich maßgeblich zwei Männern zu verdanken. Einer war Georg Böhmler aus München, damaliger Chef der Gilde und mit Horst Engelhardt die führende Kompetenz in Sachen Orientteppiche. Der andere war Karl-Heinz Terwiel, in der Gilde so etwas wie die Mutter der Kompanie. Mit Georg Böhmler hatte mich gleich die Liebe zu unserem Handwerk verbunden. Sein Geschäft am Viktualienmarkt im Herzen von München gehörte als Königlich Bayerischer Hoflieferant seit der Gründung zu den bedeutendsten Einrichtungshäusern in unserem Land. Mit Karl-Heinz Terwiel musste ich dagegen erst warm werden. Weil er Westen mit Ellbogenschonern trug, was mich an die Buchhalterclique bei Dierig erinnerte, hielt ich ihn ebenfalls für ein Mitglied aus dieser Riege der Zahlenverdreher. Darin sollte ich mich täuschen. Wie bei vielen Menschen seines Jahrgangs hatte ihm der 2. Weltkrieg einen Strich durch die Zukunftsplanung gemacht. Auf der hatte Schauspieler als Berufswunsch gestanden, am Ende erlernte er bei einer Spedition den Beruf des Kaufmanns. Trotzdem vergaß er die große Liebe seines Lebens nicht und blieb als Geschäftsführer der Gilde der darstellenden Kunst eng verbunden. In Düsseldorf kannte man ihn als begabten Rezitator in der Schlaraffia. In dieser internationalen Männervereinigung, die sich nach dem Leitspruch „In arte voluptas" – „In der Kunst liegt das Vergnügen" – der Pflege von Humor und Kunst verpflichtet, fühlte er sich zu Hause. Als ich diese Seite von Karl-Heinz Terwiel kennenlernte, brach das Eis zwischen uns.

Mir gefiel auch seine Unbestechlichkeit. Als ihm ein pakistanischer Händler bei einer Tagung ein dickes Kuvert zusteckte, machte er den Vorfall öffentlich. Während seiner Rede zog er das Kuvert aus der Tasche und sprach den Mann direkt an: „Sie haben mir da was gegeben, und wie Sie sehen, habe ich es nicht geöffnet. Ich nehme an, es ist kein Brief drin. Hiermit gebe ich es zurück." Danach sprach sich schnell herum, dass sich der Gilde-Geschäftsführer nicht kaufen lässt. Auch nahm sich Karl-Heinz Terwiel gerne die etablierten und trägen Großhändler aus Wien, Zürich oder Hamburg zur Brust, die noch mit dem Monokel am Auge durch die Gegend stolzierten. Dabei kam ich ihm sehr gelegen. Wenn einer von denen nicht spurte, stichelte er: „Haben Sie mitbekommen, was der Mann aus Schramberg alles gekauft hat? Schämen Sie sich nicht, wenn Sie da Ihr Häuflein Ware sehen?"

Meinem Spürsinn für rare Schätze hatte ich es zu verdanken, dass ich in den letzten Jahren in der Gilde mit neuen Aufgaben betraut worden war: Mittlerweile kümmerte ich mich um den Einkauf, aber auch um die Werbung, weil meine frechen Ideen ankamen. Darin lag der Grund, weshalb ich mit nach China reisen durfte. Wo jetzt Karl-Heinz Terwiel nach dem Reisschnaps griff und ein bisschen zu laut zu seinem Nebenmann sagte: „Es geht halt nichts über einen Rheinischen Sauerbraten. Ich bin froh, wenn ich wieder in Düsseldorf bin, dort was Ordentliches zwischen die Zähne kriege und nicht auf Ungeziefer herumkauen muss."

In nächsten Moment erhob sich der Vorsitzende unserer chinesischen Gastgeber. Den ganzen Abend hatte er geschwiegen, nun sprach er in nahezu akzentfreiem Deutsch. „Sehr geehrter Herr Terwiel. Wenn Ihnen unser Essen nicht schmeckt, möchte ich mich dafür entschuldigen. Ich hoffe, dass wir auch auf diesem Gebiet Fortschritte machen." Damit setzte er sich wieder und löffelte Affenhirn.

Uns stockte der Atem, während Karl-Heinz Terwiel am liebsten im Boden versunken wäre. Damals wurde uns klar, was für ein enormes Potenzial in diesem Land und seinen Menschen steckt. Dass China uns mittlerweile in so vielen Bereichen überholt hat, überrascht mich ganz und gar nicht.

Trotz meines Enthusiasmus war ich beim Einkauf zurückhaltend. Die Chinesen blicken auf eine jahrtausendealte Erfahrung in der Seidenraupenzucht und der Seidenweberei zurück, entsprechend prächtig präsentierten sich die angebotenen Seidenteppiche. Diese waren am kaiserlichen Hof als Wandteppiche und zur Verzierung von Säulen verwendet worden. Ich war mir jedoch nicht sicher, ob meine Kundschaft, die ich schließlich erst aufbaute, für Wandteppiche aus Seide schon bereit war. Ute kümmerte das nicht. Sie sah die Schönheit der Ware, die Perfektion in der Verarbeitung und kaufte ein wie ein Weltmeister.

„Jetzt mach mal langsam", sagte ich, konnte mich jedoch nicht durchsetzen. Zum Glück! Als wir nach Schramberg zurückkehrten, hatten wir so viele Seidenteppiche im Gepäck, dass für die Ausstellung das Evangelische Gemeindehaus nicht mehr genügte. Ich mietete den größten Saal meines Heimatortes mit dem passenden Namen Bärensaal. Der reichte zwar auch nicht an den Mannheimer Rosengarten heran, doch ich wuchs mit den Aufgaben. Diese hieß, Schwarzwäldern chinesische Seidenteppiche schmackhaft zu machen. Offenbar gelang mir das ganz gut, denn noch Jahre später war zu hören, dass in jedem Schlafzimmer in der Region zwischen Rhein, Donau und Neckar eine chinesische Seidenbrücke aus dem Hause Peter Renz hänge.

Als ich das letzte Mal in Shanghai war, hatte sich das bevölkerungsreichste Land der Erde längst mit Gulliverschritten in den Turbokapitalismus begeben. In Shanghai, Welthauptstadt der Superlative, standen nun ein Viertel aller Baukräne der

Welt. In fünf Jahren waren 2000 Hochhäuser gebaut worden, und zusammen mit Beijing, Hongkong und Tianjin zählte die Stadt mehr Menschen als die gesamte Bundesrepublik. Ich bin froh, dass ich noch das alte Shanghai kennengelernt habe. Stand ich damals auf der legendären Uferpromenade Bund und blickte hinüber zum Stadtteil Pudong, duckten sich dort niedrige Lagerhäuser ans Ufer des Huangpu-Flusses. Beim letzten Besuch reihte sich Wolkenkratzer an Wolkenkratzer, alle gut und gerne einen halben Kilometer hoch wie der Jin Mao Tower, der Oriental Pearl Tower, das Shanghai World Financial Center oder der Shanghai Tower, der es sogar auf 632 Meter bringt. In Bars und Lounges drehen sich die Gespräche ausschließlich um Bio-, IT- und Mikroelektroniktechnologien. Als wir 1979 in Shanghai ankamen, quartierten uns unsere Gastgeber im Peace Hotel von Victor Sassoon ein, das es heute unter dem Namen Fairmont Peace Hotel noch immer als legendäres Wahrzeichen auf dem Bund gibt. Damals gab es jedoch nicht einmal ein Telefon auf dem Zimmer und auch kein fließendes Wasser. Dafür war der Raum hundert Quadratmeter groß, auf dem Nachttisch fanden wir ein Schüsselchen aus Email gefüllt mit Wasser, und in der Lobby traf Ute auf eine freundliche Dame aus Deutschland, die in Shanghai lebte und ihr half, mit dem Telex eine Nachricht nach Schramberg zu schicken, was Stunden in Anspruch nahm.

Einige englische Kollegen schwelgten in Erinnerungen, wie schön alles gewesen sei, als das Vereinigte Königsreich in der Stadt das Sagen hatte, was uns anderen peinlich aufstieß. Einer der Briten tat sich dabei besonders hervor. Als ich ihn Jahre später im Oberoi Hotel in Kathmandu erneut traf, und er nicht aufhören wollte, von der britischen Porridge-Kultur zu schwärmen, war der Zeitpunkt für meine kleine Vergeltung gekommen. „Der Porridge auf Ihrem Teller ist also nach guter englischer Art zubereitet?", fragte ich ganz unschuldig.

„Selbstverständlich. Wir haben's den Pakis und all den anderen beigebracht. Hat lange genug gedauert, bis sie's kapierten."

Ich deutete auf den unansehnlichen Brei. „Ist Ihnen aufgefallen, dass Ihr Porridge lebendig ist?"

Das war er tatsächlich. Bei genauem Hinsehen konnte man etliche kleine Krabbeltiere erkennen. Das wollte der Brite natürlich nicht zugeben. „Ach was. Das ist schwarzer Pfeffer. Der gehört da rein."

„Oh!" Ich schmunzelte. „Haben Sie schon einmal Pfeffer gesehen, der laufen kann?"

Auch im indischen Vārānasi traf ich ihn wieder. Dort, am Ufer des Ganges, in einer der ältesten Städte der Welt, ging es um Bares. Natürlich hatte ich eine Tasche voller Rupien bei mir, weil hier ohne Geld alle Türen verschlossen bleiben.

„Stellen Sie sich vor", beschwerte er sich. „Ich habe kein Frühstück bekommen."

Ich zog ein paar Rupien aus der Tasche. „Damit geht das ruckzuck."

„Aber es ist doch im Preis inbegriffen!" Er hatte es immer noch nicht begriffen. „Außerdem führe ich nur richtiges Geld mit. Britische Pfund." Er rief nach dem Boy, der auch gleich gesprungen kam, als der Mann mit Pfundnoten wedelte.

Tun Sie das nicht, wollte ich sagen, doch es war zu spät. Schon war das Frühstück bestellt, hatten die Pfund-Scheine den Besitzer gewechselt. Als nach einer halben Stunde noch immer nichts auf dem Tisch stand, verlangte er entrüstet den Geschäftsführer.

„Wie viel haben Sie dem Boy gegeben?", fragte dieser.

Mein Tischnachbar nannte die Summe.

„Das ist ja ein ganzes Jahresgehalt! Den Jungen sehen wir nie wieder!"

Ich lächelte in mich hinein und fragte, ob ich ein Porridge spendieren dürfte. Immerhin zeigte er Humor mit der Antwort: Nur wenn auch lebendiger Pfeffer darin sei.

Nun ist es nicht so, dass ich nicht auch Lehrgeld bezahlen musste, vor allem in Indien. Ich erinnere mich, dass ich bei dieser Reise Pashmina-Schals entdeckte, die es noch kaum in Deutschland gab. Sie waren aus hochwertiger Kaschmirwolle und Seide gefertigt und bei uns zu Hause noch nicht in Mode gekommen. „Das könnte ein paar Leuten gefallen", dachte ich und bestellte beim Händler nebenbei einige Schals.

„Wie viele dürfen es sein, Mister?", wollte er wissen.

Mit meinen Gedanken war ich schon wieder bei Teppichen und zuckte mit den Schultern. „Schicken Sie eine handelsübliche Größe", gab ich zur Antwort.

Die bekam ich auch: Der Händler schickte 3000 Schals, und ich dachte: „Du lieber Himmel, was fange ich mit denen an? In München, ließ mich Georg Böhmler wissen, entdeckten die Kunden gerade Pashminas und zahlten bis zu 300 DM für einen Schal. Ich hätte eine schöne Stange Geld verdienen können, nur war ich nicht daran interessiert. Also beschloss ich, die Schals für 30 DM pro Stück an Wiederverkäufer abzugeben, die ihr Glück nicht fassen konnten. Georg Böhmler lachte, als ich ihm die Geschichte erzählte. Dann bestellte er in Indien selbst eine handelsübliche Charge Sommer-Saris und bekam 10 000 Stück. „Wir ertrinken in Saris", sagte er am Telefon. „Sie müssen mir welche abnehmen!"

„Schicken Sie mir zweitausend", antwortete ich. Ein paar Häuser neben meinem Geschäft hatte das Modehaus Holzherr seinen Stammsitz. Natürlich kannte ich den Chef. „Saris kriege ich nicht verkauft, nimm du sie."

Das tat er auch, und so konnte sich Geschichte wiederholen, weil einen Sommer lang alle hübschen Frauen in der Region zwischen Rhein, Donau und Neckar Sommer-Saris aus Indien trugen.

Kapitel 11

Die Seele ist der Wesenskern unserer Existenz

Die Religionen in Indien, Buddhismus, Dschainismus, Hinduismus und Islam haben die indische Kunst stark beeinflusst.
Mogul-Kaiser Akbar (1556 – 1605) war als perserfreundlicher Herrscher ein Förderer der schönen Künste und des Kunsthandwerks; vor allem dem geknüpften Teppich schenkte er seine Aufmerksamkeit. Im heißen und feuchten Klima des Landes dienten diese meist als Schmuck.
Heute werden in Indien meist nur noch Teppiche aus anderen Ländern kopiert.
Aus den Reisetagebüchern von Peter Renz

Ute konnte meine Begeisterung für Indien nicht teilen und wollte mich nicht auf sämtlichen Reisen dorthin begleiten. Formuliere ich das richtig? Beschreibt das Wort Begeisterung meine Haltung zu diesem extremen Land? Mit Persien war das einfach: Ich konnte mir immer vorstellen, meine Zelte in Schramberg abzubrechen, um dort zu leben. Und ich bin entsetzt darüber, wie heute das wahre Leben in Iran ganz und gar in den wilden politischen Schlagzeilen untergeht. Dabei kann ich jedem versichern, dass die Menschen dort andere Sorgen haben als uns amerikanische Präsidenten und islamische Revolutionsführer weismachen wollen. Wer wie ich so oft und so lange vor Ort war, bekommt einen recht klaren Überblick über den Mechanismus dieses Landes.

Ganz anders erging es mir in Indien. Dort erzählte man mir

jeden Tag etwas Neues in ständig unterschiedlichen Sichtweisen. Auch nach der x-ten Reise hätte ich mir nicht angemaßt, einen Überblick über den Mechanismus dieses Landes zu besitzen. Einmal schrieb ich in mein Reisetagebuch: „Über eines sind sich die Inder einig: Die Seele ist der eigentliche Wesenskern unserer Existenz." Das geschah, als ich Zeuge eines erschreckenden Unwetters wurde. Es passierte außerhalb der Monsunzeit, trotzdem wurde das Dorf, in dem ich mich aufhielt, vollkommen überschwemmt. Ich konnte mich gerade noch an einen sicheren Platz flüchten, anderen gelang das nicht. Viele Menschen, die ich sah, versuchten es nicht einmal. Sie machten keinerlei Anstalten sich zu retten, sondern nahmen ihr Schicksal … eben als Schicksal. Es ist nicht leicht, mit unserer westlichen Denkweise, in der die Zukunft so wichtig ist wie die Gegenwart, und daher von uns geplant und viel zu oft verplant wird, diese scheinbare Gleichgültigkeit zu verstehen. Als ich Tage später bei den Aufräumarbeiten half, sprach ich den Bürgermeister des Ortes darauf an. Er lächelte mich an, wie es nur Inder können, und sagte: „Mister, es ist gut, wenn Menschen sterben. Je mehr Tote unser Dorf hat, desto mehr Geld bekommen wir von der Regierung."

Auch den Männern, die mir auf meinen Handelsreisen als Agenten dienten, kam ich nie wirklich auf die Schliche. Viele von ihnen waren beim Militär gewesen, da sie kastenlos waren. Ständig klagten sie über ihr Los; dass sie schlecht behandelt wurden und Fußtritte zum Alltag gehörten. Kaum waren sie in meinem Dienst, teilten sie Fußtritte aus. Schritt ich ein und erklärte: „Das können Sie nicht machen", bekam ich zur Antwort: „Mister, das ist Indien. Das geht hier nicht anders." Reiste ich anschließend weiter nach Pakistan, das 1947 aus den mehrheitlich muslimischen Teilen von Britisch-Indien gebildet worden war, änderte sich das Bild. Hier waren die Dinge wieder klarer. Viele Häuser hatten neben der Eingangstür eine kleine Tür, vor die Bewohner Essen stellten für Menschen, die weniger hatten als sie selbst.

Durch meine in vielen Jahren gemachte Erfahrungen vertrete ich heute die Ansicht, dass der Islam nicht mit demokratischen Strukturen vereinbar ist. Genauso klar vertrete ich aber auch die Meinung, dass in muslimischen Ländern das Sich-Kümmern um die Menschen, denen es schlechter geht, einen viel höheren Stellenwert hat als bei uns. Ein Thema, das den Teppichhandel für lange Zeit in Verruf gebracht hat und bei dem die Unterschiede zwischen Iran sowie Indien und Nepal riesengroß waren: In Iran, wo es die Schulpflicht gibt, stieß ich nirgendwo auf Kinderarbeit. In Indien und Nepal dagegen war sie weit verbreitet. Häufig bekam ich das direkt vor Ort mit, weil ich mich nicht davor scheute, bei den knüpfenden Familien selbst zu übernachten. Obwohl mir die Zustände, die dort herrschten, sehr zusetzten, fand ich das besser, als wegzuschauen und so zu tun, als gäbe es das gar nicht. Im Gegensatz zu Iran, wo es mit Taghi Miri einen einflussreichen Strategen gab, der viel Zeit, Energie und Geld investierte, um landauf, landab die Arbeitsbedingungen der Knüpferfamilien zu verbessern, waren in Indien alle auf sich selbst angewiesen. Das lag natürlich auch daran, dass man es aufgegeben hatte, die eigene Knüpfkultur zu bewahren, und dazu übergegangen war, Muster anderer Länder zu kopieren und die Ergebnisse für einen weitaus günstigeren Preis anzubieten. In den ersten Jahren, in denen ich durch Indien reiste, war das Wort „billig" noch nicht in aller Munde, was sich dann im Laufe der Zeit immer mehr änderte. Und sobald „billig" im Spiel ist, ist die Kinderarbeit nicht weit.

Wogegen ich mich stets wehrte, war, wenn Menschen ohne Ahnung, wie es vor Ort tatsächlich aussieht, ihre angebliche Moral an der Kasse abgaben. Kamen sie zu mir ins Geschäft, lief unser Gespräch nach dem immer gleichen Muster ab. Sie sahen sich die Teppiche an, dann sagten sie: „Das ist doch alles Kinderarbeit."

Hatte ich anfangs noch diesen Besuchern erläutert, über was ich gerade geschrieben habe, musste ich mir irgendwann eingestehen, dass es vergebliche Liebesmüh war. Diese Leute wollten nichts lernen, sondern auf ihrer Meinung beharren, mochte sie noch so dumm sein. Außerdem wollten sie einfach weniger bezahlen. Also nahm ich den nächstbesten Teppich und antwortete: „Sehen Sie sich dieses Stück an. Er kostet normalerweise 500 Euro, aber Sie kriegen ihn für 100 Euro."

„Wirklich? Das ist ja toll!"

„Kinder haben ihn gemacht." Hier schwindelte ich, denn solche Teppiche gab es bei mir nicht. Doch mir ging es darum, diese Leute zu entlarven. Und in der Regel gelang es mir auch.

„Ach, wirklich?" Auf einmal stand die Unschuld vom Lande vor mir. „Das macht nichts. Wir nehmen ihn trotzdem."

„So, tun Sie das?" Ich gab meiner Stimme alle mir zur Verfügung stehende Strenge. „Sie kriegen ihn aber nicht. Sie kriegen überhaupt nichts hier."

Ich fühlte mich keineswegs wohl, wenn diese Kandidaten dann wütend aus dem Laden stürmten. Viel lieber wäre mir gewesen, das Übel an der Wurzel zu packen und auszureißen.

Einmal traf ich den damaligen Arbeitsminister Norbert Blüm aus der Regierung von Helmut Kohl in Indien. Seine Delegation wollte die Kinderarbeit schlicht und einfach verbieten, doch das machte die Sache noch schlimmer. Wo Verbote herrschen, werden Kinder entführt und weiterhin zur Arbeit gezwungen. Der einzige gangbare Weg ist, keine Teppiche zu kaufen, die von Kindern gemacht werden. So wird das System allmählich ausgetrocknet. Das geht aber nur, wenn Händler und Kunden an einem Strang ziehen. Daher setzte ich mich schon früh dafür ein, die Organisation Bund Fairer Orienthändler ins Leben zu rufen. Teppiche mit dem BFO-Label sind garantiert handgeknüpft ohne illegale Kinderarbeit. Genauso wichtig ist mir die Unterstützung von Kindern, damit es gar nicht zur Kinderarbeit kommt. Bildung heißt da das Zauberwort. Schon 1972 gründete ich mit Kollegen ein Kindergartenprojekt für tibetische Flüchtlinge in Nepal. Anfang der 80er förderte ich eine Mädchenschule im Südwesten Irans – die es heute noch gibt, trotz schwieriger politischer Umstände. In all den Jahren nahm ich auch alle meine Mitarbeiter auf die Reisen mit. Ich wollte, dass jeder einmal im entsprechenden Knüpfland war, um auf die Fragen der Kunden, wie es dort unten aussieht, aus eigenem Erfahrungsschatz antworten zu können. So war schon immer meine Sicht der Dinge, und das wird sie auch bleiben. Nur weil wir uns heute pausenlos durchs Internet googeln, wissen wir noch lange nicht, wie die Welt tickt. Das erfahren wir erst vor Ort. Dazu braucht es mehr als einen Mausklick, dazu muss man den Koffer packen und verreisen. Dann kann man mit etwas Glück zur Erkenntnis gelangen, dass die Seele der eigentliche Wesenskern unserer Existenz ist. Und zwar nicht nur in Indien.

Kapitel 12

Zwischen Euphrat und Tigris

Diese Nachricht stand in allen iranischen Zeitungen: Ihre Majestät Farah Pahlavi hat das Landesprotektorat über das Kunsthandwerk Irans, und damit über die Orientteppiche, übernommen.

Aus den Reisetagebüchern von Peter Renz

Während ich dieses Buch schreibe, ist es schwer vorstellbar, dass es zwischen Iran und den USA einmal sehr enge, freundschaftliche Verbindungen gab. Liegt es allein daran, dass diese politisch gewollt waren, um den amerikanischen Einfluss in der erdölreichen Golfregion zu stärken? Oder hatte man sich in Washington vor Urzeiten tatsächlich auf die Fahnen geschrieben, die persische Kultur zu verstehen? Das ist, und ich schreibe es nicht gerne, noch unvorstellbarer. Seit Jahrzehnten gibt es keine diplomatischen Beziehungen mehr, nur noch Drohgebärden hüben wie drüben. Als ich kürzlich wieder in Teheran war, konnte ich im Basar die furchtbaren Auswirkungen des Wirtschaftsboykotts an jeder Ecke sehen. Hatte es in den Geschäften immer hochwertige Ware gegeben, weil die Iraner ihr Handwerk beherrschen, waren nun sämtliche Läden mit chinesischem Billigzeugs überschwemmt.

„Das Handwerk ist komplett zum Erliegen gekommen", erklärte mir ein Händler schulterzuckend. „Es gibt keine Rohstoffe mehr. Die Chinesen nutzen diese Situation aus."

Ob die klugen Köpfe im Weißen Haus diese Auswirkungen auch einkalkuliert haben? Tatsache ist, dass Washington Teheran lange hofiert hat, weil man sich handfeste politische Vorteile erhoffte. 1953 – ich war zwölf Jahre alt und hatte mit Politik noch nichts zu schaffen – bekam ich trotzdem mit, dass dieses Land, das ich einmal lieben sollte, in die Schlagzeilen geriet. Amerika hatte mit Hilfe seines Geheimdienstes CIA unter dem Codenamen „Operation Ajax" die Regierung von Präsident Mohammad Mosaddeq gestürzt, und das wurde auch in Schramberg diskutiert. Denn Iran sollte als Testfall dienen: Mithilfe des neuen starken Mannes Schah Reza Pahlavi wollte man aus dem Land einen amerikanischen Satellitenstaat schaffen, der politisch stabil und wirtschaftlich erfolgreich ein Bollwerk gegen den Kommunismus war. Dieser Umsturz, so sagte Richard Cottam, amerikanischer Experte für Iran, sei ein Fehler von tragischem historischem Ausmaß gewesen. Tatsächlich spielte der Schah zunächst die Rolle, die er gemäß den Amerikanern auch spielen sollte. Seine Agrarreform beschnitt die Macht der Großgrundbesitzer. Bauern konnten auf einmal Land erwerben. Das Gesetz zum Schutz der Familie erlaubte Frauen 1962 das aktive und passive Wahlrecht und ermöglichte ihnen Zugang zur höheren Bildung auch gegen den Willen eines männlichen Vormundes. Dann kam das Jahr 1973. Durch den Jom-Kippur-Krieg, der von Ägypten, Syrien und weiteren arabischen Staaten gegen Israel geführt wurde, erhöhten sich die Ölpreise. Der Schah unterstützte Israel mit Öllieferungen, bei uns kam es zu einer schweren Wirtschaftskrise. Die Bundesrepublik musste für Ölimporte 17 Milliarden DM mehr bezahlen als im Jahr zuvor und verhängte Fahrverbote und autofreie Sonntage. Der Anstieg des Ölpreises machte die Regierung des Schahs unabhängig von den amerikanischen Geldern. In der Annahme, Iran bleibe trotzdem ein willfähriger Befehlsempfänger, versuchte Washington, das Land als Polizisten der Region einzusetzen. Dafür reisten US-Präsident Richard M. Nixon und Außenminister Henry A. Kissinger nach Teheran und schlossen umfangreiche Waffengeschäfte ab. In den folgenden Jahren lieferten die Amerikaner dem Schah Waffen für mehr als 9 Milliarden US-Dollar. Zur gleichen Zeit begannen westliche Medien über die Unterdrückung durch das Regime zu berichten. Schon als der Schah und seine Frau Farah Diba 1967 Berlin besucht hatten, war es zu heftigen Protesten gekommen, die zum Tod von Benno Ohnesorg führten, einer Zäsur in der Geschichte der Bundesrepublik. Im Audimax der Hamburger Universität entrollten Studenten bei einer Feier ein Transparent mit der Aufschrift „Unter den Talaren Muff von 1000 Jahren". Dieser Slogan wurde die erfolgreiche Parole einer politischen Bewegung, die Deutschland komplett verändern sollte.

Auch in Iran liefen die Dinge aus dem Ruder. Der Geheimdienst des Schah mit dem Namen SAVAK, von Amerikanern und Israelis ausgebildet, sowie die enorme Korruption im Land kamen jetzt immer häufiger an den Pranger. Nun begann auch die politische Karriere von Ayatollah Khomeini. Damals warf er dem Schah verfassungswidrige Herrschaft vor und verbündete sich mit den seit Jahren entmachteten Großgrundbesitzern. Pahlavi ließ ihn deshalb gefangen nehmen und nach Nadschaf verbannen, der heiligen Stadt der Schiiten im Irak. Von dort aus wurde Khomeini richtig laut: Seine Theorie der rechtmäßigen Herrschaft der Schiiten fand ihre Anhänger. Natürlich blieb das den Amerikanern nicht verborgen. Zbigniew Brzeziński, nationaler Sicherheitsberater von Präsident Carter, setzte sich weiterhin für die Unterstützung des Schahs ein, während Henry Precht, Chef der Iran-Abteilung im Außenministerium, und Außenminister Cyrus Vance plötzlich auf Khomeini bauten. Sie sahen in ihm eine gemäßigte Persönlichkeit, die helfen könnte, in Iran eine liberale Regierung herzustellen.

Während ich diese Entwicklungen niederschreibe, kann ich nur den Kopf schütteln über all die folgenschweren Fehlurteile. Es geht immer schief, wenn Menschen von weit entfernten Schreibtischen aus Politik machen für ein Land, das sie gar nicht kennen. Daran änderte sich auch nichts, als der Schah 1979 fliehen musste und Khomeini die Macht übernahm. Noch gelang es Universitäten und Institutionen der höheren Bildung, ihre Autonomie gegen den Einfluss der Mullahs zu verteidigen. Ich erinnere mich an Demonstrationen von Frauen mitten in Teheran gegen den Schleier. Der Widerstand gegen Khomeini wuchs, was sich aber mit dem Anschlag auf die US-Botschaft und dem anschließenden 444-tägigen Geiseldrama änderte. Dessen Folgen waren umwälzend, sowohl in Iran als auch in den USA: Khomeini konnte daraufhin die gesamte Macht im Land an sich reißen, während in Amerika Jimmy Carter schwer angeschlagen durch Ronald Reagan ersetzt wurde. Danach verhärtete sich Washingtons Haltung. Als 1989 Khomeini eine Fatwa gegen Salman Rushdie verhängte und den Autor zum Tode verurteilte, war das Fass voll. Zum Überlaufen kam es, als Fanatiker Übersetzer des Buches in Europa und Japan ermordeten, und Salman Rushdie sich jahrelang im Untergrund verstecken musste. Sechs Jahre nach diesen Vorfällen war es Bill Clinton, der eine totale Sperre über Importe und Exporte Irans verhängte und Kredite durch internationale Finanzinstitute blockierte. Damit war Iran nahezu isoliert. Unter Georg Bush, Barack Obama und Donald Trump wurden die Beziehungen noch schlechter. Aktuell haben sich die Lebensmittelpreise um bis zu 200 Prozent vervielfacht. Die Schicht der Mittelklasse, in der sich die Moderaten und Liberalen befinden, zerbröselt. Die Menschen, die am meisten für einen Wandel im Land tun, sinken unter die Armutsgrenze und haben keine Kraft mehr für politische Aktivitäten. Die Sanktionen töten die demokratische Bewegung der Iraner. Das alles erzähle ich, weil nur so meine tiefe Verbindung mit dem Land und seinen Menschen zu verstehen ist.

Als ich Taghi Miri bei meiner ersten Reise kennenlernte, saß der Schah noch fest im Sattel, und Iran war das verhätschelte Lieblingskind der Amerikaner. Keiner ahnte, dass es schon bald anders sein sollte. Taghi fuhr wie alle wohlhabenden Kaufleute einen dicken Amischlitten. Im Rekorder steckte eine Kassette mit „Wiener Blut" von Johann Strauss in der Aufnahme von Herbert von Karajan mit den Wiener Philharmonikern. Die hörte Taghi tagaus, tagein; etwas anderes kam ihm gar nicht in den Sinn. Gleich zu Beginn brachte er mir drei Dinge bei, ohne die ein Leben in Iran nicht möglich ist: Die Familienbindung als Kern des täglichen Daseins. Die Verehrung des Alters – alte Menschen werden nicht aufs Abstellgleis geschoben, sondern haben den Status eines Ratgebers, auf den man hört. Und das Dritte ist die Herzlichkeit, mit der ich mich sofort verbunden fühlte. Ich spürte, dass ich mit meinem Wesen von der Art dieser Menschen nicht weit entfernt war. Eine gewisse Religiosität war vorhanden, doch ohne Druck. Ich hatte auf Reisen ein Gebetbuch dabei, und zog ich es heraus, waren alle damit einverstanden.

Taghi sagte: „Peter, es gibt nur eines, was wir Perser nicht verstehen, und das ist, wenn ein Mensch an gar nichts glaubt."

Da ich als Gast in seinem Haus wohnte, lernte ich rasch die ganze Familie kennen. Sein ältester Sohn Razi arbeitete damals schon im Unternehmen mit. Dieses war seit 1820 im Basar von Teheran aktiv und sehr angesehen. Ich war natürlich neugierig, mit eigenen Augen zu entdecken, wie Teppiche dort kommissioniert wurden. Taghi zeigte mir alles. Die Familie besaß einen zum Basar hin abgeschlossenen Innenhof mit umgrenzenden Gebäuden, in denen sämtliche von uns Händlern eingekaufte Waren noch einmal auf Herz und Nieren geprüft wurden. Zahlreiche fleißige Hände packten die Teppichballen auf, dann wurde mit Argusaugen jedes einzelne Stück geprüft. Gab es beschädigte Ware, hatte womöglich ein Schlitzohr unter den Verkäufern einen unverkäuflichen Teppich daruntergeschmuggelt, wurde dieser aussortiert und zurückgegeben. War alles in Ordnung, was in der Regel der Fall war, wurde die Ware verpackt, verzollt und anschließend in alle Welt verschifft oder in späteren Jahren ausgeflogen.

„Das ist unser Geschäft", erläuterte mir Taghi, „damit verdienen wir Geld." Er machte eine bedeutsame Pause. „Aber nicht nur damit. Wir haben auch eigene Teppiche."

Das sagte er in aller Bescheidenheit. Damals ahnte ich nicht, was für eine kostbare Teppichkollektion seine Familie besaß, die in aller Welt Liebhaber hatte und in Museen wie dem Victoria and Albert Museum in London ausgestellt wurde. Auch dass mir eines Tages die Ehre zufiel, diese Kollektion in Schramberg zu präsentieren und einen Kunstband darüber zu schreiben, lag damals noch außerhalb meiner Vorstellung. Bei diesem ersten Zusammentreffen saugte ich einfach alle Neuigkeiten auf wie ein Schwamm. Als Taghi sah, wie ich den Fotoapparat zückte, um meine Eindrücke festzuhalten, stellte er mir seinen zweitältesten Sohn Sadegh vor. Dieser begrüßte mich in höflichen deutschen Worten. Als er meine Verblüffung sah, lachte er. „Ich habe in Dänemark gelebt", sagte er.

„Und dort Fotokunst studiert", warf sein Vater ein. „Heute ist Sadegh ein sehr bekannter Fotograf in unserem Land."

„Tatsächlich?", fragte ich. „Dürfte ich Ihre Bilder sehen?"

Ich durfte – und kam aus dem Staunen nicht mehr heraus. Sadegh entpuppte sich als Meister der Landschaftsfotografie. Als Erstes zeigte er mir Bilder, die er in den Bergen von Chahar Mahal gemacht hatte: Landschaften, die in ihrer archaischen Kraft wirkten, als habe Gott oder Allah oder wie immer wir ihn nennen, sie erst gestern erschaffen. Mich überfiel sofort die Sehnsucht, dorthin zu reisen, und als ich es zum Ausdruck brachte, nickte Taghi: „Du wirst alles mit eigenen Augen sehen", sagte er. „Das sagt mir mein Gefühl."

Er sollte recht behalten. An diesem Abend jedoch schwelgte ich in den Bildern seine Sohnes, die er in den Provinzen Fars und Arak, Hamadan und Kordestan, Semiron und Azarbaijan aufgenommen hatte. Sie entführten mich nach Persepolis zum Palast des Dareios I, den Alexander der Große 330 Jahre vor Christus' Geburt zerstörte, und auf die von roten und gelben Blüten übersäten Höhenzüge des Zagros-Gebirges im azerbeidschanischen Bergland, das sich bis zum Persischen Golf erstreckt. Sadegh zeigte mir Weideplätze der Schaf- und Ziegenherden der Nomaden, die Jahr für Jahr in sengender Hitze und eisiger Kälte durch die Hochtäler der Vorgebirge ziehen, und ich verspürte den Wunsch, einer von ihnen zu sein. An diesem Abend fand ich meine Bestimmung, das spürte ich mit jeder Faser meines Körpers. Hier würde ich all das entdecken, was ich bisher aus Büchern gelernt hatte. Nun wollte ich jede der Beeren, Blätter, Flechten, Rinden, Wurzeln, Samen und Fruchtschalen mit eigenen Augen sehen, die in diesem Land verwendet werden, um Wolle in eine Vielzahl von satten Farbtönen zu tauchen, die dem Orientteppich erst die richtige Strahlkraft verleihen. Was mit mir in diesen Stunden geschah, war eine Initiation, die in mir die Liebe zur Kultur der persischen Textilkunst für immer festigte.

Schon bald sprachen wir über die Zukunft dieser uralten Tradition. Taghi, sonst ein Ausbund an Optimismus, zeigte sich besorgt: „Die Zeit wird kommen, in der die originalen Perserteppiche seltener werden. Ich befürchte, dass die Nomaden eines Tages ihre künstlerischen Fähigkeiten verlieren werden."

Seine Prophezeiung trat ein, wenn auch erst Jahre, nachdem er sie ausgesprochen hatte. Damals spornten mich seine Worte an, noch intensiver in den abgelegensten Gegenden des Landes diese Originale aufzuspüren und durch Einkäufe die Lebens- und Arbeitsbedingungen der teppichknüpfenden Nomaden zu verbessern.

Das hatte auch Taghi im Sinn. Er beauftragte seinen ältesten Sohn Razi, in Shiraz genug Wolle einzukaufen, um sie über viele Jahre hinweg Knüpferfamilien zur Verfügung zu stellen. Dazu errichtete er eine moderne Lagerhaltung und investierte in neueste Technologien, um Wolle mit Pflanzenfarben zu färben. Da Razi eine Ausbildung als Textilingenieur hatte, ging ihnen die Umsetzung der Pläne flott von der Hand. Schon bei meinem nächsten Besuch konnten Knüpferinnen frisch gefärbte Wolle abholen. Ich hatte noch die Worte meines Mannheimer Mentors Horst Engelhardt im Ohr, der nur Teppiche kaufen wollte, die achtzig, neunzig oder hundert Jahre auf dem Buckel hatten. Taghi zuckte mit den Schultern, als ich ihm davon erzählte.

„Weißt du", sagte er lächelnd. „Alt werden Teppiche von selbst."

Mir gefiel diese kleine persische Weisheit. Wichtiger als das Alter des Teppichs war doch, dass die Knüpferinnen ihre traditionsreichen Muster nicht vergaßen. Gleichzeitig kam ich mit eigenen Wünschen zur Gestaltung von Mustern, Farben und Formaten, weil ich mittlerweile aus eigener Erfahrung wusste, was in Europa verkauft werden konnte und was nicht. Auch in diesem sensiblen Bereich zogen Taghi und ich an einem Strang. Um in der Sprache der Teppichknüpfer zu bleiben, schlangen wir den losen Faden einer Geschäftsbeziehung zu einem festen Knoten der Freundschaft.

Was mich auf allen Reisen durch Iran immer wieder aufs Neue faszinierte, war die Einsicht, dass in dieser uralten Kultur alles miteinander harmoniert. Die Malereien auf den gekachelten

Wänden der Moscheen und Paläste passen zu den Wasserspielen in den Gärten; die stilisierten Blumen, Blüten und Tiere in den Mustern der Teppiche lassen sich wie Gedichte von Schams od-Din Mohammad Hafiz lesen, der wiederum von Goethe besungen worden ist. Mittlerweile hatte es sich in der Gilde herumgesprochen, dass ich mich in die entlegensten Gegenden traute, wo ansonsten kaum ein deutscher oder europäischer Händler hingelangte, und von dort die allerschönsten Teppiche mit nach Hause brachte. Als man mich aus diesem Grund fragte, ob ich als Chefeinkäufer für die Gilde tätig sein wollte, sagte ich zu. Allerdings galt es das Problem des „westlichen Geschmacks" zu lösen. Die Gegensätze zwischen Okzident und Orient fingen bereits bei den Teppichgrößen an.

„Weißt du, Taghi", brachte ich die Sache beim nächsten Besuch auf den Punkt. „Ein typisches Nomadenzelt misst innen zwei auf sechs Meter. So ein Maß findest du in keiner europäischen Wohnung."

Wir legten einen Teppich aus. Dann nahm ich einen Tisch, platzierte ihn darauf und stellte vier Stühle außen herum. „Siehst du", fuhr ich fort. „Das ist wie ein Schlauch, der hinten und vorne nicht passt. Ist ja auch kein Wunder: In eurer Kultur legt man zum Essen ein Leintuch auf den Teppich und lässt sich darauf nieder. Bei uns sitzt man am Tisch. Deshalb brauchen wir kürzere und breitere Teppiche."

Taghi nickte. Er kannte Europa von zahlreichen Reisen und war mit unseren Sitten und Gebräuchen vertraut. Doch einfach war die Sache trotzdem nicht. Die Nomaden besaßen Webstühle, auf denen nur dieses Format geknüpft werden konnte.

„Wir müssen ihnen neue Webstühle zur Verfügung stellen", schlug Taghi vor. „Das ist aber leichter gesagt als getan. *Ihre* Webstühle mit *ihren* Formaten passen in *ihre* Zelte. Das wird bei den Neuen nicht der Fall sein." Er überlegte eine Zeit lang. „Wir sollten Knüpfzentren gründen. Wo die Knüpferinnen aus den umliegenden Dörfern zusammenkommen, und die nomadisch lebenden Familien ebenfalls."

Das war mit viel Aufwand verbunden, doch war es uns die Sache wert, wenn wir dadurch die traditionelle Knüpfkunst stärken konnten.

„Wenn wir schon dabei sind", sagte ich, „lass uns auch die anderen Dinge besprechen. Traditionelle Teppiche sind hochflauschig, weil ihr sie zum Wärmeschutz verwendet. Das ist bei uns nicht nötig. Dafür sagt der Kunde, im Flor verfängt sich der Staub. Also sollten wir mit einer niedrigeren Florlage arbeiten."

Der Flor ist, wenn man so will, die dritte Dimension des Teppichs. Dessen Oberfläche kann samtig sein, plüschähnlich oder wie Borsten, je nachdem, wie hoch die zwischen Kette und Schuss eingeknüpften losen Enden des Knüpfmaterials aus Schafwolle, Seide oder Kamelhaar stehen bleibt. Ich war gespannt, wie Taghi meinen Vorschlag aufnahm. Vermutlich war ich der erste Mann aus dem Westen, der mit seinen Anliegen derart in die jahrtausendalte Knüpftradition des Orients eingriff. Als ich sah, dass er mit meinem Ansinnen gut leben konnte, holte ich tief Luft. Was ich nun zu sagen hatte, berührte einen weiteren großen Unterschied zwischen Okzident und Orient. „Wenn ich einen Deutschen charakterisieren soll", begann ich, „dann mag er die Dinge gerne … gerade."

Taghi sah mich aufmerksam an. Zu dieser Zeit hatte er mich noch nicht in Schramberg besucht.

Also beschloss ich, ihm einen Exkurs in die schwäbische Mentalität zu geben. „Es muss stimmen, sagt man bei uns", fuhr ich fort. „Wir mögen die DIN-Norm und dass alles im Leben zueinander passt, ganz so wie ein Legostein auf den anderen. Dein Sohn war ja in Dänemark, dort werden die Dinger gebaut. Wenn bei euch ein Teppich schief und krumm gerät, wird das toleriert. Bei uns ist das nicht der Fall." Ich lächelte und fügte hinzu: „Deshalb kann ich keine ausgezottelten Fransen gebrauchen. Das muss alles …"

„… stimmen", unterbrach mich Thaghi. „Wie Legosteine. Ich habe es verstanden. Das kriegen wir hin. Gibt es sonst noch was?"

„Die Farben." Nun war ich nicht mehr zu stoppen. „Bei Euch sind die Teppichfarben schöner Ersatz für Wiesen und Blumen, das Abbild eines Herzenswunsches. Bei uns ist es draußen üppig, drinnen sind die Wohnungen überfrachtet mit Bildern, Nippes, Sofakissen …"

„Der Teppich soll also ein Ruhepol fürs Auge sein?"

„So ist es."

Damals wollten die Menschen gedeckte Farben, während es heute auf dem Boden nicht bunt genug sein kann, da Wohnungen nun puristisch eingerichtet werden. Auf diesen Wechsel der Geschmäcker hatte ich in meiner Doppelrolle als Chefeinkäufer der Gilde und Eigentümer eines Orientteppichhandels immer zu achten. Damals wollte ich aber nicht nur Teppiche aus Afghanistan verkaufen, die von Haus aus mit weniger Farben auskamen als die aus Persien, aus dem einfachen Grund, weil es am Hindukusch außer Rottönen und Dunkelblau keine anderen Farbstoffe gab. Auch bei den Materialien erlebten wir einen stetigen Wandel: Früher gab es in den persischen Dörfern noch keine Baumwolle. Auch die Nomaden verwendeten nur Schafswolle, in die sie hin und wieder Kamel- oder Ziegenhaar einknüpften. Dann hielt die Baumwolle doch ihren Einzug ins Land, und vieles änderte sich. Baumwolle lässt sich im Webstuhl besser anschlagen, mit der Folge, dass Teppiche fester werden. Wollteppiche sind weicher, da die Knoten größer sind. Mit der Baumwolle kam die Massenware. Da in den letzten Jahren der Schah-Herrschaft alles teurer wurde, feuerte diese Entwicklungen die Produktion in billigen Nachknüpfländern wie Indien, Pakistan und Nepal an. Auch in der Türkei, bisher ein Land mit schönen Originalteppichen, änderten sich die Zeiten. Der Tourismus brachte Geld, was die Menschen dazu verführte, entlegene Teppichregionen wie Kavak, Zara, Avanos, Ürgüp oder Kemerhisar zu verlassen, um anderswo ihr Glück zu suchen. Mit Ausnahme des Kump-Kapi wurden in dieser Zeit alle Teppiche im asiatischen Teil der Türkei geknüpft, und diese alte Kultur drohte nun auszusterben. Daher machte ich mich bereits Ende der Siebzigerjahre auf den Weg nach Anatolien, um auch dort die schönsten Stücke zu retten.

Bei der ersten Reise in die Türkei war ich mit zwei Kollegen aus Göppingen und Duisburg unterwegs. Ich merkte bald, dass die beiden eher an Urlaub dachten, während es mir darum ging, unbekannte Dörfer zu entdecken, die nicht einmal auf Karten verzeichnet waren. Der Mann aus Göppingen hatte es sich in den Kopf gesetzt, in der Badehose den Bosporus zu durchqueren, weil er bei seinem Kegelclub damit angeben wollte, von Asien nach Europa geschwommen zu sein. Er hatte wohl den englischen Dichter Lord Byron im Sinn, der 1788 mit einem Klumpfuß zur Welt gekommen war, was ihn zwar an Land behinderte, aber zu einem herausragenden Schwimmer werden ließ. Schon in seiner Kindheit schwamm er in den schottischen Flüssen Dee und Don, im See von Newstead Abbey und später in einem kalten Becken unter seiner Villa, wo Mönche einst Leichen einbalsamiert hatten. Als Exzentriker berühmt, durchschwamm Byron die gesamte Lagune von Venedig. Als er den Canal Grande hinauf bis zu den Stufen seines Palazzo schwamm, nannten ihn die Venetianer den „englischen Fisch". 1810 durchschwamm er den Hellespont zwischen Ägäis und dem Marmarameer, wo der Sage nach Leander Nacht für Nacht unterwegs gewesen ist, um seine Geliebte Hero zu treffen, Priesterin im Tempel der Aphrodite. Diese hatte eine Laterne ins Turmfenster gestellt, doch in einer stürmischen Nacht erlosch die Kerze. Leander ertrank und Hero stürzte sich aus Verzweiflung vom Turm. Lord Byron entging diesem Schicksal, vielleicht, weil das Schwimmen seine tägliche Passion war.

Ganz anders mein Kollege aus Göppingen: Es war ein Wunder, dass wir ihn lebend aus dem Wasser ziehen konnten. Er war mit Fäkalien übersät und hatte seinem Kegelclub sicher eine Menge zu erzählen. Mich jedoch hielten diese Eskapaden davon ab, meiner Mission nachzugehen, was bei späteren Unternehmen dazu führte, dass ich mir meine Mitreisenden sehr genau aussuchte.

Wenigstens hatte ich das Glück, im Basar von Istanbul auf einen Händler zu stoßen, der russische Samoware im Angebot hatte. Ich hatte eine Schwäche für diese kunstvoll gefertigten Teemaschinen, die in Iran, in der Türkei, in der Ukraine, in Weißrussland und in Russland zum Alltag dazugehören. Als ich später die Teppiche, die ich in der Türkei erwarb, in Schramberg ausstellte, zeigte ich auch meine Samowar-Sammlung und hielt einen Vortrag über Land und Leute. Diese Art von Völkerverständigung lag mir am Herzen.

Mittlerweile hatte ich in meiner Heimatstadt den Ruf des Exoten, der immer mal wieder über Wochen oder Monate von der Bildfläche verschwand, während seine Frau und die Angestellten den Laden schmissen. Dann kam der Exot zurück, aus China, Indien, Nepal, Persien, Afghanistan oder sonst woher, organisierte eine Ausstellung, zu der die Leute strömten, und zeigte neben Teppichen Samoware, antike Schachspiele – darunter eines, bei dem man die Figuren nur anhand ihres Klanges erkannte – Mandala-Gemälde aus Tibet, russische Ikonen oder Molas. Das sind Tücher, welche die Frauen des indigenen Volkes der Kuna in Panama zur Tracht tragen. Nicht zu vergessen meine Spazierstöcke: Als ich bei einem Erbschaftsstreit einen Teppich schätzen sollte, stieß ich auf eine Sammlung von sechzig Spazierstöcken aus der Kolonialzeit von Britisch-Indien. Da gab es welche, in denen ein Degen steckte, und andere, in denen der Gentleman seinen Gin mit sich führte. Natürlich musste ich die haben und kaufte die gesamte Sammlung. Als ich nach Schramberg zurückfuhr, plagte mich, was Soziologen kognitive Dissonanzen nennen, auf gut Deutsch ein schlechtes Gewissen. „Was ist, wenn ich darauf sitzen bleibe?", fragte ich mich. Schließlich bin ich Händler. Ich kaufe nichts – weder ein tolles Auto noch einen außergewöhnlichen Teppich noch sechzig Spazierstöcke, die britische Offiziere in Kalkutta mit sich führten –, um es selbst zu behalten. Gewiss, eine Zeit lang, erfreue ich mich daran, dann soll das Erworbene wieder unter die Leute. Gerne mit einem kleinen Gewinn, weil es sich sonst bald ausgehandelt hat, doch ist mir dieser Profit niemals Hauptmotivation. Ich möchte, dass sich die Menschen an den schönen Dingen erfreuen, wie ich mich daran erfreue. Bei den Spazierstöcken fragte ich mich allerdings, ob es außer mir noch andere gab, die Spaß an Gehhilfen aus Indien hatten. Meine Frau Ute war schon mal nicht darunter. Sie riss die Augen auf, als sie mich das Auto ausladen sah und fragte: „Ist es jetzt so weit? Muss ich dich einweisen lassen?"

Was macht der Händler-Ehemann, der mit dieser existenziellen Frage konfrontiert wird? Er zückt die Expertise, die meinen Spazierstöcken hundertprozentige Echtheit garantierte. Dann machte ich mich auf den Weg, um die erste und einzige Spazierstockausstellung in meiner Heimatstadt zu organisieren. Und siehe da: Ich fiel aus allen Wolken, wie viele Leute sich dafür begeisterten.

Die Ausstellung wurde ein Renner. Ich lernte, welch ein großer Kreis ernsthafter Spazierstockliebhaber existiert, darunter professionelle Sammler. Meine Sorge, ich könnte auf den Stöcken sitzen bleiben, erwies sich als völlig unbegründet.

Ein paar Jahre zuvor hatte ein Mann unser Geschäft betreten. Er trug Gummistiefel zu seinen Cordhosen, und seine Brille war seit zwanzig Jahren aus der Mode. Mein Vater war zufällig im Geschäft und nahm mich unauffällig zur Seite. „Du, Peter", sagte er im besten Schramberger Dialekt. „Do isch so'n Hamberle, der guckt sich deine Ikona' a'."

Ein Hamberle ist einer, den man nicht ernst nehmen muss. Umso ernster war mir meine Ikonenausstellung. Ikonen sind Bilder von Heiligen der orthodoxen Kirchen, die bis auf das 6. Jahrhundert zurückgehen und auf Holztafeln gemalt sind.

Ich hatte sie für viel Geld von einem lybischen Händler gekauft, nachdem ich die Expertisen zur Prüfung ins Ikonenmuseum Schloss Autenriet des Slawischen Instituts München geschickt hatte. Dort kennt man sich aus – mit über 2000 Ikonen und einer mehrere tausend Blatt umfassenden Grafiksammlung ikonografischer Motive gehört man zu den besten Spezialisten in ganz Deutschland. Die Expertisen werden eigens von einem Bischof der russisch-orthodoxen Kirche erstellt. Dieser Mann kam auch nach Schramberg, als ich die Ikonen in einer Kirche ausstellte. Damals passte alles, weil sich auch noch Väterchen Frost dazugesellte und mir einige eiskalte Erinnerungen bescherte. Da die Ikonen zu wertvoll waren, um sie überhaupt versichern zu können, trug ich sie eigenhändig jeden Abend aus der Kirche und brachte sie morgens wieder hin. Einmal überraschte mich Blitzeis, während ich die teuren Stücke schlitternd ins Auto verfrachtete und sie dabei ums Haar zerbrachen. Danach fanden sie einen schönen und sicheren Platz in der ehemaligen Zunftstube – wohin der „Hamberle" gerade verschwunden war. Ich fand ihn in tiefer Kontemplation versunken.

„Das hier ist eine Festtagsikone", unterbrach ich nach einiger Zeit die weihevolle Stille. „Und das eine Muttergottesikone." Diese sind bei Kennern besonders hoch geschätzt. In der

Schatzkammer der Münchener Residenz ist ein mit Gold, wertvollen Perlen und Edelsteinen verziertes Meisterwerk aus Moskau zu bewundern, das wahrscheinlich aus dem 16. Jahrhundert stammt.

„Junger Mann", sagte er. „Sie haben da ein paar wirklich schöne Stücke. Ich nehme die, die, die und die." Dabei deutete er mit dem Finger auf die wertvollsten Ikonen.

Der nimmt dich auf den Arm, dachte ich. Aber ich bin Händler, also fragte ich: „Und wohin darf ich liefern?"

Der Mann in den Gummistiefel nannte mir die Adresse, eine Villa in der Nähe von Schramberg. Es war eine vertrauenswürdige Adresse, und meine Neugier war geweckt. Internet gab es noch keines, doch ich fand auch so heraus, um wen es sich bei diesem Mann handelte, der offenbar über genügend Selbstbewusstsein verfügte, um sich wenig um sein Aussehen zu scheren. Er war mit einem der Konzerne aus dem Ruhrgebiet verbandelt und selbst als internationaler Anwalt tätig. Als ich kurz darauf in seiner Villa eintraf, führte er mich in die riesigen Wohnräume, die er sich von einem namhaften Innenarchitekten eines Stuttgarter Einrichtungshauses hatte ausstatten lassen. Nun stellte er mir jede Menge Fragen zu Gardinen und Teppichböden. Als wir über die Preise sprachen, wurde er merkwürdig still. „Die aus Stuttgart haben wesentlich mehr verlangt", sagte er dann. „Kommen Sie in einer Woche wieder."

Das tat ich, und fiel aus allen Wolken: Nicht nur die Gardinen waren weg – er hatte sämtliche Übervorhänge, Teppiche und Polstermöbel rausgeworfen.

„Ich kann es nicht leiden, wenn man mich übers Ohr hauen will", sagte er. „Und habe alles zurückgeschickt. Walten Sie Ihres Amtes. Wie Sie sehen, brauche ich alles neu."

So kam es, dass ich nicht nur russische Ikonen aufhängen, sondern gleich noch für die neue Ausstattung der Villa sorgen durfte. Die Gardinen bestellte er doppelt – wenn die einen gewaschen wurden, konnten an ihrer Stelle sofort identische Muster aufgehängt werden. Ich mag Menschen mit Prinzipien.

An diesen Mann wandte ich mich in Sachen Spazierstöcke. Es gehört zum Wesen des guten Händlers, dass er weiß, wer sich für eine Sache interessieren könnte. Man kann keinem etwas verkaufen, der daran kein Interesse hat. Man kann jedoch alles verkaufen, wenn man den richtigen Interessenten kennt. So bleiben die Dinge im Fluss, sofern man seine Sache richtig macht. Tatsächlich rannte ich offene Türen ein.

„Ich nehme alle", sagte mein Kunde, nachdem er die Expertise gelesen und die meisterhafte Verarbeitung der Stöcke bewundert hatte. Dann lud er mich auf einen Drink ein, um mir dort drei der schönsten Spazierstöcke – einer davon aus Edelholz mit täuschend echt geschnitztem Papageienkopf an seiner Spitze – zurückzugeben.

„Nehmen Sie mein Geschenk ruhig an", sagte er. „Es kommt nicht oft vor, dass mir ein Händler Freude bereitet."

Erwähnte ich es bereits? Ich mag Menschen mit Prinzipien!

Tatsächlich aber brachte mein Kunde die Sache auf den Punkt: Natürlich braucht niemand eine Spazierstocksammlung, so wenig wie ein klingendes Schachspiel oder einen achtzig Jahre alten Ardebil-Dorfteppich mit Medaillonmuster hellrot umrahmt. Aber all diese Dinge verschönern uns das Leben. Mein Glaube an die Menschheit wächst, wenn Schönes entsteht und Schönes bewundert wird. Unser Wunsch nach Schmückendem ist völker- und kulturübergreifend. Daher fand ich stets Glück an Orten, wo sich Menschen mit Schönem beschäftigen. Unglück fand ich dort, wo Unterdrückung, Diktatur oder gar Krieg das Schöne zunichtemachen. Das war in Afghanistan der Fall, aber auch in Iran. Denn im Februar 1979 geschah, was die großen politischen Strategen in Amerika und anderswo nicht für möglich gehalten hatten: Ajatollah

Chomeini bestieg in Paris ein Flugzeug, um in seiner Heimat das vom geflohenen Schah hinterlassene Machtvakuum auszufüllen. Damit änderten sich auch meine Beziehungen zu dem Land, das ich liebe. Von nun an hieß es vorsichtig sein – aber auch nicht aufzugeben. Ich hatte weiterhin vor, den verschärften Bedingungen zum Trotz das Schöne zu suchen, zu finden, und in die Welt zu tragen.

Kapitel 13

Die Mullahs übernehmen die Macht

Es fällt auf, dass in schiitischen Teppichländern das Vorkommen von Gebetsteppichen geringer ist als in Regionen der Sunniten. Der Sache werde ich nachgehen.

Aus den Reisetagebüchern von Peter Renz

Ein halbes Jahr nach der Revolution betrat ich wieder persischen Boden. Damit gehörte ich zu den ersten Menschen aus dem Westen, die Iran unter der neuen Herrschaft bereisten. Damals waren die Mullahs in der Regel einfache Geistliche aus ländlichen Regionen, die von heute auf morgen entscheidende Positionen in Regierung und Verwaltung ausfüllen sollten und darin völlig überfordert waren. Mit einem von ihnen bekam ich es gleich zu tun. In der Zeit des Schahs war er einfacher Lagerarbeiter im Basar von Teheran gewesen, jetzt war er im wahrsten Sinne des Wortes die Karriereleiter hinaufgefallen, als man ihn zum staatlichen Chefverkäufer für Orientteppiche machte. Er sollte mich auf meiner Tour nach Shiraz begleiten. Dass diese Reise kein Vergnügen werden würde, war schnell klar, denn wie in jeder Diktatur dieser Welt starb in diesem neuen Iran der Mullahs zuerst die Heiterkeit. Es war streng verboten, Witze zu reißen, es war streng verboten, zu lachen. Ich staune immer wieder, wie viel Angst absolutistische Herrscher vor dem Humor haben.

Wahrscheinlich wissen sie, dass in ihm die wahre Macht des Volkes liegt.

Bevor es Richtung Süden ging, wollte ich natürlich meinen Freund Taghi besuchen. Dass er kein Freund der Mullahs war und daher schwere Zeiten für ihn anbrachen, wusste ich natürlich schon. Es war unmöglich, ihn tagsüber aufzusuchen, ich musste es heimlich tun, wie ein Dieb in der Nacht. Als ich mich in sein Haus schlich und wir uns umarmten, konnte ich an seinem Gesicht ablesen, was es bedeutet, wenn einem eine Revolution das Leben auf den Kopf stellt. In ihren Anfangstagen – der Ayatollah war gerade aus Paris eingetroffen – durfte Taghi sein Haus nicht verlassen. Es half auch nicht, dass der jüngste Sohn Kontakte zu den Revolutionswächtern unterhielt, die nun überall das Sagen hatten. Dessen Euphorie zu den neuen Machthabern sollte auch bald enden. Währenddessen kam die Geschäftstätigkeit des Hauses Miri völlig zum Erliegen. Das waren auch für mich tiefe Einschnitte. Bisher war Taghi Miri mein Agent, mein Kontaktmann, mein Türöffner, mein Scout und meine verlässliche Größe im Basar gewesen. Nun musste ich mit den neuen Leuten zusammenarbeiten, ob mir das passte oder nicht.

Im Leben jedes Händlers gibt es Aufs und Abs. Was nun kam, empfand ich allerdings als steile Abwärtsspirale. Es lag nicht daran, dass ich keine persischen Orientteppiche mehr kaufen konnte – diese Gefahr wurde erst später durch den US-Handelsboykott real. Das Wie war der entscheidende Faktor. Ich bin nun mal nicht der Mann, der rein merkantil funktioniert, im Kopf die Registerkasse, in den Augen die Dollarzeichen. Mein Händlerdasein soll keine Bilanz sein, die das Leben in Haben und Soll aufteilt. Mir geht es um die Freude und darum, das Schöne im Leben zu bewahren. Reiste ich mit Taghi durchs

Land und entdeckte unterwegs ein Haus mit kunstvoll bemalten Kacheln an den Wänden, bat ich ihn, den Wagen anzuhalten. Dann stieg ich aus und fragte die Eigentümer mit der angebrachten Höflichkeit des Überraschungsbesuches, ob ich ihre Kacheln bewundern durfte. Ich durfte immer, und die Freude war auf beiden Seiten. Damit war jetzt Schluss. Der Ex-Lagerarbeiter duldete nicht, dass wir von der geplanten Fahrtstrecke abwichen. Ich kam mir vor, wie bei meiner ersten Chinareise. Die Angst, etwas könnte schiefgehen, saß tief bei den neuen Machthabern, das war überall zu spüren.

Gleichzeitig wuchs die Gier. Es dauerte nicht lange, bis der Ex-Lagerarbeiter seine Reisen im eigenen Flugzeug vornahm. Als er mich einmal in Schramberg aufsuchte, vergaß er dort allerdings schnell die Pflichten des strengen Revolutionswächters. Ich war zu dieser Zeit Präsident der Rottweiler Rotarier und hatte Besuch meiner spanischen Rotarier-Freunde. Ihnen zu Ehren ließ ich vor der prächtigen Kulisse der Burgruine Schilteck eine riesige Paella auffahren. Gerade fingen die Damen an, Flamenco zu tanzen, als auf einmal der Iraner auftauchte.

„Das kann ja was geben", murmelte ich, und in der Tat, es gab was. Als ginge es um den Finaleinzug bei *Let's Dance* zeigte sich der Revolutionswächter von einer gar nicht sittenstrengen Seite, vor allem, nachdem er von meinem Don Peter Wein gekostet hatte. Am nächsten Tag musste er nach München, um mit Alfred Böhmler zu verhandeln. Der rief mich umgehend an und sagte: „Was haben Sie mit dem gemacht? Der ist ja total verkatert."

Wer weiß, vielleicht war dieser Abend im Schwarzwald einer der schönsten im Leben des Revolutionswächters gewesen. Kurz danach eröffnete er im Auftrag seiner Bosse Geschäfte in London und Zürich. Dann verschwand er plötzlich von der Bildfläche und tauchte auch nie wieder auf. Was mit ihm geschehen ist, bleibt reine Spekulation.

Kurze Zeit später reiste ich wieder nach Iran. Ziel war Täbris, die einst größte Stadt Persiens in der Provinz Ost-Aserbaidschan, wo ich in all den Jahren nie hingekommen war. Ich war nicht allein unterwegs, sondern mit dem Chefeinkäufer einer weiteren Einkaufsgesellschaft, zu der ich lose Verbindungen unterhielt. Dieser Mann versprach, dass wir mit einem „super Agenten" unterwegs sein würden. Mit Agent ist nicht eine Art James Bond gemeint, sondern der Mittler zwischen uns Einkäufern und den Herstellern. Taghi Miri war so ein Agent, und „super" sind diese Leute dann, wenn sie Knüpfer kennen, die besonders schöne Teppiche haben. Daher war ich immer bereit, mit „super Agenten" durch die Lande zu ziehen – hätte ich allerdings gewusst, dass dieser Agent tatsächlich James-Bond-Allüren an den Tag legte, hätte ich einen weiten Bogen um ihn gemacht.

Kaum saßen wir im Foyer eines Teheraner Hotels zusammen, brüstete sich der Mann mit seiner „Lizenz zu töten". Offenbar hatte er einen Mord an einem gemäßigten Politiker begangen. Diese Geschichte war mir bekannt, weil das Verbrechen vor kurzer Zeit geschehen war und überall in den Zeitungen stand. Nun saß ich mit dem Kerl zusammen, der es zu verantworten hatte – schlimmer noch, ich sollte mit ihm nach Täbris reisen.

Ich nahm den Mann zur Seite, der mir den „super Agenten" empfohlen hatte. „Wir sind nicht verpflichtet, mit einem Mörder durch die Gegend zu reisen, oder?", fragte ich.

Mehr Worte fielen an diesem Abend nicht mehr. Wir waren beide gerade erst angekommen, ausgelaugt vom Flug und der unerfreulichen Kennenlernrunde. Trotzdem reichte es, um mich auf die schwarze Liste der Revolutionswächter zu setzen. In einer Diktatur haben die Wände Ohren. Wenige Stunden später verschaffte sich ein Haufen bewaffneter Polizisten Zugang zu meinem Zimmer. Ich wurde abgeführt und ins Gefängnis gesperrt, ohne Kontaktmöglichkeit nach außen. Dann geschah, was ich bisher nur aus Filmen kannte. Man brachte mich in einen kahlen Raum. Dort gab es einen Tisch, zwei Stühle, es roch nach Angstschweiß und Folter. Ein Mann mit dunkler Brille setzte sich mir gegenüber und warf einen Plastikbeutel auf den Tisch. Darin waren die Medikamente aus meinem Kulturbeutel.

„Diese Drogen haben wir in deinem Hotelzimmer gefunden", begann er das unwürdige Spiel.

Noch war ich auf Widerstand eingestellt. „Das sind keine Drogen. Das sind Medikamente. Das hier ist gegen Kopfschmerzen. Das hier hilft, wenn man etwas Schlechtes gegessen hat."

Jeder Satz ist falsch, den man in einem Verhör von sich gibt. Etwas Schlechtes isst man nur in einem Land, das Schlechtes zur Verfügung stellt, lautete die Logik meines Gegenübers. Auf diese Weise zog sich das Verhör in die Länge, bis ich mürbe war.

„Wenn es keine Drogen sind", sagte er, „schluck es."

„Alles?"

„Alles. Sofort."

Mein Widerstand war dahin. Ich kam der Aufforderung nach. Von da an gibt es einen Filmriss in meiner Erinnerung. Ich weiß noch, dass mir hundeelend war, als plötzlich ein Offizier der Revolutionswächter in meiner Zelle auftauchte.

„Es liegt eine Verwechslung vor", sagte er. „Sie können gehen."

Kurz darauf stand ich orientierungslos draußen auf der Straße. Ich hielt ein Taxi an und ließ mich ins nächstbeste Hotel bringen. Als ich ausstieg, fragte ich den Fahrer nach dem Datum. Danach wusste ich, dass ich eine Woche lang in der Zelle gesessen hatte.

Sollte ich mit dem deutschen Chefeinkäufer Kontakt aufnehmen? Oder versuchen, die Miris zu erreichen? Ich tat weder das eine noch das andere, sondern leckte meine Wunden und erholte mich langsam. Dann kaufte ich mir ein Flugticket nach Frankfurt. Dort setzte ich mich in den Zug. In Offenburg stieg ich in die Schwarzwaldbahn, die über Hausach nach Konstanz fährt. Bisher ließ nach jeder Reise dieser Anblick der vertrauten Berge im Kinzigtal mein Herz höherschlagen. Nun blickte ich apathisch aus dem Fenster. Am Bahnhof Hornberg stieg ich aus. Ute stieß einen Schrei aus, als sie mich entdeckte. Ich war abgemagert und litt unter den Folgen dieser Überdosis an Medikamenten. Über ein halbes Jahr war ich krank, und die Leute in meiner Heimatstadt begannen zu tuscheln. „Der Renz hat AIDS", hieß es. „Der hat sich angesteckt."

Was wirklich geschehen war, fragte keiner. Vielleicht hätte ich es auch nicht erzählt. Das Land, das ich liebte, hatte mich verraten. Nein, das ist falsch: Die Leute, die in diesem Land jetzt das Sagen hatten und die so anders waren als meine Freunde, hatten mich verraten. So muss es 1933 vielen Menschen gegangen sein, als die Nazis die Macht in Deutschland übernahmen. Nun hatte ich am eigenen Leib erlebt, wie Diktatur sich anfühlt. Mein Vater kam mir in den Sinn, der über seine Zeit als Gefangener im Lager Chalon sur Marne nie ein Wort verloren hatte, danach aber unermüdlich von Versöhnung als einzige Chance sprach. In diese Fußstapfen wollte ich treten. Sobald ich wieder einigermaßen auf dem Damm war, plante ich die nächste Reise in den Iran.

Kapitel 14

Wegschauen? Das kann ich nicht.

Jeder weiß, dass ich Teppiche mit Löwenmotiven sammle. Den Löwen finde ich hauptsächlich in Teppichen aus Persien, dem Kaukasus und der Türkei – daher muss ich in diese Länder reisen.

Aus den Reisetagebüchern von Peter Renz

In der Zeit vor den Mullahs war es ein Privileg gewesen, als Deutscher durch Iran zu reisen. Am Anfang meiner Besuche staunte ich immer wieder darüber, was für einen guten Ruf wir in vielen Ländern der Welt besitzen. Als kritischer, mit unserer Historie vertrauter Mensch fragte ich mich: „Warum finden die uns toll?" Oft reichten die guten Beziehungen aber weit in die Zeit vor den Ersten und Zweiten Weltkrieg zurück. So gab es schon zwischen dem wilhelminischen Kaiserreich und Afghanistan enge Verbindungen. Damals, im 19. Jahrhundert, hatte das Britische Königreich das Land am Hindukusch mit gleich drei Kriegen überzogen und alle verloren. Deutschland war jedoch auf der Seite der Afghanen. Damals wie heute ging es um den Einfluss auf den indo-asiatischen Raum und die Rohstoffe, die von dort kommen. Jahre später, in den 60er-Jahren, erließ der afghanische König Sahir Schah eine demokratische Verfassung. Zwei friedliche Jahre lang wurde das Land bevorzugtes Reiseziel deutscher Hippies. Sie folgten den Erzählungen des Schweizer Motorradreisenden Nicolas Bouvier. In seinem Buch „Die Erfahrung der Welt" schrieb er: „Wenn der Reisende, der vom Süden kommt, Kabul im Kranz seiner Pappeln erblickt, mit den blauen Bergen, auf denen eine dünne Schneedecke dampft, und den vielen Drachen, die hoch über dem Basar am Herbsthimmel schweben …"

Ich selbst habe Kabul auch noch so erlebt, bevor Russen, Amerikaner, Warlords und Taliban die Stadt in Trümmer legten. Damals ähnelte Kabul den Berichten des Sahired-din Mohammed, genannt Kaiser Barbur, aus dem Jahr 1501: „Das Fürstentum Kabul liegt im Mittelpunkt der bewohnten Welt. Die Karawanen, die von Kaschgar, Fergana, Turkestan, Samarkand, Buchara, Balch und Badaschschan kommen, ziehen alle nach Kabul. Die Früchte, die hier gedeihen, sind Trauben, Granatäpfel, Aprikosen, Äpfel, Quitten, Birnen, Pfirsiche, Pflaumen, Mandeln. Nüsse gibt es im Überfluss, dazu 33 wilde Sorten von Tulpen, und der Wein ist berauschend. Kabul hat ein herrliches Klima, es gibt kein Land auf der Welt, das ihm in diesem Punkt gleichkäme. Die Bevölkerung ist mannigfaltig: Türken, Aimaken und Araber, Sarten, Tadschiken, Bereki, Afghanen. Man spricht zwölf Sprachen – in keinem Land der Welt begegnet man einer solchen Vielfalt von Völkern und Sprachen."

Traumhaft schön war es in Kabul, und es stimmt mich traurig, was daraus geworden ist. Dann packt mich aber auch gleich wieder trotziger Ehrgeiz und ich höre mich sagen: „Sei's drum, packen wir's an. Jammern hat noch keinem genützt."

Genau so habe ich es Zeit meines Lebens gehalten. Auch 1972, als ich das erste Mal nach Nepal kam und die dortige Armut kaum fassen konnte. Was tat ich? Ich organisierte eine Ausstellung in meiner Heimatstadt und konnte mit dem Geld und der Unterstützung einiger Kollegen von der Gilde International ein Kindergartenprojekt für Flüchtlingskinder realisieren. Der Himalaja-Region blieb ich dann über Jahre hinaus treu.

Mitte der 80er-Jahre eröffnete ich mit Heinrich Harrer eine große Tibet-Ausstellung in Schramberg. Der österreichische Bergsteiger war als Erstbesteiger der Eigernordwand berühmt geworden, und durch sein autobiografisches Buch „Sieben Jahre in Tibet", in dem er seine Zeit als Lehrer und Freund des 14. Dalai-Lama schildert. Mir war es wichtig, dass sich die Augen der Öffentlichkeit weiterhin auf diese politisch unterdrückte Region richteten.

Als Anfang der 90er-Jahre ein schweres Erdbeben das Elburs-Gebirge zwischen Teheran und dem Kaspischen Meer erschütterte, organisierte ich aus dem Stand heraus eine Soforthilfe. Eine Woche zuvor war ich selbst noch dort gewesen. Das Gebiet war die Kornkammer des Landes, wo die Menschen traditionell in Holzhäusern gelebt hatten. Als der Schah an die Macht kam empfand er die Häuser als rückständig, ließ sie abreißen und durch Betonhäuser ersetzen. Das rächte sich. Holzhäuser hätten dem Beben standgehalten, die aus Beton fielen zusammen wie Kartenhäuser. Gemeinsam mit einem Sanitätshaus, das in Schramberg und Rottweil Filialen unterhielt, sowie mit meinen Freunden vom Rotary Club konnten wir 500 Rollstühle in das Krisengebiet schaffen, die dort dringend benötigt wurden. Danach ließ ich es mir nicht nehmen, jedem Menschen, der gespendet hatte, eine Dankespostkarte zu schreiben. Das bekam ein mir nicht gerade wohlgesonnener Einzelhändler mit, der mich daraufhin anzeigte. Ein Gericht verurteilte mich wegen „Werbung in einer Notsituation" zu einer Geldstrafe, die ich ans Rote Kreuz zu zahlen hatte. Das tat ich auch gerne – Hauptsache war, dass wir die Not im Erdbebengebiet ein klein wenig lindern konnten.

Fast ein wenig stolz bin ich auf die Mädchenschule, die wir im Iran errichtet haben. Den heutigen schwierigen Umständen zum Trotz gibt es sie noch immer. Als die Idee dazu spruchreif wurde, brauchte es gar nicht viel Überzeugungsarbeit. Bei Taghi rannte ich offene Türen ein, weil es bisher nur Schulen für Jungs gab. Sicher bin ich kein Experte auf dem Gebiet der Entwicklungshilfe. Doch wenn es immer heißt, ohne kundige Unterstützung der Leute vor Ort braucht man gar nicht erst anfangen, kann ich diese These nur bestätigen. Es bringt nichts, wenn man mit einer Idee in einen Kulturkreis platzt, der mit dieser nichts anfangen kann. Mit der Mädchenschule lief es daher von Anfang an gut, weil Idee und Konzept stimmten. Wir gründeten sie im südlichen Persien in der Nähe von Firouzabad. Anfangs waren noch Kollegen aus der Top-Ten-Riege der Gilde mit am Start, heute bin ich mit der Familie Miri der einzige Förderer. Bis zur Jahrtausendwende hatten wir schon 150 Schülerinnen im Alter von neun bis siebzehn Jahren. Ich erinnere mich, wie ich einmal mit Top-Ten-Kollegen zur Einweihung eines Sportgeländes reiste. Die Mädchen forderten uns zum Volleyballspiel heraus, das sie haushoch gewannen. Das war ein Spaß! Damals knüpfte ich Kontakte zu Mädchen einer Realschulklasse in Schramberg, deren Briefe wir extra auf Persisch übersetzen ließen. Ich fand es wunderbar zu sehen, wie die Schule aufblühte. Jedes Mal konnten wir einen neuen Raum einweihen, mal einen Physiksaal, mal den Chemiesaal. Dann war auch immer der iranische Kulturminister mit dabei und der Schulrat der Region. Während sie den Beifall entgegennahmen, schrieb ich in Hunderte Poesiealben, die mir die Mädchen entgegenstreckten. Als die politische Situation dann ungemütlicher wurde und die Drohung im Raum stand, dass unsere Mädchenschule in eine Koranschule umgewandelt werden sollte, handelten wir. Alles blieb wie gehabt, allerdings ohne die großen medienwirksamen Besuche. Mittlerweile ist die Schule in privater Hand und mit einem zweiten Schulgebäude und einer Kita noch immer sehr gut ausgestattet.

Zur gleichen Zeit war ich auch in Europa aktiv. Was war nicht alles passiert, es konnte einem geradezu schwindelig werden! In Deutschland war die Mauer gefallen, die Sowjetunion wurde von der Landkarte gewischt, der Warschauer Pakt war zerbröselt. In Polen, Ungarn, der Tschechoslowakei und Rumänien stürzten die kommunistische Machthaber im Dutzend billiger vom Thron – alles, was in meiner Kindheit, meiner Jugend, in meinem bisherigen Leben den Normalzustand repräsentiert hatte, gab es auf einmal nicht mehr. Meine Aufmerksamkeit richtete sich nach Rumänien, dem Land, wo der Machtwechsel nicht wie anderswo unblutig vonstattengegangen war. Seit 1965 hatte der neostalinistische Diktator Nicolae Ceaușescu als Staatspräsident und Vorsitzender des Staatsrates die Zügel fest in der Hand gehalten. Seine Prunksucht war legendär. Ceaușescu ließ sich Titel wie „Titan der Titanen", „Glorreiche Eiche aus Scornicești", „Sohn der Sonne", „Irdischer Gott" oder „Genie der Karpaten" verleihen. In Bukarest errichtete er den gigantischen Parlamentspalast, von dessen Balkon er kurz vor Weihnachten 1989 zu einer Menge von 100 000 Menschen sprach. Die buhte ihn aus, anstatt ihm wie gewohnt zuzujubeln. Ganz in seiner eigenen Welt lebend hatte er die Proteste nicht ernst genommen, sondern war Tage zuvor noch nach Teheran gereist, um mit den Mullahs über Geschäfte zu verhandeln. Nun ließ er seinen gefürchteten Geheimdienst Securitate auf die Bevölkerung schießen, was über 1000 Todesopfer zur Folge hatte. Am Ende konnte er seinem Schicksal nicht entkommen, und die Sozialistische Republik Rumänien gehörte der Vergangenheit an. Allerdings hatte es dieses Land besonders schwer, sich von den Folgen jahrzehntelanger Misswirtschaft zu erholen. Das war der Grund, warum ich mich auf nach Siebenbürgen machte, um eine Hilfsaktion für die dortigen deutschstämmigen Knüpferfamilien auf die Beine zu stellen. Dieses Handwerk hat in der Gegend eine über

250-jährige Tradition, seit Siebenbürgen noch zum Osmanischen Reich gehörte. Rund 20 000 Knüpferinnen standen jetzt auf der Straße, aus vielerlei Gründen. Zum einen hatte Nicolae Ceaușescu im Größenwahn unzählige Teppiche für seine Paläste im ganzen Land knüpfen lassen. Die hatten zum Teil derart gigantische Ausmaße, dass man mit ihnen ganze Fußballfelder belegen konnte. Manche maßen 40 Meter auf 10 Meter, und als ich nachfragte, erhielt ich die Auskunft, dass die Knüpferinnen zwanzig Jahre an so einem Riesenteil gearbeitet hatten.

„Wir durften deshalb auch nicht heiraten, Ceaușescu hat uns das verboten", sagte eine der Knüpferinnen. „Die Arbeit durfte niemals unterbrochen werden."

Diese Teppiche waren durch ihre Maße unverkäuflich. Dazu war der osteuropäische Markt zusammengebrochen und musste erst mühsam wiederaufgebaut werden. Alles in allem steckte der Karren tief im Dreck, als ich mit einem Kollegen aus Mailand und einem aus Hamburg in Bukarest eintraf. Dort fand ich es gruselig – nicht, weil wir im Land des Grafen Dracula waren – sondern weil die neuen Leute an der Macht die gleichen waren wie die alten Leute an der Macht. Betonköpfe durch und durch, waren sie nur auf den eigenen Vorteil aus. Die Straßenkriminalität war hoch und man riet uns, nach Einbruch der Dunkelheit das Hotel nicht zu verlassen. Wir wollten ohnehin so schnell wie möglich nach Siebenbürgen aufbrechen. Dort angekommen wurden wir wie Heilsbringer begrüßt. Die Lage war eine einzige Katastrophe, und die Menschen legten ihre ganze Hoffnung in uns. Wie in allen Ländern, in denen Teppiche geknüpft werden, war die Gastfreundschaft überwältigend. Natürlich gab es Krautwickel nach Siebenbürger Art mit gesäuerten Krautblättern, geräuchertem Schweinefleisch, Bauchspeck und Hackfleisch.

„Gefealte Krokt heißen die", erläuterte mir eine stämmige Knüpferin, die mich in ihre Küche führte. „Ein Sprichwort sagt, je kleiner die Krautwickel sind, desto fleißiger ist die Hausfrau."

Diese Krautwickel waren klein, denn die Frauen waren durch die Bank fleißig, wenn man sie nur ließ. Meinem Hamburger Kollegen schmeckte das Essen allerdings nicht, und mein Mailänder Kollege durfte Schweinefleisch aus religiösen Gründen nicht essen, daher lag es an mir, morgens, mittags und abends alle angebotenen Krautwickel zu verspeisen. „Wenn es der Sache dient", dachte ich, zeigte guten Willen und trank den unvermeidlichen Wodka, der mir zu jedem einzelnen Krautwickel serviert wurde. So gestärkt konnte ich mich endlich dem Grund unseres Besuches zuwenden. Ich wollte zum einen herausfinden, ob ich Restbestände kaufen konnte, damit die Knüpferinnen zu schnellem Geld kamen. Zum anderen hegte ich den Wunsch nach einer langfristigen Zusammenarbeit. Die Teppiche waren qualitativ gut und aus einer strapazierfähigen Wolle, die sich bestens für Hotels und Restaurants eignete. Die Oberflächen waren nicht so glanzreich wie die persischer Teppiche, dafür war die rumänische Ware wesentlich günstiger. Ich erwarb mehrere tausend Quadratmeter Teppich und kaufte im Unverstand sogar einige der Riesenteppiche, die bis heute wie Blei in meinem Lagerhaus in der Hamburger Speicherstadt liegen. Doch diese Menschen dauerten mich, und es war klar, dass sie die Verrücktheiten von Ceaușescu an keinen anderen als den teppichbegeisterten Schramberger verkaufen konnten. Daneben verschaffte ich mir einen Überblick, welche Muster die Knüpferinnen herstellen konnten. Mit diesem Wissen besuchte ich anschließend Hotels in Frankreich, Italien und Deutschland, legte die Muster vor und kehrte mit einem prall gefüllten Orderbuch nach Siebenbürgen zurück. Mein Plan schien aufzugehen, denn durch diese Aufträge würde ich die Knüpferinnen fünf Jahre lang beschäftigen – Hochzeiten dazwischen waren höchst erwünscht! Damit die Manufakturen die dafür benötigte Wolle bestellen konnten, überwies ich einen hohen sechsstelligen Betrag nach Rumänien.

Als ich wieder vor Ort war, stieß ich überall auf weinende Frauen.

„Was ist los?", fragte ich.

„Es ist wie immer", erhielt ich zur Antwort. „Überall *criminali* und *înşelătorii.*"

Überall Verbrecher und Betrüger. Mir schwante Schlimmes. Meine Befürchtungen wurden von der Wirklichkeit noch übertroffen. „Wo ist die Wolle?", wollte ich wissen.

„Es gibt keine. Das Geld kam nie an. Es ist in Bukarest versickert." Der Manufakturleiter wrang die Hände, obwohl, wie sich später herausstellte, auch er am bösen Spiel beteiligt war.

Voller Zorn fuhr ich zurück nach Bukarest und verlangte einen Termin beim damaligen Wirtschaftsminister. Der war zu einem Treffen bereit, allein, es fruchtete nichts.

„Die Sache ist so", klärte er mich über die rumänischen Realitäten der Nach-Ceauşescu-Ära auf. „Ich kann Ihnen sagen, wo die Leute zu finden sind, die sich Ihr Geld unter den Nagel gerissen haben. Sie können dorthin gehen. Aber Sie werden nicht lebend zurückkehren."

Für mich brach eine Welt zusammen, weil ich aus dem Orient gewohnt war, dass ein Handschlag ein Geschäft besiegelt und ein Ehrenmann ein Ehrenmann ist. Ich war derart euphorisch gewesen, hatte die glänzende Zukunft der Knüpferinnen in Siebenbürgen schon vor mir gesehen, dass ich dieses abrupte Ende nicht fassen konnte. Bis zum heutigen Tag habe ich diese Ereignisse, die ich als persönliche Niederlage empfand, in mich hineingefressen. Erst jetzt, mit diesem Buch, kann ich darüber schreiben. Fahre ich heute ab und zu in die Speicherstadt und blicke auf die überdimensionalen rumänischen Teppiche, erinnern sie mich an diese bitteren Momente.

Nur einmal brach ein Lichtstrahl in die düstere rumänische Anekdote, als der damalige Oberbürgermeister von Bremen Wind davon bekam, dass ich Teppiche im außergewöhnlichen Format besaß. Von denen wollte er einen für das ehrwürdige Bremer Rathaus erwerben, dem bedeutendsten Bauwerk der Gotik und Weserrenaissance in Europa. Dort gibt es Säle wie die Obere Rathaushalle, die mit 41 Metern Länge und 13 Metern Breite geradezu ideal waren. Ich organisierte einen Schwerlastkran und wir hievten einen der Teppiche ins Rathaus. Der Oberbürgermeister war begeistert, doch sein Statiker schüttelte den Kopf. „Die Halle ist stützenlos", sagte er. „Der Teppich ist dafür viel zu schwer."

Also kam der Kran noch einmal zum Einsatz, und Ceaușescus Erbe wanderte zurück in die Speicherstadt. Nur am Rande: Falls Sie ein großes Wohnzimmer besitzen – ich meine, ein wirklich großes Wohnzimmer – rufen Sie mich an. Teppiche in guter Qualität werden besser, je älter sie werden. Und die rumänischen Teppiche haben eine gute Qualität. Ich bedauere bis heute, dass die Knüpferinnen aus Siebenbürgen um ihre Chance geprellt worden sind.

Auch in der Zeit, als der Irak Krieg mit dem Iran führte, fuhr ich ständig durchs Land. Die bewaffnete Auseinandersetzung – bekannt unter dem Namen Erster Golfkrieg – dauerte vom 22. September 1980 bis zum 20. August 1988. Es ging vordergründig um die Vorherrschaft am Golf, doch lagen die Wurzeln des Konflikts viele Jahrhunderte zurück. Sie hatten ihren Ursprung in der Rivalität zwischen Mesopotamien, also dem Gebiet des heutigen Iraks, und Persien, dem heutigen Iran. Der Irak entstand, als das Osmanische Reich nach dem Ersten Weltkrieg von Briten und Franzosen kurzerhand aufgeteilt wurde. Die dadurch gerissenen Wunden haben bis zum heutigen Tag ihre Auswirkungen. Als dann Saddam Hussein seine

Truppen den Iran angreifen ließ, setzte er auf massive Luftschläge gegen Städte wie Teheran und Täbris. Zur gleichen Zeit rückte eine 100 000 Mann starke Armee in die erdölreiche Provinz Chuzestan ein. Hussein nutzte einen britischen Strategieplan aus dem Jahr 1941, der einen Abschluss der Operation nach zwei Wochen vorsah. Daraus wurden acht tödliche Jahre.

Da die Kriegsschauplätze in grenznahen Regionen lagen, bekam ich als Reisender kaum etwas davon mit. Besser gesagt: Hätte ich nicht den Drang, genau hinzuschauen, hätte ich nichts mitbekommen. Doch bei nahezu jeder Familie, die ich in diesen Jahren besuchte, hing im Wohnzimmer ein Foto des gefallenen Sohnes oder der gefallenen Söhne, weil der Blutzoll auf beiden Seiten enorm war: Im Irak sollen 300 000 Menschen ums Leben gekommen sein, im Iran sogar eine halbe Million. Deshalb ließen die Mullahs sogenannte Blutbrunnen errichten. Das waren Wasserfontänen, die rot gefärbtes Wasser spien. Dorthin mussten alle Menschen pilgern, ob sie wollten oder nicht, um den gefallenen „Helden" ihren Respekt zu erweisen. Dabei hielt ein bärtiger Mann eine flammende Rede, um die stetig sinkende Moral zu stärken. In dieser Zeit versuchte ich noch mehr, durch meine Einkäufe die Wirtschaftskraft der teppichknüpfenden Familien zu unterstützen. Da bekannt war, dass ich Teppiche mit Löwenmotiven sammle, bekam ich jetzt besonders viele angeboten. Ich kaufte sie auch dann, wenn sie mal nicht so gut gelungen waren. „Vielleicht ist das, was du tust, nicht viel in der Summe", dachte ich mir, „doch immer noch besser, als gar nichts zu tun."

Schon in normalen Staaten haben es Nomaden schwer, da sie sich weder um Grenzen noch um Normen scheren. Man kann sich also denken, wie es ihnen in einer Diktatur ergeht. Es ist kein Wunder, dass ich mir um meine nomadischen Teppichknüpfer Sorgen machte und sie aufsuchte, sooft ich konnte. Wenn wir dann zusammensaßen, Kartoffelschnaps aus Bechern tranken, obwohl die Mullahs ein striktes Alkoholverbot erlassen hatten, wurde nicht viel über die Vorgänge in den großen Städten gesprochen, die für die Nomaden weit weg und sehr seltsam waren. Ich fand das immer wahnsinnig schön, dass diese Menschen ohne große Worte auskommen. Ihre Ausgeglichenheit, ihr Prinzip „leben und leben lassen", ihre enge Verbundenheit mit der Natur, das alles sprach mich an. Die Nomaden brauchten auch keine komplizierten Religionen, die so oft nur dazu da sind, die einen zu Unterdrückern und die anderen zu Unterdrückten zu machen. Wurde das Essen aufgetragen, bekamen alle davon, Männer, Frauen, Kinder und Hühner, was gar nicht selbstverständlich ist. Ich habe genug Kulturen kennengelernt, wo Frauen nur das bekommen, was die privilegierten Männer übrig lassen – und das ist häufig so gut wie nichts. Bei Nomaden wird man das nicht finden. Nach dem Essen legt man sich dann zur Seite und döst ein bisschen. Auch ich lehnte mich dann gerne zurück, blickte in den sternenübersäten Himmel und dachte daran, wie frei ich mich hier fühlen durfte, während in Teheran und anderen großen Städten die grimmigen Wächter der Revolution ihrer Unterdrückungsarbeit nachgingen. Wenige Tage zuvor hatte ich sie selbst wieder erleben müssen. In jedem Hotel waren sie zu finden. Wann immer ich mein Zimmer verließ, musste ich mich bei einem von ihnen melden. Der musterte mich dann von oben bis unten, ob ich auch den Regeln konform gekleidet war. Ein Hemd mit kurzen Ärmeln ging gar nicht mehr, egal, ob es draußen 40° Grad im Schatten hatte. Auch die Straßen waren gefährlich. Am meisten waren Kontrollen zu fürchten. Nie konnte man sicher sein, wie die Soldateska reagierte. Meist waren das junge Iraner, die auf den ersten Blick wie harmlose Buben wirkten, aber sofort ihre geladenen Kalaschnikows auf mich richteten. Unzählige Male musste ich aussteigen, mich auf die staubige Straße legen, Arme und Beine spreizen, während meine Papiere kontrolliert wurden. Ich nahm das alles hin, weil ich wusste, je weiter ich mich von den Städten entfernte, desto weniger Kontrollen gab es. Im Nomadenland waren dann keine Revolutionswächter mehr zu sehen, und die Frauen blieben unverschleiert.

In der Stadt jedoch existierte jetzt in jeder Straße ein Blockwart, der über alles Bescheid wusste. Natürlich ließ er sich bestechen. Wollte eine Familie ein Fest machen, ging sie zu diesem Kerl und legte ein Bakschisch in seine immer offene Hand. Da Perser oft in Mehrgenerationenhäusern leben, bekam anschließend jeder seine Aufgabe verpasst: Schneiten trotz des Schmiergelds ein paar Revolutionswächter vorbei, versteckte die Oma den Whisky, während der Vater die Schallplatten verschwinden ließ. Wie in jeder unterdrückten Nation schafften sich auch die Iraner ihre Freiräume. Als ich einmal am kaspischen Meer war, konnte ich beobachten, wie Revolutionswächter Stacheldrahtzäune im Wasser anbringen ließen, damit Männlein und Weiblein schön getrennt blieben. Draußen jedoch vermischten sich die Geschlechter, da keiner der Wächter schwimmen konnte.

Obwohl sich die Zeiten stark geändert hatten und das Reisen immer anstrengender wurde, dachte ich niemals daran, die Sache aufzugeben. Legte ich die Gefahr und Mühsal auf die Schale einer Waage und meine Freude, weiterhin schöne Teppiche zu finden in die andere, war deutlich zu sehen, was mehr wog. Und so packte ich wieder meinen Koffer, um mit zwei Freunden aus Koblenz, die wie ich zu den wenigen reisenden Teppichhändlern gehörten, nach Südpersien zu gelangen. In der Gegend um Bandar Abbas, wo sich auch die umstrittenen Atomkraftwerke des Iran befinden, sollte ein großes Fest knüpfender Nomaden stattfinden, zu dem wir von einem einheimischen Exporteur eingeladen worden waren. Wir flogen nach Teheran, und ohne uns lange in der Stadt aufzuhalten weiter nach Schiraz. Kaum vor Ort, saßen wir auch schon in einem Mietwagen, um so schnell wie möglich ins Nomadengebiet zu gelangen. Unser Gastgeber hatte nicht zu viel versprochen. Überall waren prächtige Zelte aufgebaut, es wimmelte von Tausenden Nomaden. Über gewaltigen Feuern hingen gusseiserne Töpfe, aus denen es köstlich duftete. Dazwischen waren Knüpfstühle aufgestellt und die schönsten Gabbeh-Teppiche ausgelegt. Meine Freunde und ich waren ganz in unserem Element und beachteten die Mullahs nicht, die sich um eine Rednerbühne versammelten. Erst nach einer Weile fiel mir auf, dass sich, anders als bei Nomaden üblich, die Frauen getrennt von den Männern aufhielten. Dann bemerkte ich die die Presseleute und die vielen Kameras. „Irgendwas stimmt nicht", sagte ich.

Meine Freunde hatten die Lunte auch gerochen. „Die inszenieren hier was", meinte einer von ihnen.

Da kam auch schon unser Gastgeber auf mich zu. Er drückte mir ein Papier in die Hand und wies mich an, es auf der Bühne vorzulesen. Es war keine freundliche Bitte, sondern ein Befehl. Ich warf einen Blick auf den Text. Jeder Satz war eine politische Botschaft. Unser Gastgeber führte mich zur Bühne, und die Presseleute richteten die Kameras auf mich. Mir war klar, dass ich heute Abend in den Nachrichten zu sehen war, und dass es genügend Leute im politischen Umfeld in Deutschland und den USA geben würde, denen diese Rede nicht gefiel. Also beschloss ich, aufs Ganze zu gehen. Ich baute auf die Erfahrung meiner vielen Reisen, dass ich nicht auf taube Ohren stoßen würde, wenn ich an Stelle der Propaganda meine persönliche Meinung über die Schönheiten Persiens aussprach. Und so redete ich über meine Liebe zu diesem Land, seine großartigen Landschaften und das wunderbare Essen. Ich glaube, selbst Schams od-Din Mohammad Hafiz hätte diesem Loblied etwas abgewinnen können, weil es von Herzen kam. Neben mir stand ein Dolmetscher und übersetzte meine Worte auf Farsi. Immer wieder vernahm ich Applaus, da stach mich der Hafer. „Und am meisten liebe ich die schönen Teppiche", sagte ich „und die schönen Frauen."

Sofort brandete ein wahrer Beifallssturm auf, denn Nomaden lieben die charmante Überhöhung. Im gleichen Augenblick enterte unser Gastgeber die Bühne und zog mir das Mikrofon weg. „Das war nicht in meinem Sinne", zischte er.

„Rutsch mir den Buckel runter", antwortete ich, in der berechtigten Hoffnung, dass der Mann kein Schwäbisch verstand.

„Sie müssen Interviews geben", sagte er. „Und zwar, wie ich es möchte. Das machen wir morgen in Schiraz."

Mir war klar, was er unter „wie ich es möchte" verstand. Als wir am Abend in Schiraz eintrafen, führte er uns in ein festlich dekoriertes Hotel. Alles war vom Feinsten. Neben verbotenen geistigen Getränken gab es jede Menge Hasch und Damen, die uns alle Wünsche von den Augen ablesen sollten. So etwas hatte es früher nie gegeben, weil es mit der Kultur der Perser nicht vereinbar ist.

„Was sind die Mullahs für eine verlogene Bande", dachte ich. Nach außen propagieren sie ihre ach so heiligen Ansichten, dann lassen sie die Puppen tanzen. Ich bin nur wirklich kein Freund der Trübseligkeit, doch Heuchelei kann ich nicht leiden. Als ich mich unbeobachtet fühlte, nahm ich meine Freunde zur Seite. „Lasst uns abhauen", sagte ich.

Es war ein hartes Stück Arbeit, bis wir ein Taxi fanden, das uns zum Flughafen brachte. Wir flogen nach Teheran, buchten unser Ticket um und waren froh, als wir im Flieger nach Frankfurt saßen. Seit drei Nächten hatten keiner von uns ein Auge zugemacht. Doch schlafen konnte ich nicht. Ich war sauer auf unseren Gastgeber, der uns in die Bredouille gebracht hatte. Weil er Geschäfte in der Hamburger Speicherstadt machte, würden sich unsere Wege wieder kreuzen. Gleichzeitig war ich traurig darüber, wie die Scheinheiligkeit der Machthaber die gewachsenen Traditionen in diesem schönen Land zerstörte. Doch geschieht das nicht überall auf der Welt? Wo Fundamentalisten Oberwasser gewinnen, ist die Verlogenheit auf dem Vormarsch. Umso wichtiger ist es, nicht kampflos das Feld zu räumen, was natürlich oft einfacher gesagt ist als getan. Auch die Familie meines Freundes Taghi balancierte in jenen Tagen ständig auf Messers Schneide. Razi bekleidete zwar den Titel des Präsidenten der Handelskammer, und wenn ich ihn besuchte, kam es immer zu Gesprächen mit dem jeweils amtierenden Wirtschaftsminister. Doch schaute ich genau hin, war es mehr Schein als Sein. Razis Amt war ohne Macht, und weil er das wusste, zog er sich immer mehr zurück, um sich seinen Büchern zu widmen. Ich konnte und wollte keinen Rückzug, doch am Ende brachen auch meine Geschäfte mit dem Iran ein.

Als ich meine letzten Teppichkäufe am Flughafen abholen wollte, blickte ich in betretene Gesichter.

„Es ist alles gut angekommen“, sagte der Spediteur. „Aber ich darf es Ihnen nicht geben. Da steigen mir die Amis aufs Dach. Das kann ich mir nicht leisten.“

So ging es allen, die mit Menschen in Iran Geschäfte machten. Jeder von uns bekam diese amerikanischen Drohbriefe, die allermeisten Firmen zogen sich daraufhin aus dem Iran zurück. Ich fragte mich, was ist nur aus diesem Amerika geworden, das nur noch den eigenen Vorteil in den Blickpunkt seines Handels stellt. Aber so hatte Trump ja seine Präsidentschaft angekündigt: *Amercia first*. Den heutigen schwierigen Bedingungen zum Trotz hoffe ich jedoch sehr, dass sich die Lage wieder zum Besseren wenden wird. Dazu kenne ich die Mentalität der Menschen in Iran zu gut – ihre Herzlichkeit, ihre Gastfreundschaft und ihre Offenheit, die nichts mit religiösem Wahn und politischem Fanatismus zu tun haben. Auch wir in Deutschland mussten Jahre der Diktatur überstehen und haben es geschafft, weil uns die Welt nicht im Stich ließ. Diese Hoffnung hege ich auch für meine Freunde in Persien.

Kapitel 15

Auf der Kippe

Bordüren nennt man den rahmenartigen Abschluss der Orientteppiche. Sie zeigen meist fließende Zeichnungen, gegenläufige Verschlingungen, unterbrochen von Blütenranken, Arabesken, Rosetten und Palmetten. Sie stellen das Gleichgewicht zum Innenfeld des Teppichs her – auf was ich viel Wert lege.

Aus den Reisetagebüchern von Peter Renz

Immer wieder wurde ich gefragt, warum ich so rastlos durch die Welt reiste. Die Frage traf nicht ganz den Nagel auf den Kopf. Richtig gestellt müsste sie lauten: „Was machst du zwischen all den Reisen? Langweilst du dich zu Hause?" Würde dann der Fragesteller auf eine ehrliche Antwort beharren, müsste ich mit Ja antworten.

So gut es mir im Schwarzwald gefällt – gegen den Ruf des Abenteuers konnte die Beschaulichkeit meiner Heimat nie etwas ausrichten. Da ich aber Nomade und Sesshafter zugleich bin, und diese Polarität nicht immer leicht zu vereinen ist, gab es Phasen in meinem Leben, in denen ich mich fragte: Was stellst du als Nächstes auf die Beine, damit dir als Sesshafter die Zeit nicht zu lang wird, bevor du wieder die Koffer packen kannst? Da war es kein Wunder, dass ich schnell Feuer und Flamme war, als mir meine Heimatstadt einen brachliegenden Industriekomplex anbot, um in den verlassenen Gebäuden eine Messe zu organisieren.

Für manche Leser, die den Schwarzwald nur aus dem Urlaub kennen, mag es überraschend sein, wie stark die Industrie in einem Städtchen wie Schramberg vertreten ist. Um das Jahr 1900 war die Uhrenfabrik Junghans größter Uhrenhersteller Deutschlands. Die Hamburg-Amerikanische Uhrenfabrik, kurz H.A.U., ebenfalls in Schramberg ansässig, gehörte ebenso zu den Global Playern der damaligen Zeit. 1992 aber waren die riesigen Fabrikgebäude auf dem H.A.U.-Gelände seit langer Zeit unbenutzt. Als es nun hieß, Herr Renz, machen Sie was draus, stachelte dieser Satz meinen Ehrgeiz an. Ich hegte schon lange den Wunsch nach einer Messe, auf der das Thema Wohnkultur umfassend präsentiert wird. Solche Messen gab es in den Großstädten, doch nicht in meiner kleinen Heimatstadt. Wenn die Leute aber von weit weg nach Schramberg kamen, um bei mir einzukaufen – warum sollten sie nicht auch kommen, wenn ich eine Messe organisiere? Weil ich nun mal kein Zauderer bin, stürzte ich mich mit viel Lust an der Sache in dieses Wagnis – und erlebte nun endlich auch zu Hause ein Abenteuer, das, in der Rückschau betrachtet, ein ungewolltes war. Doch sind das Abenteuer nicht immer?

Alles begann damit, dass ich die angebotenen Gebäude näher unter die Lupe nahm. Wie jeder Schramberger war ich zwar unzählige Male an dem verlassenen Industriekomplex vorbeigefahren, hatte ihn aber nie näher in Augenschein genommen. Mitte der 20er-Jahre des vorigen Jahrhunderts arbeiteten hier über 2200 Menschen und stellten täglich 15 000 Wecker und 5000 Großuhren her. Auch nach der Fusion von Junghans und Hamburg-Amerikanische Uhrenfabrik waren in meiner Jugend noch viele Leute auf dem Areal beschäftigt gewesen, doch nun zeigte es sich öde und verlassen. Leere Fabrikgebäude haben für mich ihren ganz eigenen Charme. Sie vermitteln das Gefühl, wenn man nur aufmerksam genug lauscht, die Geräusche der betriebsamen Hektik von einst zu vernehmen. Vor meinem geistigen Auge entstand eine neue Betriebsamkeit –

die einer überregionalen Messe, die das Publikum in Scharen anlockt. Daher spuckte ich in die Hände, legte los – und lernte als Erstes, was es für eine Ausstellung überhaupt heißt, sich „Messe" nennen zu dürfen.

„Sie brauchen mindestens vierzig ausstellende Firmen", sagte man mir. „Diese müssen unterschiedliche Branchen repräsentieren."

Na gut, dachte ich mir, die kriege ich schon zusammen. Ich klemmte mich ans Telefon und rief jeden an, den ich kannte, zu kennen glaubte oder ohnehin einmal kennenlernen wollte. Dabei konnte ich alles anbringen, was ich als Verkäufer jemals gelernt hatte – oder sollte ich sagen, ich musste die Verkäuferkarte ausspielen? Wenn man etwas Neues anpeilt, etwas Noch-nie-Dagewesenes, kann man nicht damit rechnen, dass einem alle vor Begeisterung um den Hals fallen. Vor allem nicht, wenn man es mit straff kalkulierenden Schwaben zu tun hat.

„Klingt interessant", sagten viele, weil kein Geschäftsmann sich eine mögliche Chance durch ein sofortiges Nein durch die Lappen gehen lässt. Danach kamen so sicher wie das Amen in der Kirche eine Menge Aber.

„Aber wie soll das Ganze aussehen?"

„Aber das kostet doch sicher viel Geld?"

Ich tat, was ein guter Verkäufer tun muss: Er überzeugt mit Fakten, er schmeichelt ein wenig, und er drängt zum Abschluss, weil ansonsten nichts passiert. Am Ende hatte ich meine Teilnehmer zusammen, sogar mehr, als ich präsentieren konnte.

Damit fingen die richtigen Probleme erst an. Beim nächsten Besuch auf dem H.A.U.-Gelände stellte ich mir vor, wie LKW vorfuhren, um meine Messe zu bestücken. Vor meinem geistigen Auge sah ich die Besucher durch die Hallen gehen, und da wurde mir klar, dass sich vor mir eine wahre Herkulesaufgabe auftürmte. Die Zufahrtswege waren kaum befahrbar, die Gebäude im schlechten Zustand, die elektrischen und sanitären Anlagen eine Katastrophe. Hatte ich das zuvor nicht gesehen oder nicht sehen wollen? Jetzt war es zu spät für einen Rückzieher, obwohl ich, zugegeben, daran dachte. Wieder hängte ich mich ans Telefon. Kurz darauf übernahmen die Handwerker das Regime in der H.A.U. Was ich am Ende dort in die Wege leitete, war nicht mehr und nicht weniger die komplette Kernsanierung – auf meine Kosten, versteht sich, denn schließlich war ich der Messechef. Wann immer ich glaubte, jetzt sind wir übern Berg, kündigte sich das nächste bauliche Debakel an. Während die Kosten durch die Decke schossen, rückte der Termin bedrohlich näher. „Das hast du nun davon", dachte ich mir. „Hättest du einfach dein Köfferchen gepackt und wärst nach Persien gereist. Dann könntest du jetzt mit den Nomaden unterm freien Himmel sitzen, entspannt und glücklich, weil du gerade einen wunderschönen Dorfteppich gefunden hast." Es waren allerdings nur wenige Momente, in denen ich mich diesen Träumereien hingab. Ansonsten beschäftigten mich rund um die Uhr Fragen der Sanierung sowie das Wie, Was, Wo und Wann der Messeteilnehmer. Wäre ich nicht so gut vernetzt gewesen, hätte es durchaus passieren können, dass meine Messeträume auch das Ende meines Geschäfts eingeläutet hätten. Doch ich bekam Unterstützung vom Technischen Hilfswerk, der Feuerwehr, dem Roten Kreuz und vielen weiteren örtlichen Helfern. Ohne diese freiwilligen Hände sind Visionen nicht umsetzbar, und ich empfinde noch heute Dankbarkeit dafür.

Am Ende wurde die H.A.U.-Messe ein rauschendes Fest. Wieder einmal hatte ich auf die Macht der Werbung vertraut und tatsächlich mehr Menschen erreicht, als ich mir in den kühnsten Träumen erhofft hatte. An jedem Messetag konnten wir ein volles Haus vermelden, was keine Selbstverständlichkeit ist, wenn man aus dem Stand heraus eine neue Messe ins

Leben ruft. Alle Leute waren begeistert – und ich war finanziell am Ende. Die Kosten überstiegen die Einnahmen um ein Vielfaches, die Lage war bedrohlich. Was macht ein Händler in dieser Situation? Er denkt Tag und Nacht darüber nach, wie er sein Geschäft ankurbeln kann. In dieser unerfreulichen Situation geschahen zwei Dinge: Meine Messe war die Initialzündung, um den so lange im Dornröschenschlaf liegenden H.A.U.-Komplex wieder mit Leben zu füllen. „Es geht doch", hieß es. „Der Renz hat es uns gezeigt."

Schon bald ging die Saat auf, als der Grundstein für einen Gewerbe- und Technologiepark gelegt wurde. Nun durften weitere Visionen ans Licht des Tages: Ideen einer Museumslandschaft geisterten durch die Stadt, um, wie es sich für Visionen gehört, von den einen begeistert aufgenommen und von den anderen als Humbug abgetan zu werden. Zum Glück setzten sich die Begeisterten durch, und so besitzt meine Heimatsstadt heute eine in Deutschland einmalige Museenlandschaft: Die Auto- und Uhrenwelt Schramberg, die auf 8000 Quadratmetern mobile Zeitgeschichte präsentiert.

Die zweite einschneidende Sache hatte mit der Wirtschaftslage zu tun. 1993 endete der Boom, der mit der deutschen Einheit begonnen hatte. Es kam zur Rezession. Die Staatsschulden wuchsen stark an, die Arbeitslosigkeit stieg auf neun Prozent, die Inflationsrate auf 4,5 Prozent, während der Export schrumpfte. Viele meiner Händlerkollegen entließen ihre Mitarbeiter. Einige, die wussten, was mich die Messe gekostet hatte, bedrängten mich, es auch so zu halten. Das kam für mich nicht infrage. Zu dieser Zeit beschäftigte ich vierzig Menschen, und jeder von ihnen war mir ans Herz gewachsen. Wie mein Vater war ich stolz auf meine Mitarbeiter, die, das kann ich heute unumwunden sagen, besser waren als viele der Konkurrenz. Unsere Meister waren wahre Meister in ihrem

Gewerk, und unsere Gesellen hatten den Ehrgeiz, ebenfalls Meister zu werden. Auf solche Mitarbeiter kann man bauen, wenn es mal nicht so rundläuft.

„Niemand verliert seine Arbeit", sagte ich, als das Entlassungsgespenst umging. Stattdessen schnallten Ute und ich den Gürtel enger, verzichteten auf einen Großteil unseres Gehalts und verkauften, was nicht niet- und nagelfest war. Für mich war diese Zeit auch der Beweis meiner These, dass man sich niemals an Besitz klammern darf. In dieser Hinsicht sehe ich die Sache wie es der Schriftsteller Chuck Palahniuk in einem seiner Bücher formulierte: „The things you own end up owning you" – die Sachen, die du besitzt, besitzen am Ende dich. Wann immer ich in Himalaja-Regionen unterwegs war, wo der Buddhismus zu Hause ist, fiel in Gesprächen mit Mönchen oft das Wort „Anhaftung", vor der man sich ihrer Meinung nach hüten soll. „Passt auf", sagten die Mönche, „dass euer Besitz nicht von euch Besitz ergreift." Gerade als Händler, der ständig dafür sorgt, dass Besitz den Besitzer wechselt, sind das ganz wesentliche Lebensanschauungen. Daher konnte ich mich in diesen schweren Zeiten leicht von lieb gewonnenem Besitz trennen. Weg mit den schicken Autos, dachte ich mir, fahre ich halt einen Fiat 500. Das hinterließ bei meinen Angestellten einen guten Eindruck. Sie spürten, wenn es hart auf hart kommt, hält der Chef zu ihnen. Schaue ich mich in der Wirtschaft um, kann ich diese Solidarität leider nicht oft erkennen. Dabei bringt sie doch so viele Vorteile wie Loyalität und Kontinuität. Als die Krise vorbei war, musste ich mir keine neuen guten Leute suchen – die Konkurrenz dagegen schon.

Aus diesem Grund konnte ich ein paar Jahre später frohen Herzens unser hundertjähriges Firmenjubiläum feiern. Dabei nahm ich mir vor, es richtig krachen zu lassen. Und so ist es auch gekommen.

Kapitel 16

Der Rote Platz in Schramberg

Heute habe ich in einem abgelegenen Dorf einen wundervollen roten Teppich entdeckt. Rot als natürlicher Farbstoff wird aus Krapp, Cochenille, Kermes, Purpurschnecke und Henna gewonnen. Die Farbe gilt im Orient wie in Indien und Pakistan als Symbol der Freude, des Glücks, der Leidenschaft, der Männlichkeit und der Königswürde.

Aus den Reisetagebüchern von Peter Renz

Als die Turmuhr der Sankt-Maria-Kirche am 31. Dezember 1994 Punkt Mitternacht zwölfmal schlug, stießen Ute und ich auf das kommende Jahr an.

„Ich will zwölf Monate lang feiern!", sagte ich. „Hiermit ist das Jubiläumsjahr eröffnet."

Gründe gab es wahrlich genug. Wir hatten die Krise der letzten Jahre hinter uns gelassen, ich würde demnächst in den Iran reisen, um in Teheran einen eigenen Teppichkontor zu eröffnen, und unser hundertster Firmengeburtstag stand vor der Tür.

„Hundert Jahre", fuhr ich fort. „Ich kann es selbst kaum glauben."

Vor uns lagen Fotoalben und wir blätterten darin. 1895 hatte mein Großvater Peter Renz der Ältere seine Sattlerei und Polsterei in Schramberg gegründet. Die Adresse lautete An der Staig 18, doch schon drei Jahre danach zog Großvater in das neu gebaute Haus in der Oberndorferstraße 2, in dem Ute und ich gerade die Flasche leerten. Als mein Vater 1928 die Leitung übernahm, war nun offiziell ein Otto Renz Chef des Hauses. Da ihn jedoch alle Peter nannten, waren Ute und ich uns einig: Dieses Jahr konnten wir frohgemut 100 Jahre Peter Renz feiern.

Heute kann ich gar nicht mehr sagen, ob mich das Künstlerehepaar Christo und Jeanne-Claude auf die Idee gebracht hat. Zu dieser Zeit verhüllten sie gerade den Reichstag mit einem aluminiumbedampften Polypropylengewebe, was zu einem der spektakulärsten und schönsten Kunstwerke im öffentlichen Raum führte. Ich bewunderte die beiden für ihre Zähigkeit, ihre Visionen in die Tat umzusetzen. Immerhin hatten sie an der Reichstagverhüllung satte 24 Jahre lang gearbeitet. Bereits 1972 hatte Christo eine erste Collage angefertigt, doch der amtierende Bundestagspräsident Karl Carstens lehnte das Projekt rundweg ab.

Ein Nein nicht zu akzeptieren, oder noch besser aus diesem Nein ein Ja zu machen, gehört nicht nur zu den Aufgaben von Künstlern, sondern auch von Händlern. Es liegt in der Natur der Sache, dass der Mensch vor Neuem zurückschreckt und mit Ablehnung reagiert. Diese Angst hat uns über Jahrtausende hinweg den Herausforderungen einer feindlichen Natur trotzen lassen. Doch oft steht uns die Angst auch im Weg. Dann braucht es Leute wie Christo, die in echter Fleißarbeit alle Bedenkenträger und Zweifler überzeugen, bis auch diese Ja zum Neuen sagen. Da ich diese Fleißarbeit selbst immer wieder leiste, bewunderte ich Christo und seine Frau als Meister in diesem schweren Fach.

In diesem besonderen Jahr, dem Jubiläumsjahr, rannte ich allerdings mit meinen Ideen offene Türen ein. Fünf Jahre zuvor hatte Herbert Zinell das Amt des Oberbürgermeisters übernommen und damit die für viele Bürger als lähmend empfundene Zeit seines Vorgängers beendet. Da er als SPD-Mann ein „Roter" war, müsste ihm meine Idee doch gefallen, dachte ich.

„Und was ist das für eine Idee?", wollte er wissen, als wir uns in seinem Büro trafen.

„Ich will aus dem Rathausplatz den Roten Platz machen", antwortete ich.

„Um mit einem Flugzeug darauf zu landen?" Der Oberbürgermeister zeigte Humor. Er spielte auf Mathias Rust an, der 1987 mit seiner Cessna 172 P in Moskau auf der Großen Moskwa-Brücke unweit des Roten Platzes gelandet war und für internationalen Wirbel gesorgt hatte.

Ich lachte. „Das nun nicht. Spektakulär wird es trotzdem!"

Dann erläuterte ich meine Pläne. Herbert Zinell hörte sich alles in Ruhe an. Er hatte nur eine Frage. „Wir haben den Rathausplatz frisch gepflastert. Kann ich mich darauf verlassen, dass er nach Ihrer Aktion wieder ist, wie er sein soll ... nicht rot?"

Das versicherte ich hoch und heilig, ohne zu ahnen, dass die Sache hätte schieflaufen können. Doch ich wollte den Platz ja nicht rot anmalen, ich wollte ihn mit roten Teppichen auslegen. Und zwar gleich einhundert davon, wie es das Jubiläum vorgab: Einhundert rote Afghan-Teppiche in den Maßen zwei auf drei Meter das Stück zum Jubiläumspreis von 999 DM. So stand es in den Ankündigungen, die bald überall zu lesen waren. Das sollte jedoch nicht alles sein: Zwischen dem Rathaus und dem ehemaligen Hotel Mohren, wo ich in jungen Jahren bei Rino mein Eis gegessen hatte und das nun eine Bank beherbergte, stand und steht noch heute ein schöner Brunnen. Dieser Rathausbrunnen ist ein Denkmal, das an Erhard Junghans erinnert, der Mitte des 19. Jahrhunderts als Chef der Strohfabrik mit dem nichts verschönernden Zusatznamen „Armenbeschäftigung auf Aktien" und der späteren Gründung der Uhrenfabrik Junghans einen wesentlichen Beitrag dazu leistete, dass aus dem bettelarmen Schramberg ein blühender Schwarzwälder Industriestandort wurde. Auf dem Brunnenstock thront ein Knabe mit Füllhorn, geschaffen vom einheimischen Steinbildhauer Cajetan Schaub. Seit dem 25. Januar 1914 ergießt sich Wasser in den Brunnen – doch an jenem Tag, dem Jubiläumstag, sollte roter Wein fließen. Roter Rioja, um genau zu sein, der meinen Namen im Etikett trug. So, wie die Jungfrau zum Kind kommt, war ich inzwischen noch Weinhändler geworden – und schuld daran war mein Freund Siegfried Borho.

Siegfried stammte aus Tennenbronn. Um von Schramberg dorthin zu gelangen, fährt man durchs romantische Bernecktal mit seinen steilen Felsen, auf denen die Überreste der Ruinen Obere und Untere Falkenstein, Ramstein und Berneck thronen. Wir hatten uns nicht beim Klettern oder Wandern kennengelernt, was man im Bernecktal ganz wunderbar tun kann, sondern in der Eisdiele von Rino. Gleich von Beginn an verbanden uns der Hang zum Abenteuer und die Lust, in größeren Dimensionen zu denken. Dabei war Siegfried zu dieser Zeit noch als Hausierer für Seifen unterwegs. Niemand hätte einen Pfennig darauf verwettet, dass er es zu einem der größten Immobilienbesitzer an der spanischen Mittelmeerküste bringen und sein Name in einem Atemzug mit der Entwicklung des Touristenortes Denía genannt würde. Anfang der 70er-Jahre ließ sich Siegfried in dem damals reichlich verschlafenen Städtchen an der Costa Blanca nieder und gründete eine Firma. Die verkaufte bis heute über den Daumen gepeilt 6500 Häuser und Villen in der Region zwischen Alicante und Valencia. Sein eigentliches Anliegen war, aus Denía ein Shangri-La zu machen, ein Paradies an den Gestaden des Mittelmeers. Obwohl wir beide mit Arbeit ausgelastet waren, sahen wir uns regelmäßig, unterstützten uns gegenseitig und feierten das Leben. Und so wurde ich auch Weinhändler.

Als Siegfried in Denía eintraf, stand für ihn fest: „Was wir als Erstes brauchen ist eine Bäckerei, die anständige Brezeln herstellt, und eine Metzgerei, bei der man die Tür nicht gleich wieder zumachen muss, nachdem man sie geöffnet hat."

So spricht der wackere Schwabe im Ausland, der eigentlich ein Badener war, seit Napoleon mit einem Federstrich Tennenbronn dem Fürstentum Baden zugesprochen hatte, während Schramberg dem Haus Württemberg in den Schoß fiel. In unserem Landstrich ist das ein Thema, bei dem man sich noch immer trefflich streiten kann. In Denía interessierte das keinen. Da standen andere Dinge zur Debatte.

„Und wir brauchen eine Bodega", sagte Siegfried. „Und dann schwebt mir eine Diskothek vor. Da sollten schon 3000 Leute reinpassen."

Siegfried dachte eben auch größer – und setzte seine Visionen in die Tat um. Bäckerei, Metzgerei, Kneipe und Diskothek kamen, und zur Einweihung des Tanztempels sang Julio Iglesias – was anderes war gar nicht zu erwarten gewesen – vor über 3000 Gästen.

Keiner von uns beiden war ein ausgesprochener Weinkenner. Am Glas zu schnüffeln und dann mit herablassender Kennermiene über Duftnoten, Herkunft und Jahrgang zu philosophieren, lag weder Siegfried noch mir. Doch ganz Mann der Tat kaufte er sich einen Lieferwagen von Citroen, und ließ mich bei meinem nächsten Besuch wissen: „Wir fahren jetzt zum Ebro-Fluss, nach Rioja Baja und Alta, und dann nach Rioja Alavesa. Unterwegs probieren wir alles durch, und was uns am besten schmeckt, wird gekauft."

„Guter Plan", antwortete ich und stieg ein. Wir gaben uns eine Woche Zeit für unser Vorhaben. Schnell fand ich heraus, dass ähnlich wie bei uns Teppichhändlern – alle guten Händler kennen sich und schätzen sich, da sie dieselbe Philosophie verfolgen – auch die besten Weingüter freundschaftlich miteinander verbandelt waren. Weinbauer A empfahl uns Weinbauer B, dieser kannte Weinbauer C und D. Am letzten Tag, auf Weingut Z, fanden sich alle ein, die wir besucht hatten. Bei dieser Gelegenheit wollte man herausfinden, ob die Herren aus dem Schwarzwald Neues über Wein gelernt hatten. Man servierte uns Flaschen ohne Etikett für die sogenannte Blindverkostung. Siegfried, immer ein bisschen wacher als alle anderen, schnupperte am Korken. Dann sagte er: „Meine Herren, kein Zweifel, das ist ein 68er. Guter Jahrgang."

Ich sah ihn überrascht an, und unsere Gastgeber ebenfalls, denn er hatte recht. Auch bei der nächsten und übernächsten Flasche traf er ins Schwarze.

„*Estupendo*!", entfuhr es unserem Gastgeber. Er ging ins Haus und kehrte mit zwei Urkunden zurück. „Caballeros", sagte er. „Hiermit zeichne ich euch als Experten aus."

Als wir von jedem Wein, der uns gemundet hatte, eine größere Menge bestellten, war die deutsch-spanische Freundschaft erst recht in trockenen Tüchern.

Auf der Fahrt zurück fragte ich Siegfried: „Wie hast du das gemacht? Du hast doch auch keine Ahnung!"

Er grinste verschmitzt. „Das war ganz einfach. Als ich am Korken schnupperte entdeckte ich darauf eingedruckt den Jahrgang. Ziemlich kleine Schrift, aber ich habe scharfe Augen."

Ich lachte. „Von wegen Weinexperten."

„Wir lösen das noch auf", meinte Siegfried. Ihm war Zeit seines Lebens wichtig, nie mehr zu scheinen als zu sein. „Wie viel von dem Wein nimmst du mit nach Deutschland?"

Spanischer Wein war zu dieser Zeit bei uns noch kaum zu kriegen. Ich zählte zusammen, wem ich damit eine Freude machen konnte.

„30 Kartons", antwortete ich.

Die Kartons waren im Nu unter die Leute gebracht. Ich rief Siegfried an und bestellte nochmals dieselbe Menge. Auch die wurde nicht alt. Das nächste Mal saß ich mit dem Taschenrechner am Telefon.

„Der Frachtanteil ist zu hoch", sagte ich zu meinem Freund. Spanien trat erst 1986 der Europäischen Union bei. Daher freute sich der Zoll über jede Bestellung. „Schick mir so viel, dass es sich rechnet."

Danach vernahm ich lange Zeit nichts mehr von Siegfried. Kein Wunder, hatte er doch alle Hände voll zu tun.

Eines Tages kam einer unserer Mitarbeit mit hochrotem Gesicht in die Teppichabteilung, wo ich eine neue Ausstellung vorbereitete. „Chef!", sagte er. „Da ist einer, der erzählt was von einer Weinbestellung."

„Geht in Ordnung. Am besten gleich alles in den Keller stellen."

„In den Keller? Vielleicht kommen Sie besser mit raus?"

Ich folgte ihm auf die Straße, wo mich fast der Schlag traf. Siegfried hatte Wort gehalten. Bei der Menge Wein, die der Lastwagen geladen hatte, war der Frachtanteil tatsächlich nicht mehr so hoch. Der Fahrer streckte mir die Ladepapiere entgegen.

„3000 Kartons, wie ausgemacht", sagte er.

Ich gebe zu, jetzt packte mich ein Anflug von Panik. Dann ging ich ins Büro und tat, was ein Händler in solchen Momenten tun muss: Er greift zum Telefon. Irgendwann hatte ich einen guten Bekannten von der Uhrenfabrik Junghans an der Strippe. „Ich weiß was", hörte ich seine erlösenden Worte. „Wir haben in der H.A.U. ein altes Gewölbe. Du kennst ja die H.A.U." Er lachte über seine Anspielung auf den Kraftakt, den ich mit meiner Messe auf dem Fabrikgelände geleistet hatte. „Ich glaube, dort musst du nicht mal vorher generalsanieren."

Ich setzte mich sofort ins Auto. Das Gewölbe war perfekt,

wie geschaffen für meinen Wein. Zurück im Geschäft rief ich Siegfried an. „Ich kann doch nicht mein Leben lang Rotwein trinken!“, beschwerte ich mich halb im Ernst, halb im Spaß.

„Können tust du schon“, kam die Antwort. „Im Übrigen bist du ein Händler.“

Er hatte recht. Wenn ich schon 3000 Kartons mit spanischem Wein besaß, sollte ich daraus etwas machen. Am selben Abend besuchte ich Uwe Rettkowski, einen Künstler und Grafiker, mit dem mich eine enge Freundschaft verband. Wie die Familie meiner Schwiegereltern war auch er als Flüchtling nach Schramberg gekommen und hat hier eine neue Heimat gefunden. Uwe schlug einen künstlerischen Weg ein, und so fanden wir beruflich zusammen. Er setzt meine wilden Ideen grafisch um, hat selbst wilde Ideen – und kennt vor allem viele der Teppich-Herkunftsländer, da er mich häufig auf Reisen begleitet. Dass ich ständig mit neuen Einfällen komme, bringt ihn nicht aus der Ruhe.

„Ich bin jetzt Weinhändler“, begann ich meine Erzählung. „Und mein Wein soll ‚Don Peter‘ heißen. Dazu brauchen wir ein richtig schönes Etikett.“

Ich bekam es. Eine Freundin schenkte mit ein Bild des flämischen Malers Hans Holbein. An Stelle seines Gesichts hatte sie meines integriert. Passenderweise war auch noch ein orientalischer Teppich abgebildet. Seither ziert dieses Gemälde meine Weine. Zum Roten gesellte sich irgendwann ein sehr guter Weißwein. Ich musste mir also nie Sorgen machen, dass ich eines Tages auf dem Trockenen sitze. Bis zum Tag, als aus dem Brunnen Don-Peter-Wein floss. Dass meine Schramberger, für die die Schwäbisch-Alemannische Fasnet die wichtigste Saison des Jahres ist, ein trinkfestes Völkchen sind, wusste ich natürlich. Doch am Tag, als ich aus dem Rathausplatz den Roten Platz machte, schossen sie den Vogel ab. Bereits nach einer Stunde hatten sämtliche Teppiche einen neuen Besitzer gefunden. Nachdem die Pflicht erledigt war, konnte man sich gepflegt der Kür widmen, die da hieß: „Wir trinken jetzt den Brunnen leer."

Die Trachtenkapelle spielte, die Leute waren glücklich, und ich war es auch. Ich dachte an meinen Großvater und war mir sicher: Das hätte ihm gefallen.

Die wunderbare Zahl 100 tauchte auch bei der Jubiläumsgala auf, die den Geburtstag abrunden sollte. Von der Familie Miri erhielt ich ein Geschenk, dessen Wert ich gar nicht in Worten benennen kann. Drei Knüpferinnen hatten in sechsmonatiger Arbeit einen 3,30 auf 2,50 Meter großen Teppich hergestellt, der aus hundert Einzelflächen bestand. Jedes Quadrat repräsentierte ein Jahr Firmengeschichte. Im Zentrum des Teppichs befanden sich eine allegorische Darstellung aus der altpersischen Mythologie, dazu eine Widmung und das Wappen der Miris. Bei der Gala trennte ich die hundert Einzelflächen auf und verloste sie unter den Gästen. Weil ich mittlerweile so richtig in Jubiläumsfahrt gekommen war, organisierte ich als Nächstes ein Nomadenzelt vor meinem Geschäft. Wer Mut zeigte, durfte auf Kamelen durchs Städtchen reiten. Damit unsere freundschaftlichen Verbindungen in den Himalaya nicht zu kurz kamen, konnten sich die Schramberger kurz darauf schon wieder die Augen reiben: Aus dem Nirwana kommend hatte sich ein mehrere Meter großer Buddha in unsere Gegenwart materialisiert und hockte direkt vor der Ladentür. Ein paar sehr fromme Frauen sprachen daraufhin von Gotteslästerung, doch der Rest hatte seine Freude an diesem urgemütlichen Siddhartha Gautama, während Kinder mit hellem Lachen auf ihm herumkletterten und ihn mit Blumenkränzen schmückten.

Bei Gelegenheiten wie der Auktion auf dem „Roten Platz" präsentiere ich mich als Rampensau. Wer mich nur so kennt, glaubt daher, das ist mein Charakter. Tatsächlich schätze ich es aber sehr, wenn es ruhig zugeht. Ein guter Händler muss kein Marktschreier sein, auch nicht in meiner Branche, wo die Mär vom lauten Basarhandel nicht aus der Welt zu räumen ist. Meist ging es dort ruhig und gesittet zu, und so hat man mich vor Ort auch immer erlebt. Nur wenn es die Umstände verlangen, kann ich auch den lauten Händler geben. Das war der Fall, wenn ich zu den „Ballenpartys" rief.

Ein Jahr nach dem hundertsten Jubiläum wurde in Schramberg eine große Immobilie frei. Wie in vielen Orten Deutschlands in den 70er-Jahren hatte man auch bei uns darauf gesetzt, mit einem zentralen Büro- und Einkaufskomplex die Stadtentwicklung voranzutreiben. Heute stehen diese monströsen Gebäude meist leer. Auch in Schramberg konnten sich viele Erstmieter des sogenannten City Centers nicht lange halten. Als ein Supermarkt seinen Rückzug ankündigte, griff ich zu. Einige Tausend Quadratmeter Ausstellungsfläche waren genau das, was ich brauchte. Schräg gegenüber eröffnete die Stadt gerade den neuen Busbahnhof. Man hatte sich für ein kühnes Zeltdach entschieden, das in seiner Anmutung einem Nomadenzelt ähnelte.

„Passt doch!", dachte ich, und mietete das ganze Areal. An einem Samstag kletterte ich früh morgens auf ein Podest und begann eine Auktion, die bis in den Abend hinein dauerte. Die Teppiche, die ich dafür benötigte, ließ ich vom City Center bringen und zu hohen Ballen aufschichten. Davon nahm ich den obersten Teppich herab und pries ihn mit markigen Worten an. Wie es sich für einen Straßenhändler gehört, sprach ich jeden Passanten an, der vorbeikam.

„Hör mal", rief ich einem Bekannten zu. „Deine Frau bittet dich schon so lange um einen neuen Teppich. Jetzt ist die Gelegenheit. Sieh dir bloß mal diesen Mahal an, der passt zu eurer Einrichtung." Ich wandte mich ans Publikum und raunte verschwörerisch. „Bei denen sind die Möbel durch die Bank Gelsenkirchener Barock … nun ja, wer's mag." Der Lacher gehörte mir, während der Angesprochene den Geldbeutel zückte, weil er gar nicht anders konnte. „Aber mach mir einen guten Preis!"

Natürlich bekam er den. Und alle anderen auch. Mir ging es bei den Ballenpartys nie darum, möglichst viel Geld zu verdienen. Ich wollte, dass sich die Menschen etwas Schönes gönnten, und sah meine Rolle darin, ihnen auf die Sprünge zu helfen. Das klappte selbst bei den Autofahrern, die auf der nahe gelegenen Straße einfach anhielten.

„Ich komme aus Bochum", rief mir ein Mann aus seinem Wagen zu. „Was haben Sie denn da?"

Ich zeigte gerade zwei der besten Stücke der Auktion, antike Brücken zum Preis von 15 000 DM.

„Ich nehme eine", vernahm ich den Mann.

„Was ist mit der zweiten?", hakte ich nach. „Die beiden sind wie Geschwister, die wollen nicht getrennt werden."

„Hm, ich weiß nicht …" Spricht ein Kunde diesen Satz aus, gehöre ich nicht zu denen, die drängeln. Ich kann das selbst nicht leiden, außerdem ist die Wirkung kontraproduktiv. Kann sich der Kunde noch nicht zum Kauf entscheiden, passiert das vielleicht ein wenig später. Das war auch bei dem Mann aus Bochum der Fall. Bald darauf tauchte er im Laden auf und kaufte auch die zweite Brücke.

Am Abend hatte ich den ganzen Ballen Teppiche unter die Leute gebracht. Mein Verkaufserfolg rief stets die Kollegen auf den Plan. Was der Renz kann, können wir auch, sagten sie sich, und versuchten, mich zu kopieren. In der Regel waren diese Veranstaltungen der reinste Flop. Einige scheuten sich nämlich davor, mit demselben Spaß, den ich empfand, auf die Bühne zu treten. Fragten sie mich dann um Rat, stellte ich die Gegenfrage: „Was bist du von Beruf?"

Erst herrschte verblüfftes Schweigen. Dann kam zögernd die Antwort: „Textilingenieur." Oder: „Großhandelskaufmann."

Das war ich alles auch. Aber ich nannte mich nicht so. „Ich bin Händler", sagte ich. „Und ein Händler muss seine Ware anpreisen. Im Orient ist Peter Renz Carpetdealer ein geflügeltes Wort."

Im Wort Händler sehe ich kein Schimpfwort, vielmehr ist der Begriff die richtige Bezeichnung für meinen Beruf. Wenn sich manche meiner Kollegen dafür schämten, waren sie bereits auf dem berühmten Holzweg gelandet – und sollten dann besser die Finger von Ballenpartys und Auktionen lassen. Das wurde einigen auch schmerzlich klar, als ich in der langen Zeit des Niedergangs meiner Branche immer häufiger den Räumungsverkauf eines geschätzten Kollegen übernehmen musste. Ich bin einfach besser darin, bis zum letzten Stück alles unter die Leute zu bringen. Ich bin ein Händler! So kam es, dass ich der letzte Dinosaurier einer Branche wurde, die sich radikal veränderte.

Kapitel 17

Von der Berneck an den Don

Ein Rapportmuster entsteht durch die mehrfache Wiederholung ein und desselben Motivs im Orientteppich.

Aus den Reisetagebüchern von Peter Renz

Pünktlich zur Jahrtausendwende feierte ich das 125jährige Bestehen der Zunftstube, die die Keimzelle meines Teppichhandels war. Viele meiner Kollegen hatten inzwischen aufgeben müssen, denn in den letzten fünf Jahren hatte sich vieles getan. Die politischen Verhältnisse im Iran waren nicht besser geworden und sorgten dafür, dass nur noch wenig Unikate zu finden waren. Dafür stieg das Billigangebot aus Nachknüpfländern und setzte die persischen Hersteller weiter unter Druck. Gleichzeitig änderte sich der Geschmack der Kunden. Auch steigende Mieten in den Innenstädten, wo sich viele Teppichhäuser niedergelassen hatten, beschleunigten manche Insolvenz. Unterdessen wuchsen die Möbelgiganten auf der grünen Wiese, die ebenfalls Teppiche im Angebot führten, allerdings weniger Handgeknüpfte aus dem Orient als gewebte.

Bei mir dagegen lief noch alles rund. Ich hatte inzwischen die Raumausstattung in jüngere Hände gelegt, damit sich Ute und ich ganz auf die Orientteppiche konzentrieren konnten. Allerdings sah ich mit Sorge, dass unsere Erfahrung nicht zu ersetzen war. Da war dieser Schritt schon vollzogen und ließ sich nicht mehr rückgängig machen. Die Raumausstattung Peter Renz gehörte jetzt ein für alle Mal der Vergangenheit an. Dafür weitete ich meinen Kundenstamm bei den Teppichen aus, stürzte mich in das rumänische Abenteuer, drehte einen Film mit ARTE in Persien und knüpfte Kontakte nach Russland.

Schreibe ich darüber, habe ich wieder dieses kleine Lächeln im Gesicht. Es war ein Hamburger Kollege, der die Filmemacher an mich verwies. Denen war zu Ohren gekommen, dass die uralte nomadische Tradition des Teppichknüpfens bedroht war.

„Darüber wollen wir einen Film machen", sagten sie. „Bevor es zu spät ist."

Was in meinen Ohren klang, als ob ein Film über eine aussterbende Tierart entstehen sollte. Nomaden knüpften Teppiche, lange bevor es dafür Kunden in aller Welt gab. Sie taten es für sich, weil der Teppich in den Zelten der wichtigste Einrichtungsgegenstand ist. Erst wenn es keine Nomaden mehr gibt – was im Bereich des Möglichen liegt, da ihr Lebensraum immer mehr eingeschränkt wird – gibt es auch ihre Traditionen nicht mehr. Das ließ ich den Regisseur wissen. „Zunächst kommt der Mensch. Dann erst das, was er herstellt", sagte ich. Enrico Demurray war ein erfahrener Regisseur, der rund um den Globus schon zahlreiche Dokumentarfilme gedreht hatte. Er sah die Dinge ähnlich. „Deshalb brauchen wir Sie als Türöffner", erwiderte er. „Von allen Seiten hören wir, wie gut Ihre Kontakte sind."

Für einen Film über das Teppichknüpfen im Iran wollte ich diese gerne spielen lassen. Zusammen mit dem Hamburger Kollegen sowie Taghi Miri ermöglichten wir dem Filmteam, in der südpersischen Provinz Fars bei Ghasghai-Nomaden die Herstellung geknüpfter Gabbehs zu drehen. Der von den Mullahs zugewiesene Kameramann war jedoch strikt dagegen. Er drängte darauf, ausschließlich staatliche Knüpferinnen zu filmen. Daran hatte jedoch niemand Interesse. Es gelang uns, einen neuen Kameramann zu gewinnen, Jalal Pashandi, der ebenfalls aus dem Iran stammt, aber auf unserer Linie war. Dazu organisierte Taghi Miri eine Dolmetscherin. Sie war ein Kind der Großstadt und noch nie im Gebiet der Nomaden gewesen. Ihre Augen wurden immer größer, als wir dort eintrafen.

„So einfach leben die?", fragte sie immer wieder. Sie konnte es nicht fassen, dass es keine sanitären Anlagen gab, wie sie es aus Teheran gewohnt war. Die Nomaden nahmen es mit Humor, und boten an, für die Stadtpflanze ein Toilettenhäuschen zu bauen. Kaum war es fertig, zog sich die Dolmetscherin dorthin zurück – um kurz darauf schreiend und nur halb bekleidet herauszustürzen. „Die Schafe!", schrie sie. „Die haben mich angegriffen."

Daran hatte nun wirklich keiner gedacht. Die Nomaden hatten eine Wasserleitung ins Häuschen gelegt, was die Tiere zum Anlass nahmen, dort ihren Durst zu stillen. Es sind friedliche Tiere, doch beim Rangeln um den besten Trinkplatz kann es schon mal zu ein paar Rempeleien kommen.

Rempeleien ganz anderer Art hatten wir Tage zuvor in Teheran erlebt. Erst fiel Enrico Demurray in eine ungesicherte Baugrube und brach sich den Arm, dann wollte uns beim Dreh auf dem Basar ein zorniger Polizist die Kamera abnehmen. Wir hatten eine Drehgenehmigung, doch das kümmerte ihn nicht. „Ich verhafte Euch alle!", brüllte er.

Ich rief Taghi an, der ließ seine Kontakte spielen, und wenig später gesellte sich ein Vorgesetzter des Polizisten zu uns. Er studierte die Drehgenehmigung, dann machte er seinen Untergebenen zur Schnecke. Entschuldigend wandte er sich an mich. „Er kann leider nicht lesen", sagte er. „Sie können weitermachen."

Das taten wir auch. Mein Hamburger Kollege und ich zeigten den Filmemachern, wie wir nach einzigartigen Teppichen suchen, exakt deren Machart überprüfen, wie wir verhandeln und manchmal auch weiterziehen, selbst wenn der Händler Allah anruft, damit wir seine Ware kaufen. Wir verwiesen auf die unterschiedlichen Qualitäten und wie man Teppiche erkennt, die von frei umherziehenden Nomaden gefertigt wurden oder von denen, die sich in Dörfern niedergelassen haben. Dann führten wir das Team in Manufakturen, wo man feingeknüpfte Stadtteppiche produzierte, stellten ihnen die besten Teppichdesigner des Landes vor und zeigten ihnen einen Palast des Schahs, in dem Teppiche mit einer Knüpfdichte von einer Million Knoten pro Quadratmeter zu bewundern sind. Waren die Filmleute an anderen Tagen damit beschäftigt, die beeindruckende Landschaft festzuhalten, tat ich, was ich bei den Nomaden besonders gerne tue: Ich beschäftige mich mit den Kindern. Wie auf allen Reisen hatte ich auch dieses Mal eine Anzahl kleiner Mundharmonikas dabei. Die stammten von der Trossinger Firma Hohner, die vor allem Akkordeons herstellt. Die Mundharmonikas waren Sondermodelle; neben Uhren von Junghans, die ich ebenfalls in reicher Zahl mit mir führte, waren sie beliebte Gastgeschenke. Immer mal wieder musste ich damit auch einem unbedarften Kollegen aushelfen, der glaubte, dass man mit leeren Händen durch ein gastfreundliches Land wie Persien reisen kann. Ich hatte meine Freude daran, wenn mir die Kinder auf den Mundharmonikas ein spontanes Konzert gaben, auch wenn es sich wie die Katzenmusik anhörte, die in Schramberg am Fasnetsmontag früh morgens lautstark und quietschfidel die Bevölkerung aus den Federn scheucht.

Als der Film auf ARTE lief, ahnte ich nicht, dass ein Mann ein paar Tausend Kilometer weiter östlich vor seinem Fernseher saß und sofort zum Telefon griff, um mich anzurufen. Alexej Sklyarov gehörte ein TV- und Radiosender in Rostow am Don, der zehntgrößten Stadt Russlands mit rund 1,5 Millionen Einwohnern. Sie liegt im Süden des Landes unweit der Mündung des Dons ins Asowsche Meer und gilt als Tor zum Kaukasus und als politisches, wirtschaftliches und kulturelles Zentrum Südrusslands. Alexej erzählte, dass er sich seit Langem mit dem Gedanken trage, ins Teppichgeschäft einzusteigen. Diesen Satz höre ich häufiger, deshalb stellte ich rasch Gegenfragen. Dabei geht es mir stets darum, herauszufinden, ob der Interessent nur Geld verdienen möchte – dann interessiert mich eine Kooperation nicht – oder ob es um die Sache geht. Alexej Sklyarov ging es um die Sache. Er hatte sich ins Thema eingelesen, kannte sich ganz gut aus, und wusste vor allem, was er wollte. „Ich suche nach der unteren bis mittleren Qualitätsstufe", sagte er. „Die Kundschaft in Russland ist noch nicht so weit, dass wir ihr antike Stücke anbieten können."

Ich wusste, was er meinte, schließlich hatte ich meine Kunden ebenfalls über Jahre hinweg mit antiken Orientteppichen vertraut gemacht. Mittlerweile hatte ich keine Probleme mehr, auch für ganz spezielle Unikate Interessenten zu finden. Dagegen war das Sortiment, von dem Alexej sprach, zum Sorgenkind geworden. Die untere und mittlere Qualität lagen in Westeuropa in derselben Preislage wie die industriell hergestellten Webteppiche. Warum also nicht die Ware, die ich in der Hamburger Speicherstadt eingelagert hatte, nach Russland bringen? Wir verabredeten einen Termin in der Hansestadt.

Ich bin auch nicht gerade klein, doch der Mann, der mir dort entgegenkam, war ein Hüne. Dazu ein kettenrauchender Hüne, der selbst in den uralten holzverschalten Treppenhäusern der Speicherstadt ständig an der Zigarette zog. Während unseres Gesprächs behielt ich daher den nächsten Feuerlöscher immer im Auge. Ansonsten waren wir uns rasch einig. Bei unserer Kooperation würde ich meine Expertise zur Verfügung stellen und mithelfen, Handelszentren aufzubauen. Alexej würde sich um den Vertrieb kümmern. Um die Detailfragen zu klären, wollten wir uns schon bald in Schramberg treffen.

„Freiburg liegt doch ganz in der Nähe?", fragte er zum Abschied. „Da will ich mir ein paar Immobilien ansehen. Dann kann ich das eine mit dem anderen verbinden."

Das gefiel mir, weil ich das auch gerne tue. Als Alexej bei mir in der Fünftälerstadt eintraf, sprach ich auch die Möglichkeiten an, für meine iranischen Geschäftsfreunde Kontakte nach Südrussland zu knüpfen. In früheren Zeiten hatte es enge Verbindungen zwischen diesen Regionen gegeben. Nun wurde die Welt von einem Überangebot an Teppichen aus Nachknüpfländern überschwemmt, daher sah ich eine Möglichkeit, diese alten Beziehungen aufzufrischen. Davor wollte ich mich allerdings erst einmal vor Ort schlaumachen. Alexej und ich verabredeten ein Treffen in Rostow. Bisher hatte ich nicht den Eindruck gehabt, dass er zu dieser Sorte russischer Oligarchen gehörte, die, umgeben von einem Schwarm Frauen aus der Top-Modell-Branche, britische Fußballclubs kaufen. Wie ich war Alexej ein Mann, der bei null angefangen und sich alles durch Disziplin, harte Arbeit und außergewöhnliche Ideen erschaffen hatte.

Bei seinem Besuch in Schramberg hatte er sich einige Teppiche für sein Wohnhaus ausgesucht, die ich jetzt mit im Gepäck führte. Rostow mit seinem milden Klima wie an der Riviera gefiel mir auf Anhieb. Es gibt Viertel mit Villen im Zuckerbäckerstil, während Theater, Museen und Konzerthallen entlang der Einkaufsstraße Bolschaja Sadowaja uliza zu finden sind. Dort sollte auch das Teppichgeschäft entstehen, mit rund 1000 Quadratmetern nicht zu groß und nicht zu klein. Mich begleitete mein Kollege aus Hamburg, Mohamad

Nobari, mit dem ich im ARTE-Film aufgetreten war, dazu Siegfried Borho mit seinem ältesten Sohn. Alexej brachte eine Dolmetscherin und einige hübsche Sekretärinnen mit zu den Gesprächen – sowie Wodka, mit dem wir ein ums andere Mal auf das Geschäft anstießen. Dann fiel der Satz, den ich in jungen Jahren so oft vernommen hatte. Mein Schwager und der Direktor von Dierig hatten ihn in Augsburg ausgesprochen, meine Chefin bei der Firma Roth ebenso. Auch vom Eigentümer des Orientteppichhandels in München hatte ich ihn gehört und von Bruno, dem Bistrobesitzer am Gare de l'Est. Sogar die Bundeswehr hatte mich damit locken wollen. Immer war es darum gegangen, dass ich eine große Chance bekam unter der Voraussetzung, mich fest an den jeweiligen Ort zu binden.

Er sehe eine große Zukunft voraus, ließ mich jetzt auch Alexej wissen. „Allerdings musst du vor Ort sein. Mindestens drei Jahre lang. Ich zahle dir ein fürstliches Gehalt." Er hatte sich in Schramberg die Namen der Flüsschen eingeprägt, die meine Heimatstadt durchziehen. „Von der Berneck an den Don", sprach er einen Toast aus und hob sein Glas. „Oder vom Lauterbach an den Don? Oder vom Göttelbach an den Don?"

Nun waren genügend Jahre ins Land gegangen, in denen ich meine nomadische Ader ausgelebt hatte. Warum also nicht ein paar Jahre nach Russland ziehen, um dort Großes zu bewirken? Die Antwort lag im „fürstlichen Gehalt." Das wollte ich auf keinen Fall, weil Gehalt nur bekommt, wer Gehaltsempfänger ist. Und der hat einen Chef über sich, das liegt in der Natur der Sache. Ich hatte mich jedoch genau aus dem Grund selbstständig gemacht, weil ich immer mein eigener Chef sein wollte. Daran wollte ich auch vierzig Jahre später nichts ändern. Und so musste ich Alexej absagen, wenn auch schweren Herzens. Die persönliche Freiheit, die ich mir Zeit meines Lebens auf die Fahnen geschrieben habe, wog stärker.

Es fällt auf, wie sich dieser rote Faden durch mein Leben zieht. Man schätzt meine Expertise, doch man schätzt auch immer die Energie und Begeisterung, die ich an den Tag lege. Anders kann ich es nicht erklären, weshalb so viele Menschen wünschten, dass ich ihr Geschäft übernehme, ihre Nachfolge antrete, in ihrem Haus Karriere mache. Manchmal stelle ich mir vor, was geschehen wäre, hätte ich doch mal Ja anstelle von Nein gesagt. Würde ich dann heute noch in Paris leben? Hätte es mir in Südrussland so gut gefallen, dass ich geblieben wäre? Natürlich sind solche Fragen müßig, weil wir immer nur einen Weg einschlagen können, aber sie machen auch Spaß. Außerdem gab es ein einziges Mal eine Ausnahme. Einmal sagte ich nicht Nein, sondern Ja, als die Frage auftauchte, ob ich kommen und sogar bleiben könnte. Es war Siegfried Borho, der sie stellte: „Kannst du dir vorstellen", wollte er wissen, „bei mir die Teppichabteilung meines Einrichtungshauses aufzubauen?"

Zusammen mit Ute nach Denía, dem Shangri-La meines Freundes am Mittelmeer? Dort dafür sorgen, dass sein Einrichtungshaus das einzige im Land würde, in dem sich Kunden auf das Wissen eines vereidigten Sachverständigen für Orientteppiche verlassen können? Es klang sehr verlockend, und trotzdem stellte ich die Mutter aller Fragen. „Wer ist dort der Chef?"

„Das versteht sich von selbst", lautete die Antwort. „Du bist es."

So sah es Siegfried tatsächlich. Niemand dachte daran, dass die Spanier von *„el oficio de errar, el diablo lo debió enseñar"* sprechen. Gemeint ist, dass uns der Teufel schnell mal einen Irrtum unterjubelt. Tatsächlich sollte aus dem Sprichwort Realität werden.

Kapitel 18

„¡Viva España!“

Bisher habe ich Spanien als Teppichland wenig beachtet. Doch lässt sich die spanische Knüpfkunst bis ins 15. Jahrhundert zurückverfolgen. In aus anderen Ländern übernommene Grundformen wurden höfische und christliche Motive geknüpft, oft mit eigener Technik, dem Spanischen Knoten. Hochburgen waren Almeria, Murcia, Cuenca, Letur und Alcaraz.

Aus den Reisetagebüchern von Peter Renz

In den späten 1990er- und den frühen 2000er-Jahren war Spanien die am stärksten wachsende europäische Wirtschaft. Jahr für Jahr wurden rund 700 000 neue Wohnungen gebaut, mehr als in Frankreich und Deutschland zusammen. Dazu strömten bis zu sechzig Millionen Touristen jährlich ins Land und ließen ordentlich Geld da. Kein Mensch dachte an eine Krise, die das Land ab 2003 traf, und die bis heute anhält. Es herrschte also Hochkonjunktur, als Ute und ich Schramberg verließen, um in Denía unsere Zelte aufzuschlagen. Das kann man ruhig wörtlich nehmen, weil ich mein original persisches Nomadenzelt zu Verkaufszwecken gleich mitgenommen hatte. Meine Strategie war einfach: Was mich zu Hause erfolgreich gemacht hatte, würde auch in Spanien funktionieren, da war ich mir sicher. Schließlich kam in einem internationalen Ort wie Denía eine bunte Mischung von Menschen aus aller Welt zusammen. Für mich spielt es keine Rolle, ob ich einen Engländer, Schweizer, Franzosen oder Spanier berate, einen Amerikaner, Asiaten oder jemanden aus dem Nahen Osten: Ich finde heraus, was sich der Kunde wünscht, höre gut zu und bleibe höflich und aufmerksam. Mehr braucht es nicht, um ein erfolgreicher Händler zu sein – auf der anderen Seite ist das eine echte Herausforderung, wenn man zehn bis zwölf Stunden pro Tag sechs Tage die Woche arbeitet. Das ist mein Rhythmus, den ich bis heute beibehalten habe.

So war es auch kein Wunder, dass sich der Erfolg in Spanien schnell einstellte. Als mir Siegfried vor meinem Engagement seine Umsatzzahlen vorgelegt hatte, musste ich ein erstauntes Lachen noch verkneifen: „Ihr könnt doch viel mehr verkaufen bei diesem tollen Laden in allerbester Lage!"

Er hatte, wie es seine Art war, bei der Ausstattung seines Geschäfts nirgendwo gespart. Hier fühlten sich die Kunden wohl, aber es fehlte an Fachpersonal, das in Spanien nirgends zu kriegen war. Ich dachte selbst bald darüber nach, wie man nach dem Vorbild des deutschen dualen Systems, das ich sehr schätze, die Dinge hier zum Besseren ändern könnte.

Dazu sollte es aber gar nicht erst kommen. Sand geriet ins Getriebe, als erste Meinungsverschiedenheiten über den Umgang mit Kunden auftauchten. Meine Philosophie war bekannt, doch nicht alle wollten diese teilen.

Für manche Verkäufer ist ein Kunde ein lästiges Übel, das man am besten so schnell wie möglich wieder vor die Tür setzt. Damit konnte ich gar nichts anfangen. Dazu vertrat ich die Ansicht, dass wir noch mehr gute Geschäfte machen können, wenn alle marktorientierter denken. Daher war ich auch auf die Idee gekommen, den Spaniern Gebrauchtmöbel anzubieten.

„Keiner meiner Landsleute wird sich so was in die Wohnung stellen", hörte ich aus dem familiären Umfeld von Siegfried. Er war seit vielen Jahren mit einer Spanierin verheiratet.

„Es werden ohne Ende Wohnungen gebaut. Der Möbelmarkt kann mit der Nachfrage gar nicht mithalten", hielt ich dagegen. „Gebrauchte Möbel kommen gerade richtig. Ich werde es beweisen."

Ich hatte eine Halle mit Möbeln aus zweiter Hand gefunden. Stück für Stück nahm ich sie unter die Lupe, weil ich nur ordentliche Ware anbieten wollte. Dann stellte ich mein Nomadenzelt auf und machte ein paar Tage lang clevere Werbung. Bereits nach dem ersten Verkaufswochenende war die Halle leergeräumt. Es gab nur einen Wermutstropfen, weil am Abend ein Sturm das Zelt mit sich riss.

Ute und ich fühlten uns wohl in Denía. Ich hatte allerdings meine Zweifel, ob der spanische Bauboom auf soliden Beinen stand. Dabei dachte ich nicht einmal an die Immobilienblase, die am Ende die notorische *crisis* auslöste. Ganz Schwarzwälder, der auf solide Wertarbeit achtet, gefiel mir überhaupt nicht, was an der Küste rauf und runter in Beton gegossen wurde. Das war alles schlechte Qualität. Heute säumen Hunderte Geisterstädte diesen Landstrich, während damals überall marktschreierische Plakate davon kündigten, dass sich nun jeder sein Häuschen am Strand leisten könne. Dabei hatten diese schon Baumängel, bevor sie überhaupt fertig waren.

„In so was will ich nicht mal sterben, geschweige denn leben", sagte ich eines Tages zu Siegfried.

Der war einen anderen Weg gegangen und hatte von Anfang an auf Wertarbeit gesetzt. Das zahlte sich aus. Als die Krise kam, wollte kein Mensch mehr einen halbmaroden Neubau erwerben, während Siegfrieds Häuser noch immer Käufer fanden. Qualität zahlt sich eben aus – und das war auch mein Leitspruch, wenn es um Teppiche ging. Wie in meinen Anfangszeiten in Schramberg begann ich in Denía mit dem Aufbau eines Kundenstammes. Die Menschen, die ins Geschäft kamen, waren dafür dankbar. Es war das erste Mal, dass sie beim Teppichkauf fachmännisch beraten wurden.

„Wir haben einen Berberteppich zu Hause", klagte eine ältere Kundin. „Jetzt ist schon zweimal Rotwein darauf verschüttet worden. Die Flecken gehen nicht raus."

Ich zeigte ihr einige Kelims, die nicht hochflorig sind, sodass man sie in einem warmen Land gerne benutzt. „Wo dieser Teppich herkommt liegen die Temperaturen in einem ähnlichen Bereich wie in Spanien", erläuterte ich. „Wenn Ihnen damit ein Rotwein-Malheur passiert, ist es aber nicht so tragisch wie beim hellen Berber."

Aufbauarbeit bedeutet, beim kleinen Einmaleins anzufangen. Das tat ich gerne, weil es mir Freude macht, Menschen mit Rat und Tat zur Seite zu stehen.

Allerdings schlichen sich nun auch immer mehr Misstöne ein. Über die Werbestrategie hatten wir unterschiedliche Meinungen. Das frustrierte mich, bis ich eines Tages meinen Freund zur Seite nahm. „Hör mal", begann ich, „um das Geschäft noch mehr anzukurbeln sollten wir Geld in die Hand nehmen."

Siegfried zuckte mit den Schultern. Nach seiner Meinung stimmten Umsatz und Ertrag. Sein Augenmerk lag auf den Immobilien. „Unterstütze mich doch beim Häuserkauf, wenn du noch mehr Arbeit suchst", bat er mich.

Das hatte ich allerdings nicht im Sinn. Seit ich Häuser im bayerischen Inzell verkauft hatte, wusste ich zwar, dass ich es konnte, aber auch, dass ich es nicht wollte. Ich besprach die Sache mit Ute und wir beschlossen, nach Deutschland zurückzukehren. „Ich lasse das Geschäft aber nicht im Stich", sagte ich zu Siegfried. „In der Top Ten gibt es einen Perser, der perfekt Deutsch kann und dazu Spanisch und Französisch spricht. Er weiß alles über Teppiche. Ich werde ihn holen und einarbeiten."

In der Top Ten Gruppe waren Mitglieder der Gilde organisiert, die besonders großen Erfolg im Teppichgeschäft nachweisen konnten. Ich brachte also einen ausgewiesenen Fachmann nach Denía, sorgte dafür, dass er meine Aufgabe übernehmen konnte, und kehrte mit Ute zurück in den Schwarzwald.

„*Lo mejor es haberlo intentado*", sagt man im Spanischen. „Das Wichtigste ist, es probiert zu haben."

So habe ich die Dinge immer gesehen. Man kann über alles reden, doch am Ende zählen Taten. Und ich steckte noch immer voller Tatendrang.

Kapitel 19

Früchte der Arbeit

Kula, auch Koloi, am Rande eines alten Erdbebengebietes gelegen, mit Lavafeldern, Kraterseen und Quellen. Einer der berühmtesten Orte aus der anatolischen Teppichgeschichte, wo seit dem späten 16. Jahrhundert sehr schöne Teppiche geknüpft werden. Für einen kurzen Zeitraum kamen aus Kula Teppiche aus reiner Mohairwolle, deren äußerst feines Haar sich am Markt nicht durchsetzen konnte. Heute bin ich vor Ort eingetroffen.

Aus den Reisetagebüchern von Peter Renz

Was mir an meinem Beruf neben der Freude, mich mit Meisterwerken der Teppichkunst zu beschäftigen, am meisten gefällt, ist der Umgang mit Menschen. Es reizte mich, auch jene zu überzeugen, die erst einmal keinen Sinn für Teppiche an den Tag legten. Zu denen gehörte auch der Bildhauer Erich Hauser – mit dem ich mich in jungen Jahren im Eiscafé Rino auf etwas robustere Art und Weise über meine Uniform unterhalten hatte. Darüber waren wir uns nicht lange gram. Nun hatte ich viel Zeit im Ausland verbracht, während Erich seine Karriere im nahen Rottweil fortsetzte. Auch dort blieb er seinem Ruf treu, hin und wieder übers Ziel hinauszuschießen – aber welcher Künstler von Rang und Namen ähnelt einem pflegeleichten Schoßhündchen? Wichtiger war doch, dass Erich Hausers Edelstahlplastiken im Lauf der Jahre in der ganzen Welt bekannt wurden. Mir gefiel Erichs Verwegenheit genauso wie die akribische Präzision, die er an den Tag legte, wenn es um die praktische Umsetzung seiner Ideen ging. Ein

Bildhauer von Rang und Namen ist stets ein hervorragender Handwerker, und für diese hatte ich immer ein Faible.

Eines Tages lud mich ein Schramberger Freund zu einem Fest ein. Ihm gefielen Teppiche aus Kasak, einem Knüpfgebiet im Kaukasus. Die Teppiche von dort sind weich mit klaren, tiefen Farben, großzügigen geometrischen Mustern und starkem Glanz. Ich hatte ihm bereits ein paar besonders schöne Exemplare besorgt und damit eine große Freude gemacht. Umso verständlicher war der Aufruhr, als sein Sohn auf einmal Alarm schlug: „Der Hauser wirft alle Teppiche raus."

Erich Hauser befand sich ebenfalls unter den geladenen Gästen. Statt so wie wir mit einem Glas in der Hand Konversation zu machen, streifte er durchs Haus, rollte alle Teppiche zusammen und hievte sie aus dem Fenster. Kraft hatte er, das musste man dem Bildhauer lassen, denn ein Kasak bringt ein hübsches Gewicht auf die Waage. Ihn zu stoppen war gar nicht einfach. Der Abend endete in einem hitzigen Streit über Sinn und Unsinn eines Teppichs. Weil über meinen Beruf und meine Berufung gesprochen wurde, konnte ich es nicht lassen, ihn ein wenig zu piesacken. „Eines Tages", prophezeite ich, „wirst du für mich einen Teppich entwerfen. Den Hauser-Teppich!"

Als Antwort hörte ich wenig schmeichelhafte Worte. Trotzdem war ich mir sicher: Schließe ich jetzt eine Wette ab, gewinne ich sie. Und so kam es auch.

Einige Zeit ging ins Land, dann klingelte bei mir das Telefon. „Komm zu mir in die Pyramide", vernahm ich Erichs Stimme. Es klang nicht nach einer Bitte, vielmehr nach einem Befehl, dem ich jedoch gerne nachkam. Die Pyramide lag wie sein von Roland Ostertag entworfenes Wohnhaus in einer 30 000 Quadratmeter umfassenden Parklandschaft am Rande von Rottweil. Mittlerweile hatte Erich im Wohnhaus seine Kunstsammlung untergebracht und war in die Pyramide gezogen, die er von meiner Firma hatte ausstatten lassen. Als ich eintraf, warf er ein Foto auf den Arbeitstisch, auf dem ein großer Teppich zu sehen war.

„Und?", wollte ich wissen. „Was ist damit?"

„Das ist kein Orientale, oder?"

„Nein, der ist nicht handgeknüpft. Ein Webteppich von Anker."

Anker ist die älteste deutsche Teppichweberei mit Sitz in Düren-Birkesdorf in Nordrhein-Westfalen. Sie ging 1854 aus der Tuchfabrik „Leopold Schoeller und Söhne" hervor und zeichnet sich durch innovative Fertigungsmethoden aus.

„Im Bauhausstil", brummte Erich.

„Richtig", sagte ich. „Dieser Künstlerteppich …", das Wort Künstler betonte ich, „wurde von Professorin Hildebrand für den deutschen Pavillon auf der Weltausstellung 1958 in Brüssel entworfen. In der Tradition des Bauhauses, mit strengen kubischen Elementen."

„Du meinst Margret Hildebrand, die Textildesignerin? Einige ihrer Arbeiten sind im Museum of Modern Art in New York ausgestellt." Erichs Blick wanderte vom Foto zum Fenster, das hinaus in den Park ging. Lange Zeit herrschte Schweigen. Dann wandte er sich mir zu. „Ich sehe ihn schon vor mir."

„Wen siehst du vor dir?"

„Bist du schwer von Begriff? Den Teppich natürlich, den ich für dich entwerfe." Die Idee eines Lächelns flog über sein Gesicht. „Du hast es ja vorhergesagt. Jetzt ist es so weit.

Dass Erich ein Meisterwerk schaffen würde, daran hatte ich keinen Zweifel. Zeit meines Lebens hatte ich mich mit orientalischer Kunst auseinandergesetzt. Nun schuf er ein Teppich im Format zwei auf zwei Meter in reiner Schurwolle und mit eingelegten Edelstahlelementen. Das hatte es auf der ganzen Welt noch nicht gegeben, daher feierten wir das Ereignis in gebührender Form. Die streng limitierte Auflage von 100 Teppichen hatte ich schnell in die ganze Welt verkauft. So schnell, dass ich mir einen der Hauser-Teppiche vorsorglich in den Keller räumen musste, um nicht selbst leer auszugehen. Als ich nach einer Persienreise nach Hause kam, strahlte mich ein langjähriger Mitarbeiter an.

„Chef", sagte er. „Da kam einer und wollte unbedingt einen Hauser-Teppich. Ich hab gesagt, tut mir leid, die sind alle längst weg. Aber er hat nicht lockergelassen. Also bin ich in den Keller und habe dort tatsächlich noch einen gefunden."

Um mit der Queen zu sprechen: *I was not amused.* Für teures Geld musste ich mir einen eigenen Hauser-Teppich zurückkaufen. Stehe ich heute davor, staune ich noch immer, auf welche Art und Weise dieses Werk zustande kam. Nimmt man den ältesten Knüpfteppich aus dem Grab im Pazyryk-Tal als Maßstab, der gut 2500 Jahre alt ist, hat sich an der Verwendung von Materialien und an den Techniken der Herstellung kaum etwas geändert. Mit dem Hauser-Teppich schufen wir nach einer so langen Zeitspanne dagegen etwas völlig Neues. Dabei kam mit dem Edelstahl ein Werkstoff zum Einsatz, der in meiner Schwarzwälder Heimat in vielen Industriezweigen traditionell verwendet wird. Es passte alles – selbst die Hass-Liebe zwischen Erich und mir, die der Laudator bei der Premierenfeier deutlich hervorhob. Die setzte sich auch danach noch fort. Feierte der Bildhauer eine seiner legendären Partys in der Pyramide, musste ich danach meinen besten Mann schicken, weil unachtsame Gäste brennende Zigarettenkippen auf den Meisterteppich fallen ließen. War der Mitarbeiter nach Stunden immer noch nicht zurück im Geschäft, griff ich zum Telefon.

„Was willst du?", schrie Erich. „Wir sitzen zusammen und trinken Wein."

„Hier wartet Arbeit", wandte ich ein.

In Erichs Ohren war das nur ein lahmes Argument. „Ich zahl den Mann", vernahm ich, bevor der Hörer auf die Gabel geworfen wurde. „Mach die Arbeit selbst!"

Exzentriker, sagt man, sind Menschen, die von sozialen Normen abweichen, um ihre Freiheit zu bewahren. Sie sind nicht in der Mitte der Gesellschaft zu finden, sondern an deren Rand. In diesem Sinne kann ich mich einen Exzentriker nennen, weil ich die Freiheit, meinen eigenen Weg zu gehen, über jede verordnete Norm stelle. Traf ich auf andere Exzentriker wie Erich Hauser, konnte es zwar mal heftig krachen, dafür entstand etwas Neues, nie Dagewesenes. Allein dafür lohnt es sich zu leben.

Im Laufe meiner Karriere stellte ich allein in Schramberg über hundert Ausstellungen auf die Beine. Oft tauchte zu diesen Anlässen eine unscheinbare Frau mittleren Alters auf. Sie fuhr auf dem Moped vor, trug einfache Kleidung und machte einen in sich gekehrten Eindruck, wenn sie die ausgestellten Orientteppiche betrachtete. In sich versunken erschien sie wie die Betrachterin eines Kunstwerks, die sich ganz auf das gezeigte Stück einlässt. Ich wagte es nicht, sie aus ihrer Kontemplation zu reißen, in dem ich sie ansprach. Immer war sie die erste Besucherin des Tages. Hatte sie ihre Runde beendet, trat sie auf mich zu. „Ich nehme diesen Teppich", sagte sie und deutete ohne Zögern auf das beste Ausstellungsstück.

Als sie das erste Mal diesen Satz aussprach, tat ich, was jeder Händler automatisch tut: Ich zog die imaginären Schubladen auf, in denen wir Kunden kategorisiert haben. Mit anderen Worten, ich prüfte die Norm ab. Bei dieser Frau war es vergebliche Liebesmüh. Sie passte in keine Schublade. Obwohl ich mich mit mancher exzentrischen Lebensweise gut auskenne, tappte ich in die Falle.

„Das ist eine ausgezeichnete Wahl", sagte ich. „Dieser Teppich ist das beste Stück der Ausstellung." Ich machte eine Pause. „Er ist allerdings auch der Teuerste."

Da war sie, die Norm: Ich traute dieser einfach gekleideten

Frau nicht zu, dass sie sich den Teppich leisten konnte. Vielleicht hätte ich bei einem Mann anders reagiert. Es gibt viele Geschichten über reiche Männer, die sehr bescheiden auftreten – ich brauchte nur an meinen Käufer der russischen Ikonen zurückzudenken. Zum Glück ließ sich die Frau nicht irritieren. Ruhig antwortete sie: „Ich nehme ihn trotzdem. Ich habe das ganze Jahr darauf gespart."

Ihre Worte machten mich neugierig. Hier war also kein Mensch, bei dem der Geldbeutel locker saß. Im Gegenteil, die Frau hatte sich ein Ziel gesteckt und ihr Geld zusammengehalten, um sich etwas Schönes zu leisten, und zwar genau das, was sie wollte. Wäre der Teppich verkauft gewesen, hätte sie gewiss keinen anderen ausgewählt.

Im Jahr darauf kam sie wieder, und auch im folgenden Jahr. Fast ein Jahrzehnt lang betrat sie als Erste die Ausstellung, wählte zielsicher das beste Stück und kaufte es. Behutsam zog ich Erkundigungen ein, doch niemand wusste, wer sie war. Als ich im nächsten Jahr einen hochwertigen Bildband über besonders schöne Teppiche aus der Miri-Kollektion vorbereitete, sollte sich das Geheimnis endlich lösen. Das Meisterstück der dazugehörigen Ausstellung war ein Jubiläumsteppich in limitierter Auflage aus der Provinz Ghashghai in Südpersien, der bereits im Victoria and Albert Museum in London gezeigt worden war. Seine Maße waren enorm, seine Qualität außerordentlich, sein Feldermuster zeigte im Mittelstück den persischen Löwen und den Adler von Persepolis, der uralten Residenzstadt des antiken Perserreiches. Als die geheimnisvolle Frau den Teppich erwarb, hatte ich aufgrund seiner schieren Größe endlich einen Anknüpfungspunkt gefunden.

„Wo legen Sie diesen Teppich hin?", fragte ich.

Sie lachte. „Nirgendwo. Dafür habe ich keinen Platz. Ich lebe in einer 40-Quadratmeter-Wohnung."

Vermutlich war mein Gesicht ein einziges Fragezeichen. Sie lachte wieder, als sei sie froh, dass ich endlich den Mut aufgebrachte, sie anzusprechen. Exzentrische Menschen werden oft mit Missachtung bestraft, was in der Natur der Sache liegt.

„Kommen Sie doch mal vorbei", sagte sie. „Sicher möchten Sie Ihre Teppiche gerne wiedersehen."

Das ließ ich mir nicht zweimal sagen. Die Adresse befand sich in der Nähe von Wolfach. Vom Haus aus konnte man den gleichnamigen Fluss sehen, der in über 950 Metern Höhe im Nordschwarzwald nahe der Alexanderschanze entspringt und hier unten im Tal in die Kinzig mündet. Die Wohnung war klein und geschmackvoll eingerichtet. Es gab zwei Zimmer. In eines hatte ein Schreiner eine Vorrichtung gebaut, auf die meine Gastgeberin ihre Teppiche spannte, einen hinter den anderen. Auf diese Weise ließen sie sich mit Hilfe einer Ober- und Unterschiene bequem zur Seite schieben. So war sie immer in der Lage, den gewünschten Teppich wie ein Gemälde zu betrachten.

„Ich weiß, dass die meisten dieser Teppiche ursprünglich als Wandschmuck dienten", sagte sie. „Wenn ich von der Arbeit nach Hause komme, setze ich mich davor und schaue mir die schönen Motive an. Ich kann mich darin verlieren."

Ich wusste, wovon sie sprach. Für einen Moment hatte ich mich selbst vor Augen, wie ich als kleiner Junge auf dem Teppich im Wohnzimmer meiner Eltern spielte, und in den Mustern Landschaften fand, die meine Fantasie beflügelten. Ich war gerührt, die Kunstwerke wiederzusehen, die sie im Laufe der Jahre gesammelt hatte.

„Darf ich fragen, was Sie arbeiten?", fragte ich.

„Ich bin Putzfrau." Ein feines Lächeln zog über ihr Gesicht. „Reinigungskraft, sagt man heute."

Zufrieden mit der Welt kehrte ich in mein Geschäft zurück. Ich hatte das Musterbeispiel einer Exzentrikerin getroffen, die außerhalb der Norm das tat, wonach ihr der Sinn stand. Ich bin mir sicher, dass es vielen Menschen besser ginge, wenn sie sich an diesem Beispiel orientierten. Wir engen uns zu sehr ein und kasteien uns mit Regeln, die andere für uns aufgestellt haben. Bei dieser Frau war das Glück zu Hause, weil sie sich ihre eigenen Regeln schrieb.

Es war mein Freund Heinrich Baumgartner, der mich mit einem japanischen Geschäftspartner bekannt machte, ebenfalls ein Paradebeispiel des exzentrischen Kunstliebhabers. Dieser Mann war bei der BBS eingestiegen und kam zur Einweihung eines neuen Firmengebäudes nach Schiltach.

Heinrich nahm mich zur Seite. „Kannst du dich ein bisschen um ihn kümmern?"

„Klar", antwortete ich. „Was soll ich tun?"

„Dich benehmen vor allem", sagte mein Freund. „Nicht rauchen, nicht trinken, keine dummen Witze – das ist ein wichtiger Mann für uns."

„Ist er Mönch?"

„Nein, Investor."

Ich war gespannt auf den japanischen Gast. Er trug einen feinen Anzug aus der Londoner Savile Row, ließ stoisch alle Reden und Ansprachen über sich ergehen, und saß beim Festbankett schweigend neben mir. Nach Heinrichs Ermahnung wusste ich nicht so recht, wie ich das Gespräch eröffnen sollte – und das mir als den sonst so weltgewandten Händler.

Auf einmal wandte sich der Japaner an mich. Gegen das gewohnte Klischee kam seine Frage direkt und unverblümt. „Was machen Sie?"

Ich atmete auf. Er sprach Englisch. „Ich bin Teppichhändler". Nicht Textilingenieur oder Großhandelskaufmann, sondern Teppichhändler.

„Mit eigenem Geschäft?"

„Ja. Es liegt zehn Kilometer von hier, in Schramberg."
„Können wir hin?"
„Sie meinen jetzt?"
„Ja. Ich will gehen."
Heinrich wird nicht gerade entzückt sein, dachte ich. Andererseits hatte er mich darum gebeten, den Gast unter meine Fittiche zu nehmen. Zu dieser Zeit fuhr ich eine Excalibur Limousine. Da man mit diesem Wagen nirgendwo einen Parkplatz bekommt, hatte ich die Strecke in einem kleinen Citroen zurückgelegt, in den wir uns nun zwängten. Im Geschäft angekommen, führte ich den japanischen Gast in die Teppichausstellung. Ich hatte es mit einem Mann zu tun, der nicht nur Geschmack bewies, sondern auch Sachverstand. Lange blieb er vor einem hundert Jahre alten russischen Kasak mit einem Drei-Medaillon-Muster stehen.
„Ein schöner Volkskunstteppich", sagte er schließlich. „Er stammt aus dem Kaukasus, nicht wahr?"
Ich freue mich immer, wenn ich jemanden treffe, der in diesen Teppichen das sieht, was sie sind: Kunstwerke, die eine Geschichte erzählen. An diesen Geschichten war er sehr interessiert.
„Sie müssen mich in Japan besuchen", sagte er, als wir wieder zurückfuhren. Die Veranstaltung war längst zu Ende, und Heinrich erwartete uns mit hochrotem Kopf. Als sein Investor begeistert von unserem kleinen Ausflug erzählte, beruhigte er sich. „Gut gemacht", raunte er mir zu.
Ein halbes Jahr später besuchte uns der Japaner in Spanien. Da es uns dort gut gefallen hatte, verbrachten wir weiterhin Zeit in Siegfrieds Domizil. Unser Gast lud uns erneut nach Japan ein. Da ich ohnehin eine Reise in den Himalaja plante, legte ich kurzerhand einen Abstecher in das Land der aufgehenden Sonne ein. Nimmt man die gewöhnlichen Wohnverhältnisse in Tokyo zum Maßstab, wo Platz Mangelware und

jeder Quadratzentimeter ein Vermögen wert ist, lebte der Mann in einem Palast. Seine Wohnung glich einem Museum. Er sammelte chinesisches Porzellan, französische Louis-Quinze Möbel, amerikanische Kunst von Andy Warhol sowie Teppiche aus dem Orient, jedoch nur welche aus der Schah-Zeit. Neben jedem Objekt war die entsprechende Expertise ausgestellt – und das Preisschild mit Zahlen darauf, die schwindelig machten. An diesem Abend hatte er eine Sängerin vom Neuen Nationaltheater Tokio eingeladen, die uns die Elektra aus Mozarts Oper „Idomeneo" sang, die der Komponist für die Mannheimer Hofkapelle geschrieben hatte. Draußen funkelten die Abermillionen Lichter Tokyos, und mein Gastgeber flüsterte mir zu: „Können Sie für mich Teppiche aus der Schah-Zeit finden?"

Das war eine heikle Sache. Während der Flucht des Schahs 1979 war es in Iran drunter und drüber gegangen. Ein Teil seines Reichtums fiel in die Hände der Mullahs, anderes gelangte über verschlungene Wege ins Ausland. Ich kannte Quellen in der Schweiz, die mit solchen Teppichen zu tun hatten, und versprach, mein Bestes zu geben. Eine Aufgabe wie diese sprach meinen Spürsinn an.

Sobald es mir möglich war, reiste ich in die Schweiz und suchte die Mittelsmänner auf. Der Nachweis der Originalität des gewünschten Teppichs mit Hilfe einer hieb- und stichfesten Expertise war eine der Kaufbedingungen des Japaners. Für diese Expertisen war ich in der Zwischenzeit bekannt, da immer mehr deutsche Gerichte sie in Erbschaftsstreitigkeiten und andere Auseinandersetzungen benötigten. Mir machte es Freude, auf diese Weise mein Wissen anwenden zu können. Schon bald durfte ich einen außergewöhnlichen Fund nach Japan melden: einen antiken Teppich aus Isfahan in den Maßen 558 x 365 Zentimeter, einst ein Geschenk für den König von Afghanistan. Um ihn zur Geltung zu bringen, installierte der Japaner in seiner Wohnung eine robuste Aufhängung mit einer

Beleuchtung, die jedem Museum gut zu Gesicht gestanden hätte.

Zu dieser Zeit befand sich die Teppichbranche noch in voller Blüte. Da ich für die Gilde die Einkäufe in den knüpfenden Ländern vornahm, hatte ich ständig mit den großen Teppichhäusern zu tun. Einige davon hatten sich in der Top-Ten-Gruppe zusammengefunden. Jahr für Jahr trafen wir uns für einige Tage in Schramberg. Wir alle waren disziplinierte Schaffer, um den schwäbischen Ausdruck für harte Arbeit zu nutzen. Daher war es mir wichtig, dass bei diesen Treffen auch das Feiern nicht zu kurz kam. Feiern ist wie ein Lob, das man sich selber gönnt, ganz nach dem Motto: Das haben wir jetzt gut gemacht, das haben wir uns verdient. Wie im Iran üblich muss dabei kein Alkohol im Spiel sein, man kann auch so fröhlich sein. Verlangt es aber jemanden nach einer guten Flasche Don Peter Wein, muss er mich auch nicht lange darum bitten. Beim Treffen mit den Top-Ten-Leuten ging es meist um gemeinsame Absprachen in Sachen Werbung und Marketing. Wir versammelten uns dazu im Haus der Künstlers und Grafikers Uwe Rettkowski. Er hatte die ehemalige Fabrikantenresidenz von Ferdinand Moser gemietet, der als Pionier der industriellen Fertigung von Schlafzimmern einen kometenhaften Aufstieg hingelegt hatte. In den Sälen dieser Gründerzeitvilla diskutierten wir die neuesten Verkaufsideen, und Uwe präsentierte seine Entwürfe für die Werbung. Anschließend fuhren wir zu einem Gasthaus mit dem hübschen Namen Waldeslust. Als Losung hatte ich mir den Namen „Hadschi-Fest" ausgedacht hatte. Jeder Muslim muss in seinem Leben einmal nach Mekka gepilgert sein, um dort neben vielen anderen Ritualen die Kaaba sieben Mal entgegen dem Uhrzeigersinn zu umschreiten. Mein „Hadschi-Fest" war als Reminiszenz an diese Pilgerfahrt gedacht. Weil in Schramberg immer ein bisschen Fasnetsfieber herrscht, und jeder, der auf sich hält, zu Hause einen

Fundus an Kostümen hat, konnte ich allen Gästen aushelfen, die ohne eigene Verkleidung kamen. Und so wimmelte es in der Waldeslust von Männern, die aussahen wie der Sarotti-Mohr, und Damen, die einer Geschichte aus Tausendundeiner-Nacht entsprungen schienen. Was die Speisen anging, blieben wir im Ländle: Es gab hauchdünnes Wiener Schnitzel, schwäbische Spätzle mit Soß – für Nichtschwaben: Spätzle müssen handgeschabt sein –, außerdem Kartoffel- und Ackersalat. Teppichhändler aus Salzburg oder Düsseldorf mit Turban, Pluderhosen und Wams rezitierten Gedichte, Frauen stimmten Gesänge an, und eine Gruppe aus Freudenstadt bewies, dass auch Schwarzwälder Mädels den orientalischen Bauchtanz beherrschen. Einmal war mein Freund Taghi Miri mit seinem Sohn Sadegh zu Gast. „Du kommst dir sicher vor wie zu Hause", neckte ich ihn.

Er lachte. „Außer dass es hier nach Tannen duftet anstatt nach Weihrauch", sagte er.

Es gefiel ihm, dass wir persische Traditionen auf unsere Weise feierten und er sah darin in keiner Weise eine Verballhornung. Das habe ich auf meinen Reisen oft erlebt. Den Fundamentalismus, den die Eiferer an den Tag legen, findet man bei Menschen aus dem Volk nur selten. Wie oft dachte ich daher bei unseren Festen: Gemeinsamkeit kann so einfach sein. Wir arbeiten zusammen, wir feiern zusammen – dann gibt es weder kulturelle noch religiöse Schranken.

Mein Wunsch nach friedlicher Eintracht war es auch, der mich dazu brachte, der Kathedrale von Reims einen der prächtigsten Teppiche zu stiften, der mir je untergekommen war. Man kann es natürlich für Zufall halten, dass mein Vater unweit davon in Kriegsgefangenschaft geraten war, meine Schwester dort eine Arbeit gefunden, und ich glückliche Tage bei der Familie von Philipp verbracht hatte. Man kann es aber auch für Schicksal halten – das überlasse ich jedem ganz nach seinem Gusto. Für mich jedenfalls steht fest, dass mich mit Reims viel verbindet. Oft hatte ich das Bild von Philipps Oma vor meinem geistigen Auge, wie sie mir das Buch mit den Bildern der kriegszerstörten Stadt in die Hand drückte. Jahr für Jahr nahm ich mir vor, Philipp anzurufen und die alten Zeiten aufleben zu lassen. Allein, ich kam nicht dazu, weil ich entweder in der Weltgeschichte unterwegs war, eine Ausstellung plante oder etwas anderes Dringendes zu tun hatte. Dabei sollte man solche Dinge nicht auf den Sankt Nimmerleinstag verschieben. Offenbar benötigte ich einen Impuls von außen. Den bekam ich über den Rottweiler Rotary Club, zu einer Zeit, als ich dort Präsident war. Ich hatte mich lange dagegen gesträubt, Mitglied zu werden, und jede Anfrage abgeblockt mit den Worten, die Woody Allen geprägt hat: „Ich werde kein Mitglied in einem Club, der Leute wie mich als Mitglied aufnimmt." Wahrscheinlich stellte ich mir langweilige Sitzungen vor, die meinem Drang nach Freiheit widersprachen.

Es war der Weltpräsident der Feuerwehr, der mich in Schramberg besuchte, um mich von einer Mitgliedschaft zu überzeugen. „Sie werden der Jüngste sein", sagte er, „und genau das wollen wir. Gleichzeitig sind wir der Meinung, dass Sie sich bei uns wohlfühlen werden."

Er legte mir nochmals die Ursprungsidee des Rotary Clubs nahe. Der war 1905 in Chicago von einem amerikanischen Anwalt namens Paul Percy Harris gegründet worden. Zunächst wollte man einfach nur die Freundschaft pflegen, was noch ein Leichtes war, weil neben dem Gründer nur drei seiner Bekannten mit von der Partie waren. Man traf sich im rotierenden System mal bei dem einen, mal bei dem anderen. Daher rührt der Name Rotary. Die Idee trug Früchte, und so sind aus vier Leuten heute mehr als 1,2 Millionen Männer und Frauen in mehr als 200 Ländern geworden. Sie sind in 34 000 Clubs organisiert, und zur Pflege der Freundschaft sind im Laufe der Jahre die Förderung von Bildung sowie soziale und kulturelle Arbeit gekommen.

Am Ende hatte mich der Feuerwehrpräsident überzeugt. Ich war Mitglied geworden, und, wie es meine Art ist, hatte mich eingebracht und wurde irgendwann zum Vorstand gewählt.

Im Jahr 2004 beschlossen einiger Rotarier unseres Clubs, gemeinsam nach Reims zu reisen. Als wir die Kathedrale betraten, war ich schockiert. Im Chorgestühl lag ein hässlicher Teppich, fünf Meter lang, drei Meter breit, vor Schmutz starrend. Da half auch das zauberhafte Licht nicht mehr, das durch die von Chagall gestalteten Fenster von draußen auf ihn fiel. „Wer ist denn dafür zuständig", fragte ich einen Priester, der damit beschäftigt war, Blumenschmuck aufzustellen.

„Der Abbé", war die Antwort. „Der wohnt gegenüber."

„Da geh ich jetzt hin und klingle an der Tür", sagte ich zu meinen Freunden. Ihre Skepsis konnte mich nicht von meinem Vorhaben abbringen. Ich dachte an einen über hundert Jahre alten antiken Orientteppich aus einer Wolle, die im Laufe der Zeit nichts von ihrer fantastischen Qualität eingebüßt hatte. Er hatte die exakt gleichen Maße wie dieses unansehnliche Stück – Zufall oder Schicksal? – war in einem leuchtenden Kardinalrot gewoben – Schicksal oder Zufall? – und, das war das Beste, ich hatte ihn ursprünglich für meinen Vater gekauft. Dabei hatte ich ein bisschen zu „groß" gedacht, da seine Maße es unmöglich machten, ihn in der Wohnung meiner Eltern auszubreiten. Eines Tages hatte mein Vater gesagt: „Weißt du was, Peter? Der Tag wird kommen, an dem wirst du diesen Teppich dem Richtigen schenken." Nun war ich in Reims, wo gerade alle Fäden zusammenliefen, und es war klar: Das ist die Gelegenheit dafür.

Natürlich war der Abbé recht verdattert, als er die Tür öffnete und ich mit meiner Geschichte herausplatzte. So was kommt schließlich nicht alle Tage vor. Irgendwann sagte ich: „Wissen Sie was? Ich schreibe Ihnen die ganze Sache auf."

Das tat ich auch, sobald ich zu Hause war. Die Antwort des Abbé kam postwendend. Er ließ mich wissen, weshalb der Teppich in der Kathedrale so heruntergekommen war – sie gehört dem Staat, und dieser zeigt sich, was Investitionen in Sakralbauten angeht, eher zurückhaltend –, und fand meine Idee großartig. Mehr Zuspruch brauchte ich nicht. Wir machten einen Termin zur Übergabe aus. Ich holte den Geländewagen aus der Garage, denn so ein Teppich ist eine ordentliche Walze, und war schon dabei, loszufahren, als mir einfiel: Moment mal! Das ist doch die Gelegenheit, um Philipp zu besuchen. Die abgespeicherte Nummer war nicht mehr aktuell. Von der Auskunft bekam ich ein Dutzend Nummern seines Namens, und ich wählte eine nach der anderen. Bei der zehnten hatte ich Glück. Eine Frau meldete sich auf Spanisch. Ich nannte mein Ansinnen, hörte sie lachen, ins Französische wechseln und ausrufen: „Philipp! Vite, vite, c´est Pierre!"

Das war eine Wiederhörensfreude! Aus der wir umgehend eine Wiedersehensfreude machen wollten. Als ich in Reims eintraf, erwartete mich Philipp zusammen mit seiner Frau Mercedes. Außerdem war der Bürgermeister der Stadt gekommen und sämtliche Räte im vollen Ornat sowie einige Vertreter der Kirche. Der alte Teppich war bereits weggeräumt, und ich machte mich sofort daran, eine Unterlage auszubreiten und das Geschenk an meinen Vater, Kriegsgefangener in Reims und später unermüdlicher Verfechter der Aussöhnung zwischen Deutschen und Franzosen, in der Kathedrale auszubreiten. Danach gab es Ansprachen und Musik, anschließend bat mich der Abbé zu sich ins Haus. Er war ein Mann ganz nach meinem Geschmack: Tatkräftig und mit Humor gesegnet. „Peter", sagte er, „wir kennen uns noch nicht lange. Trotzdem bin ich mir sicher, dass ich dir mit ein paar Heiligenbildchen keine allzu große Freude mache. Weil wir hier in Reims sind …", er griff hinter sich und wuchtete drei Kisten Champagner hervor, „dachte ich, damit schon eher."

Während ich mich gerade in Erinnerungen an diesen schönen Moment verliere, wird mir klar, dass genau fünfzehn Jahre ins Land gegangen sind, seit ich den Teppich in der Kathedrale von Reims ausgebreitet habe. Dort liegt er noch immer, im besten Zustand. Alle Freunde und Bekannten, die vorbeikommen und die Kirche aufsuchen, schicken mir Bilder. Falls Sie auch einmal dort sein sollten – ich freue mich über jedes Foto.

Kapitel 20

Der Teppich-Terminator

Eine Expertise ist eine sachverständige, objektive, schriftliche Begutachtung. In ihr werden Angaben zum Herkunftsland, Provenienz, Material, Technik, Qualität, Feinheit, Ornamentik, Farben, Stil, Alter, Maße, Zustand und Wert gemacht. Selbst hier in Persien bin ich mittlerweile als Experte bekannt.

Aus den Reisetagebüchern von Peter Renz

Wer in einem Städtchen wie Schramberg geboren ist, weiß, dass das Leben einem ständigen Wandel unterworfen ist. Vor wenigen Generationen war meine Heimat noch bettelarm gewesen. Historiker berichten, die durchschnittliche Lebensdauer lag um 1830 bei nur 37 Jahren. Ein halbes Jahrhundert später gehörte Schramberg zu den blühendsten Industriestandorten Deutschlands. Erfinder wie Gottlieb Daimler, Wilhelm Maybach und Robert Bosch gaben sich bei Arthur Junghans die Klinke in die Hand, der mit seinen Brüdern seine Uhrenfabrik zur größten der Welt machte. Wieder ein paar Jahrzehnte später kam der Niedergang: Die Uhrenindustrie war so gut wie tot. Ingenieure aus Schramberg hatten die funkgesteuerte, solarbetriebene Quarzuhr entwickelt, die alle paar Millionen Jahre eine Sekunde fehl geht – was sollte da noch kommen? Der nötige Strukturwandel kam schleppend in Gang und ließ die Arbeitslosigkeit auf über zwanzig Prozent schnellen. Wieder grassierte die Angst vor der Armut. Heute herrscht Vollbeschäftigung, die Industrie prosperiert mit zukunftsweisenden Technologien, die erfindungsreichen Menschen meiner

Heimat bauen Maschinen, die man nirgendwo sonst auf der Welt baut, in einer Präzision, die ihresgleichen sucht.

Weil ich also den Wandel kenne und obendrein wie kein zweiter aus meiner Branche die Auswirkungen der politischen Konflikte rund um den Iran hautnah miterlebte, war ich keineswegs überrascht, als sich der Teppichhandel radikal änderte. Die Embargos, mit denen die Amerikaner die persische Wirtschaft nach und nach zerstörten, trugen ihre bitteren Früchte in die entferntesten Ecken des Landes. Die Menschen verloren alles – was nicht für die Mullahs und Militärs gilt, die es vortrefflich verstehen, mit den Sanktionen Geld zu verdienen –, und eine Landflucht setzte ein, die dem traditionellen Handwerk den Garaus machte. Es ist erschreckend, wie schnell die alten Künste in Vergessenheit geraten. Zwei Generationen genügen, und keiner weiß mehr, wie die Alten das jemals hingekriegt haben. Auch davon kann man in meiner Heimat ein Liedchen singen. Als vor wenigen Jahren ein hiesiger Unternehmer neues Leben in die Marke Junghans hauchte und er dazu Uhrmacher benötigte, gab es weit und breit keinen Facharbeiter mehr, der es verstand, das zu tun, was einmal jeder zweite Schramberger konnte.

Oft sind es Historiker, die uns darauf hinweisen, wie radikal sich die Zeiten wandeln. Wir, die in einer solchen Zeitspanne leben, sind uns darüber nicht bewusst. Zeitzeugen der Erfindung des Buchdrucks ahnten nicht, wie revolutionär diese technische Innovation den Lauf der Geschichte änderte. Als 1989 die Mauer fiel, die UDSSR und der Warschauer Pakt in kürzester Zeit von der Bildfläche verschwanden und Weltkarten neu gezeichnet werden mussten, kamen wir kaum hinterher, diese Vorgänge zu begreifen – erst der heutige Rückblick erlaubt uns die Einschätzung, dass in diesen Jahren so ziemlich alles auf den Kopf gestellt wurde. So wird es mit der digitalen Entwicklung sein, und allem, was sie mit sich bringt. Ähnlich ging es vielen meiner Kollegen. Sie sahen zwar die dunklen Wolken am Horizont aufziehen, konnten sich aber nicht vorstellen, dass diese einen Orkan auslösen sollten, der sie alle hinwegfegte. Es genügen die Finger einer Hand, um diejenigen aufzuzählen, die am Ende übrig blieben. Einer von ihnen schreibt gerade dieses Buch. Als der Sturm losbrach, wurde er der Einzige vom deutschen Patentamt eingetragene Teppich-Terminator.

Dieser Name will erklärt sein: Das Wort Terminator stammt aus der Astronomie. Es stammt aus dem Lateinischen und bedeutet Abgrenzer. Gemeint ist die Tag-Nacht-Grenze zwischen der Lichtseite eines Sterns und der unbeleuchteten Schattenseite. Ein Wortspiel, das ich passend fand für das, was auf mich zukommen sollte. Deshalb ließ ich mir den Titel auch gleich beim deutschen Patentamt eintragen, sodass ich mit Fug und Recht sagen kann, Deutschlands einziger Teppich-Terminator zu sein. Dann kam das Jahr 1984 und mit ihm der Film „Terminator" in die Kinos. Regie führte James Cameron, einer der erfolgreichsten Regisseure in der Geschichte Hollywoods. Hauptdarsteller war Arnold Schwarzenegger, der mit „Terminator" seine Weltkarriere als Schauspieler begründete.

„Seltsamer Titel", soll Schwarzenegger zu Cameron gesagt haben, als dieser ihm in einem Lokal in Los Angeles von seiner Idee erzählte. Vier Millionen Dollar soll der Streifen am Ende gekostet haben, was für Hollywoodverhältnisse ein Budget aus der Kaffeekasse ist – eingespielt wurde am Ende derart viel, dass der Film zu den finanziell erfolgreichsten Reihen der jüngeren Geschichte zählt. Danach war der Ausdruck Terminator in aller Munde. Offenbar hatten die Macher mit ihm einen Nerv getroffen. Ich als Teppich-Terminator traf ebenfalls einen

Nerv. Meine Aufgabe war die Liquidation der Geschäfte vieler hochgeschätzter Kollegen – darunter welche, in denen ich am Anfang meiner Karriere selbst gearbeitet hatte.

Doch der Reihe nach: Mitte der 80er-Jahre ging es der Branche noch halbwegs gut. Einige Händler waren ausgeschieden – altershalber, weil sie die Lust verloren oder falsche Entscheidungen getroffen hatten – kurz gesagt, es geschah nichts, was woanders nicht auch geschah. Diejenigen, die im Spiel blieben, sahen genau hin, was ich zu dieser Zeit trieb. Der Mann aus dem Schwarzwald hatte im Laufe der Jahre nicht nur die Gilde aufgemischt und mit außergewöhnlichen Teppichfunden aus dem Orient für Furore gesorgt – offenbar lief bei ihm der Motor noch immer glänzend, während es hier und dort schon gewaltig im Getriebe knirschte. Ich erlebte mit, wie meine Ballenpartys und Auktionen kopiert wurden, weil viele Händler Probleme bekamen, ihre Ware auf klassische Art und Weise in ihren Läden loszuwerden. Wer auf Teppichen sitzen bleibt, zahlt dafür einen hohen Preis. Die Lagerkosten schießen durch die Decke und das gebundene Kapital fehlt dort, wo es gebraucht wird. Gleichwohl konnte man noch immer Geld verdienen. In den Zeiten des Booms waren den Importeuren ihre Ware aus der Hand gerissen worden. Sie mussten nicht verkaufen, sie mussten nur verteilen. Als sich der Wind drehte, hatten sie keine Ahnung, was verkaufen im ursprünglichen Sinn bedeutet.

„Ihr müsst Werbung machen", sagte ich. „Für die Miri-Kollektion bringe ich alle zwei Jahre einen Katalog heraus, der es mit jedem Kunstbuch aufnehmen kann."

Die Faustregel lautet: Um eine Million Umsatz zu machen, braucht man ein Werbebudget von zehn Prozent. In vielen anderen Branchen gilt dieselbe Kennzahl. Doch die verwöhnten Importeure und Händler winkten ab. „Wir und Werbung?", sagten sie. „Die Leute fressen uns doch aus der Hand."

Wie gesagt: Manche Menschen merken es nicht, wenn sich die Zeiten ändern.

Was ebenfalls zum großen Wandel beitrug, passierte in Indien. Dort war sich kein Knüpfer zu schade, Kopien von allen nur denkbaren Teppichen herstellen. Anfang des 20. Jahrhunderts wurden in Iran in der Region Saruk Teppiche für den amerikanischen Markt gefertigt. Einige dieser Originale fanden ab 1920 als Re-Importe ihren Weg nach Europa. Dort wurden indische Händler auf sie aufmerksam. Sie schickten ein paar Exemplare davon in ihre Heimat und ließen diese kopieren. Die Wolle war natürlich anders als bei den Originalen, doch die Optik der Kopien war täuschend ähnlich. Selbst Fachleute hatten Probleme, indische von iranischen Produkten zu unterscheiden. Während in Iran eine Person ein Jahr lang an einem Teppich arbeitete, meldeten die indischen Knüpfer nach drei Monaten Vollzug. Dadurch waren sie viel billiger. Die Saruk-Kopien gelten daher als Beginn der Massenproduktion. Als Mitte der 80er-Jahre US-Sanktionen im Iran erstmals dafür sorgten, dass weniger Teppiche hergestellt werden konnten, standen die Inder Gewehr bei Fuß. Sie sprangen ein und lieferten: Billiger, aber auch in schlechterer Qualität. Ihre Kopien fusselten, und wenn das passiert, verlieren die Käufer das Vertrauen.

Vertrauen verloren die Kunden auch gegenüber dem Handel. Eine neue Kaste Händler tauchte auf, die am flotten Reibach interessiert war. So manche iranische Familie schickte den missratenen Sohn nach Deutschland, um ein Geschäft zu eröffnen. Jetzt kam die Zeit, in der man den Teppichhandel nur noch über marktschreierische Annoncen wahrnahm. Die Läden dieser Händler der neuen Kaste öffneten, um kurz darauf unter fadenscheinigen Argumenten wieder zu schließen. Der

Schlussverkauf wurde dazu genutzt, Rabatte zu gewähren, die in Wirklichkeit keine waren. Oft war das Angebot eine Farce: Die Wolle war nicht handgesponnen. Teppiche waren mit Chromfarben gefärbt, wurden jedoch als Naturfarben angepriesen. Die Qualität war schlecht, der Preis hoch, doch in den Anzeigen stand in großen Lettern: Superschnäppchen! Viele Kunden fielen darauf rein.

Ich trommelte meine Kollegen von der Gilde zusammen, weil ich spürte, dass uns die ganze Branche zu entgleiten drohte. Das gute Image der Teppichhändler begann zu kippen.

In diesen aufregenden Tagen hatte mein Münchner Mentor und Kollege Alfred Böhmler eine Idee. Er wollte das Geschäft mit nachgeknüpften Orientteppichen nicht länger Hinz und Kunz überlassen. Er schlug vor, dass wir eingesessenen Händler mit Läden in den Innenstädten uns dort aufs Stammgeschäft konzentrieren – und draußen auf der grünen Wiese die Nachfrage nach Teppichen aus Indien, Pakistan, der Türkei und Ägypten auf seriöse Art und Weise befriedigen.

„Das eine tun und das andere nicht lassen", fasste ich seine Idee zusammen. Ich war sofort dabei, und zehn weitere Kollegen warfen ebenfalls den Hut in den Ring. Als Pilotprojekt planten wir ein erstes Geschäft in München, danach wollten wir nach Augsburg, dann nach Nürnberg und Stuttgart. Um uns von den unseriösen Händlern zu unterscheiden, die Teppiche als Stapelware in ihren Läden liegen hatten, präsentierten wir unser Angebot auf speziellen Vorrichtungen.

„Nebeneinander, nicht aufeinander", lautete die Devise. Weil sich Kunden dadurch besser orientieren können, welchen Teppich sie einer näheren Betrachtung unterziehen möchten, lag der Name unseres Geschäfts auf der Hand: „Wir nennen uns Abu Schau", beschlossen wir. Wir hegten zwar die Hoffnung, der undurchsichtigen Konkurrenz kräftig einzuheizen –

doch wir ahnten nicht, wie außerordentlich gut unsere Abu-Schau-Kollektion bei der Bevölkerung ankam.

Man kann es nicht anders sagen: Die Leute rannten uns die Bude ein. Die Bude war eine große Halle, die wir uns mit Aro Heimtextilien teilten, die zu dieser Zeit zur Holding des Nürnberger Händlers Michael A. Roth gehörte. Aro stellte in ihrer Hallenhälfte Gardinen und Tapeten aus, wir konzentrierten uns auf Teppiche. Hinter der Halle befand sich ein Gleisanschluss der Bahn, und zu Beginn von Abu Schau verkaufte ich die Ware aus dem Güterzug heraus. Für mich war das kaum anders, als in Schramberg auf dem Busbahnhof Teppiche unter die Leute zu bringen. Mit Uwe Rettkowski und der Werbeagentur Herrwerth & Partner unterhielt ich das Münchner Publikum mit frecher, lustiger und noch nie dagewesener Werbung. Einmal steckten wir Teppiche in einen Citroen 2CV – die legendäre Ente – und kurvten damit durch die Gegend. Ein anderes Mal inserierten wir: „Alle Perser auf die Straße!" Dann ließen wir einen Prospekt im Stil der BILD-Zeitung drucken. Darin nahm ich die unseriöse Konkurrenz aufs Korn: „Warnung vor Hausierern!" prangte in typischer BILD-Schrift auf Seite eins. Die Antwort kam postwendend und zeigte, aus welchem Holz diese Leute geschnitzt waren, denn für die nächsten Wochen brauchte ich Polizeischutz. Es ließ mich aber kalt, dass ich Feind Nummer 1 geworden war. Seit ich von der IHK als vereidigter Sachverständiger bestallt wurde – heute ist das 45 Jahre her – kenne ich die heftigen Reaktionen der Betrüger. Ich gehöre zum kleinen Kreis der Sachverständigen, die auch Gerichtsgutachten erstellen. Dafür wälze ich Bücher, reise mit einem Teppich auch mal ins vermeintliche Herkunftsland und lege ihn dort vor – kurz gesagt, ich scheue keinen Aufwand, um Kriminellen das Handwerk zu legen. Morddrohungen, eingeworfene Fensterscheiben und zerstochene Autoreifen haben mich nie abschrecken können, im Gegenteil. Ich liebe meinen Beruf, der mir Berufung ist, und hege den Wunsch, dass der Kunde für sein Geld authentische Ware bekommt, an der er viele Jahre Freude hat. Diese Ziele auf dem Altar des Mammons zu opfern, dazu war ich nie bereit.

Bei unserer Kundschaft kam diese Botschaft gut an, doch einigen meiner Kollegen war unsere Art des aktiven Verkaufs gänzlich fremd. Sie scheiterten beim Versuch, mit dem Megafon in der Hand Teppiche anzupreisen. Da war sie wieder, die Arroganz, die Textilingenieure und Betriebswirtschaftler über den Händler stellt. Dabei muss jedem klar sein, dass es ohne Händler weder den Ingenieur noch den BWLer gibt.

„Ihr verkauft jeden Tag", hielt ich den scheuen Kollegen entgegen. „Nämlich Euch selbst. Wie war es, als du um deine Frau geworben hast? Da hast du dein Licht nicht unter den Scheffel gestellt, sondern dich von der allerbesten Seite gezeigt. Das ganze Leben ist Verkauf!"

Meine Worte konnten sie nicht umstimmen, und allmählich fiel unsere Truppe auseinander. Zuerst beschlossen einige ältere Händler den Rückzug. „Wir wollen an Abu Schau nicht länger beteiligt sein", kam die Nachricht aus der Stadt, die unser nächster Standort werden sollte.

„Ihr macht einen Fehler", hielt ich dagegen. „Die Strategie setzt sich durch, der Erfolg gibt uns recht." Doch umstimmen konnte ich die Zweifler nicht. Folgerichtig mussten viele dieser Händler in den kommenden Jahren Insolvenz anmelden – und ausgerechnet ich sollte dann als Teppich-Terminator den Räumungsverkauf abwickeln.

Dafür brachte ich einiges an Erfahrung mit. Nachdem Ute und ich aus Spanien zurückgekehrt waren, fragte mich ein befreundeter Händler aus Aachen, ob ich seinen Ausverkauf übernehmen wollte. Sein Geschäft lag in einer Straße, die zur Fußgängerzone umgestaltet worden war. Für manche Läden mag das ein Segen sein, für einen Teppichhändler nicht. Um den Einkauf zu transportieren fahren Kunden mit dem Auto vor, was in Innenstädten ohnehin immer schwieriger wird. Der Inhaber war ein Händler der alten Schule, der selten ins tägliche Geschäft eingriff. Das überließ er den Verkäufern, während er aus dem Hintergrund die Fäden zog. Jetzt sagte er mir unter Tränen: „Ich bin am Ende. Ich muss mein Geschäft mit einem Räumungsverkauf schließen."

Ein Räumungsverkauf hat ganz eigene Regeln. Innerhalb einer kurzen Zeitspanne von vier Wochen muss die gesamte Ware verkauft sein. Diese muss davor buchhalterisch festgehalten werden, so will es der Gesetzgeber. Diese Liste mit allen Waren wurde bei der Industrie- und Handelskammer vorgelegt. Damit wollte man verhindern, dass ein Händler „Räumungsverkauf!" schreit, dabei Mondrabatte einräumt, um dann aus einem geheimen Lager neue Produkte in den Laden zu schaffen. Das machen viele unseriöse Teppichhändler – für mich als Terminator kam das aber nicht in Frage, was ich jeden Auftraggeber auch gleich wissen ließ, der mich in den folgenden Jahren um einen Räumungsverkauf bat. Warum sie sich an mich wandten, lag auf der Hand: Weil ich wie kein Zweiter in der Lage war, in Tabula-Rasa-Manier zu verkaufen. Was nichts anderes heißt, als dass am Ende das Geschäft leer und besenrein übergeben wird. Dieses aktive Verkaufen war das Problem in Aachen. Die Angestellten dort waren in der Lage, bei einem Kunden, der sich zwei, drei oder vier Stunden mit einem Teppich beschäftigte, zum Abschluss zu kommen.

„Diese Zeit haben wir nicht mehr", sagte ich gleich bei der ersten Besprechung. „Fünfzehn Minuten maximal, dann muss das Geschäft in trockenen Tüchern sein."

Ich sah in bestürzte Gesichter. Diese Leute hatten bisher zwanzig Kunden im Monat betreut, jetzt verlangte ich von ihnen, zwanzig Kunden am Tag zu bewältigen. Es fiel mir nicht leicht, mit ihnen derart hart ins Gericht zu gehen, doch es führte kein Weg daran vorbei.

Bei einem Abverkauf geht es darum, dem Eigentümer des Geschäfts, der oft versäumt hat, sich auf seine Rente vorzubereiten, Geld für die Altersvorsorge in die Kasse zu spülen. Immer wieder stellte ich fest, dass es in etablierten Geschäften an Geld mangelte. Es steckte in den Teppichen und die stapelten sich im Lager.

„Unser Ziel ist", fuhr ich fort, „am Ende darf kein Teppich übrig bleiben."

Diesen Satz sprach ich vor jedem Räumungsverkauf aus. Dann sah ich, wie die bleichen Gesichter vor mir noch blasser wurden. Ich wusste aber auch, was diese Zielvorgabe für mich bedeutete: Schuften von morgens bis abends. Todmüde ins Hotelbett fallen. Jedes Wochenende Inventur machen, Werbung gestalten, Expertisen schreiben, Sonderverkäufe durchziehen. Die ganze Zeit über das Verkaufsteam auf Trab halten und mehr als einmal die Inhaber über den Verlust des Geschäfts hinwegtrösten. Nach den vier Wochen eines Räumungsverkaufs war ich immer reif für die Insel. Dafür kann ich mit Stolz sagen: Wenn ich einen dieser Harakiri-Jobs übernahm, erreichten wir das Ziel: Am Ende konnten meine Auftraggeber in Rente gehen, ohne Angst zu haben, mittellos dazustehen.

Um an Geld zu kommen, musste der Aachener Händler erst einmal Geld für die Werbung ausgeben, und das hatte er nicht. Nach der altbekannten Formel, zehn Prozent vom zu erwartenden Umsatz ins Marketing zu stecken, benötigte er 50 000 Euro. Seine Hausbank, die an ihm über Jahrzehnte hinweg gut verdient hatte, schaltete auf stur. Der Händler hatte Glück im

Unglück: Noch war die Gilde solvent genug, um dem Partner mit einem Kredit auszuhelfen.

Nachdem ich mir seine Angestellten angesehen hatte, stand für mich fest: Ich brauchte eine eigene Einsatztruppe. Kein Zweifel, das waren honorige Menschen und gute Berater – aber jetzt völlig überfordert von der Ausverkaufsituation. Zum Glück kannte ich die richtigen Leute. Ähnlich wie bei mir steckt in diesen Männern – Frauen findet man nur selten – das Wander-Gen. Es sind Verkaufsnomaden, die durch Deutschland ziehen und überall dort aushelfen, wo Not herrscht. Dazu muss man gerne unterwegs sein und bereit, auf ein geregeltes Privatleben zu verzichten. Sie sind würdige Nachkommen der Zimmerleute, Maurer, Steinmetze, Dachdecker, Schneider, Schuhmacher, Goldschmiede und Bäcker, die einst auf die Walz gegangen sind. Diese urdeutsche Handwerkstradition entstand im Mittelalter. Gesellen auf der Walz unterwarfen sich strengen Regeln. Sie durften einige Jahre nicht nach Hause zurückkehren und mussten einen Bannkreis einhalten, der um ihre Heimat gezogen wurde. Sie hatten sich rechtschaffen und ehrlich zu verhalten. Dafür trugen sie einen goldenen Ring im Ohr. Brachen sie mit den Regeln ihrer Zunft, wurde der Ring mit einer Beißzange herausgerissen – der Ausdruck „so ein Schlitzohr" entsprang dieser schmerzhaften Prozedur. Das Schlitzohr deutet auf einen Menschen hin, der Recht und Ordnung missachtet.

Auf meine Verkaufsnomaden konnte ich mich hundertprozentig verlassen. Sie waren ebenfalls strengen Regeln unterworfen, die ich aufstellte, um den Erfolg zu garantieren. Dazu gehörte, von morgens um 9 Uhr bis abends um 19 Uhr ohne Pause zu arbeiten. Außerdem waren eherne Gesetze, keine Unwahrheiten über die angebotene Ware zu verbreiten sowie den raschen Abschluss zu suchen.

„Wir ziehen das mit Anstand und Sorgfalt durch", lautete mein Standardsatz. Ich stand natürlich nicht mit der Beißzange bereit, um bei einem Verstoß goldene Ringe auf brachiale Weise zu entfernen, das brauchte ich auch nicht. Da ich selbst unermüdlich arbeitete, sahen die Verkäufer in mir den Leitwolf, dem sie gerne folgten. Schließlich winkte ihnen am Ende eine satte Provision. Auch das gehörte zu meiner Strategie: Zahle gutes Geld für gute Arbeit, und du brauchst dir keine Gedanken um die Motivation deiner Mitarbeiter zu machen.

Bei diesem ersten Räumungsverkauf lernte ich viel dazu. Neben den Teppichen hatte der Inhaber ein schönes Sortiment herrlicher Vasen aus China. Seine Frau hatte sie erworben und war für deren Verkauf zuständig. Allein, sie wollte sich nicht von ihnen trennen. Wie oft ich das noch erleben sollte! Für viele Händler war der Abverkauf die letzte Chance, mit einem blauen Auge davonzukommen, und doch wollten sie lieb gewonnene Sachen nicht verkaufen. Bildlich gesprochen brannte das Haus lichterloh, aber die Bewohner weigerten sich, es zu verlassen.

Da bin ich ganz anders gestrickt, was vielleicht mit dem nomadischen Gen zu tun haben mag. Nomaden können auf Reisen nicht viele Sachen mit sich schleppen. Diese Erfahrung macht jeder von uns, der einmal versucht, mit fünf Koffern gleichzeitig einen Zug zu besteigen. Zwar liebe ich es, schöne Dinge um mich zu haben, doch es kostet mich ein Lächeln, mich wieder von ihnen zu trennen. Wie anders waren die Leute, mit denen ich es in den kommenden Jahren zu tun hatte. Sie häuften Besitz an, und waren nicht bereit, ihn loszulassen. Oft lag darin einer der Gründe, weshalb ihr Geschäft in die Binsen gegangen war. Ist ein Händler, der hortet, überhaupt noch ein Händler? Auch bei den Chinavasen musste ich ein Machtwort sprechen, das ich natürlich in Samt und Seide verpackte. Ich brachte die Dame des Hauses dazu, daheimzubleiben und ihr Geschäft nicht zu betreten, bis meine Profis auch die letzte Chinavase verkauft hatten.

Es sprach sich schnell herum, dass ich als Teppich-Terminator einen ausgezeichneten Job machte. Leider sprach es sich herum, füge ich hinzu, weil es mir lieber gewesen wäre, es hätte diese Aufgaben nicht gebraucht. Ich bin noch immer der Überzeugung, dass unsere Branche nicht hätte havarieren müssen.

„Herr Renz", lautete die erste Frage jedes Hilfesuchenden. „Werden Sie erfolgreich sein?"

Oft stand der Fragesteller einen Schritt vor dem Abgrund. Er hoffte auf mein „Selbstverständlich", doch diesen Gefallen verweigerte ich ihm. Es wäre unseriös gewesen. „Könnte ich das beantworten, wäre mein Beruf Hellseher", sagte ich. „Sie können jedoch sicher sein, dass wir unser Bestes geben." Ich machte eine bedeutungsvolle Pause. „Sie müssen allerdings Ihren Teil dazu beitragen. Das beginnt damit ...", es kam eine weitere Pause, denn was nun folgte, war für die meisten Bittsteller ein Schlag ins Kontor, „dass Sie mir Ihr Geschäft für die nächsten vier Wochen überlassen. In dieser Zeit bin ich der Boss."

Daran hatten viele zu knabbern. Sie waren dreißig, vierzig Jahre Herr im Haus gewesen; sie hatten es im Laufe ihres Berufslebens zu Rang und Namen gebracht und saßen oft auf dem hohen Ross. Nun kam ich und hebelte die altgediente Ordnung aus.

Das rief manchen Trotzkopf auf den Plan. „Dann mache ich das nicht", sagten sie.

„Dann mache *ich* das nicht", erwiderte ich.

My way or the highway, lautet eine amerikanische Redewendung, wenn eine Entscheidung keine Alternative erlaubt. „In dieser Zeit bin ich der Boss" war meine Art, Alternativlosigkeit auszudrücken. Es dauerte nie lange, bis mein Gegenüber zurückruderte. Einen Schritt vor dem Abgrund ist jede Trotzreaktion lebensgefährlich.

„Aber wir sind hier in Oldenburg", hörte ich als Nächstes. „Hier ticken die Käufer anders."

Ersetzen wir Oldenburg durch München, Bochum, Stuttgart, Köln, Dortmund, Hannover oder Berlin, dann gehörte die Aussage ebenfalls zum Standard – und sie war grundfalsch. Deshalb blieb auch meine Antwort immer dieselbe. „Sie irren sich. Käufer sind Käufer. Verkäufer sind Verkäufer." Darüber wusste ich bestens Bescheid, weil ich den Handel sowohl im Orient als auch bei uns im Westen von der Pike auf gelernt habe. Es geht darum, dass Käufer und Verkäufer zusammenfinden. Die Regeln, die dafür sorgen, sind auf der ganzen Welt gleich. An oberster Stelle steht: Der Verkäufer muss freundlich sein. Wenn Sie nun einwenden, das erlebe ich nicht oft, kennen Sie die Antwort, weshalb viele Läden, Supermärkte und Einkaufscenter heute schlecht dastehen. Warum das so ist? Weil Verkäufer von ihren Chefs oft schlecht behandelt werden. Dann lassen diese ihren Frust am Käufer ab, mit der Folge, dass kein Kauf zustande kommt. Aus diesem Grund behandelte ich meine Verkäufer immer gut. Für sie legte ich die Hand ins Feuer. Viele aus meinem Team hatte ich sogar selbst geschult. Sie wussten, wie viel Wert ich darauf legte, dass sie den Kunden zuhörten. Ich kann es gar nicht oft genug betonen, wie wichtig dieses Zuhören ist. Wer es kann, findet schnell heraus, wer für die Verkaufsentscheidung zuständig ist. Ist es die 16-jährige Tochter, die scheinbar gelangweilt neben ihren Eltern steht? Man hört heraus, wie viel Geld da ist. Man hört heraus, welche versteckten Wünsche es gibt.

„Für mich ist ein Gespräch mit dem Kunden etwas Belebendes. Mir macht es Spaß, ich ziehe Energie daraus", gab ich meinem Team mit auf den Weg.

Im Orient hatte ich gelernt, dass Handeln immer ein Gespräch auf Augenhöhe ist. In der westlichen Welt gibt es dagegen immer wieder Kunden, die sich für etwas Besseres halten, weil sie schließlich das Geld haben. Ein guter Verkäufer darf Kunden dieser Gattung auch wegschicken. Liegt einem der Nörgler ewig in den Ohren, dass die Preise zu teuer sind und es woanders billiger ist, wird man mit ihm niemals zum Abschluss kommen. Dann gibt es nur eine Antwort: „Bitte gehen Sie dorthin, wo Sie offenbar Geld sparen." Das spricht man allerdings freundlich aus. Denn woanders ist es nicht billiger, zumindest nicht bei gleicher Qualität, weil kein Händler etwas zu verschenken hat. Meistens dauert es nicht lange, und der Kunde ist wieder da. Daher sollte man den Faden, der Verkäufer und Käufer verbindet, niemals zerschneiden.

Viele Händler, die mich um einen Räumungsverkauf baten, hatten das gleiche Problem wie mein Fall in Aachen: Es fehlte hinten und vorn an Bargeld. Also bewertete ich als Erstes ihr Warenlager, schaute mir die Umsätze der letzten drei Jahre an und begleitete den Inhaber anschließend auf dem schweren Gang zur Bank. Danach übernahm mein Team die Regie. Der Laden wurde eine Woche vor Beginn des Schlussverkaufs geschlossen und neu dekoriert. Die Ware musste so organisiert werden, dass schnelle Verkäufe möglich sind. Ich nahm mich der Werbung an und schulte die Angestellten. Viele von ihnen waren es gewohnt, Interessenten Teppiche zur Ansicht zu überlassen. Das ging jetzt nicht mehr. Taten sie es doch, schritt ich ein. Bei einem Räumungsverkauf in Köln schickte einer der bekannten Verleger der Domstadt einen LKW. Folgsam begannen die Angestellten, Dutzende wertvoller Teppiche einzuladen. Ich pfiff sie zurück. „Wir verkaufen, wir verleihen nicht", rief ich ihnen ins Gedächtnis.

„Das ist aber ein guter Kunde!"

„Dann darf er kommen und sich nach Herzenslust aussuchen, was ihm gefällt. Anschließend beladen wir seinen LKW – nach dem Verkauf."

Wer vier Wochen erfolgreich verkaufen möchte, braucht eine gute Dramaturgie. Diese legte ich am Anfang fest: In den ersten Tagen wurden die wertvollsten Stücke verkauft, gegen Ende die im Preis reduzierten Waren. Das brachte mit sich, dass ich Woche für Woche neue Prospekte auflegen musste. Alles, was darin vorkam, übertrug ich auf eine Schautafel. Auf der strich ich täglich durch, was verkauft wurde. Obwohl das für den Eigentümer bares Geld bedeutete, gab es manche, die sich vor dem Anblick meiner Tafel fürchteten, weil sie zeigte, wie sich Liebgewonnenes aus ihrem Leben verabschiedete. Ein Räumungsverkauf ist wie eine volle Badewanne, aus der man den Stöpsel zieht. Mit dem Unterschied, dass aus abfließendem Wasser bares Geld wird.

In der Filmreihe „Terminator" spricht Arnold Schwarzenegger einen Satz, der weltweit zum geflügelten Wort wurde: *„I'll be back"*, sagt er bei jeder passenden Gelegenheit. „Ich komme wieder."

Das passiert mir in meiner Rolle als Teppich-Terminator ebenfalls. Ist das Geschäft leergeräumt, mein Team ausbezahlt und erfreut sich der ehemalige Eigentümer an einem hübschen Sümmchen, das ihm den Lebensabend sichert, kann ich, wenn ich in derselben Stadt wieder zu tun habe, nie den Gedanken unterdrücken, dass es einst an dieser Stelle ein schönes Geschäft für Orientteppiche gab. In der Zwischenzeit ist eine Spielhalle eingezogen oder ein Telefonladen. In solchen Momenten wird der Teppich-Terminator wehmütig. Dann klingelt schon wieder mein Telefon und eine Stimme unter Tränen sagt: „Ich bin am Ende. Ich brauche Ihre Hilfe beim Räumungsverkauf."

Wie oft ich dazu noch „Ja" sage? Irgendwann möchte ich mich dieser Belastung nicht mehr aussetzen. Der persische Dichter Firdausi sagt nicht umsonst: „So sind die Schicksalswege dieser Welt. Heute wirst du in den Sattel gehoben, morgen wird er dir auf die Schultern gelegt." Ich habe immer auf die persischen Mythen gehört. In Iran, diesem ganz besonderen Land, in dem heute Armut, Arbeitslosigkeit und Kriminalität herrschen, deren Menschen aber noch immer ihre Dichter lieben, könnte ich mir ein Leben mit meiner Frau vorstellen. Doch schmerzlich vermissen würde ich Deutschland, den Schwarzwald und unsere Heimatstadt Schramberg. Daher bleiben wir hier.

Epilog

„*The Show must go on*“, sang Freddie Mercury von Queen, als er bereits wusste, dass für ihn die Show nicht mehr lange gehen würde. Ich selbst wurde auch schon totgeschrieben. Zweimal musste ich mich selbst räumungsverkaufen. Das hatte einen bizarren Hintergrund, der jedoch den Gesetzen der Branche entsprach. Beim ersten Mal hatte ich einen Nachfolger für mein Geschäft in Schramberg gefunden. Dieser war zwar nicht vom Fach, traute es sich aber durchaus zu, den Handel fortzuführen. Dafür kaufte er ein ehemaliges Autohaus, gestaltete es um, und legte los. Ich hatte ihn bei Räumungsverkäufen mit ins Team genommen, bei denen er sich geschickt anstellte. Um im Sportjargon zu bleiben: Die Testspiele hatte er gut absolviert, nun ging es darum, sich in Pflichtspielen zu beweisen. Ein paar Jahre gingen ins Land, dann kam er zu mir und sagte: „Ich weiß jetzt, dass ich aufs falsche Pferd gesetzt habe.“

Ich hege Hochachtung davor, wenn ein Händler zu dieser Erkenntnis kommt. Besser ein Ende mit Schrecken als ein Schrecken ohne Ende. Nun musste aber ein Räumungsverkauf organisiert werden. Und wer kam dafür in Frage? Natürlich der Teppich-Terminator. Das Geschäft trug noch immer meinen Namen, da ihn der Nachfolger übernommen hatte. Jetzt wurde es von Peter Renz persönlich geräumt. In meinem Heimatstädtchen sorgte das für einige Verwirrung. Doch ich brachte die Sache sauber über die Bühne, dazu hatte ich schließlich genügend Erfahrung. Kurze Zeit später erhielt ich einen Anruf. Einer meiner besten Männer aus dem Verkaufsnomaden-Team sprach davon, dass für ihn die Zeit gekommen wäre, sesshaft zu werden. Er wollte nach Schramberg ziehen und den Laden weiterführen. Ich war skeptisch, ließ mich aber darauf ein. Nach erfolgreichen fünf Jahren kam aus privaten Gründen der Abschied. Am Ende braucht es mehr als einen Top-Verkäufer, um ein Geschäft am Leben zu halten. Ich erinnerte mich an die Worte meines Vaters. Er hatte davon gesprochen, wie er „Kunden trinken" musste. Im Klartext hieß es, die vielen Stammtische abzuklappern, und mit den Leuten dort gesellig zu sein. Als Geschäftsinhaber ist man ein wichtiger Teil der Gesellschaft. An dieser muss man aktiv teilnehmen, da einem sonst die Gefolgschaft verwehrt wird.

Weil ich sowohl in meiner Heimatsstadt als auch in der weiten Welt gut vernetzt bin, hatte ich Lust, etwas Neues auszuprobieren. Dieses Mal wollte ich nicht auf Orientteppiche setzen, sondern nahm moderne Designerteppiche ins Angebot. Zwei Jahre lang verkaufte ich diese gut, und so stellte sich die Frage, ob ich den Pachtvertrag verlängern wollte.

Kurz bevor es so weit war, betrat eine Dame mein Geschäft, die immer wieder einen Teppich kaufte. Sie hatte ein gutes Gespür für Menschen. „Herr Renz", sagte sie. „Wenn ich das so sagen darf ..." Das ist eine der schwäbischen Floskeln, die höflich umschreiben, dass gleich der Hammer fällt. „Mein Eindruck ist, Sie halten von diesem modernen Zeugs nicht viel."

Ihre Aussage traf mich ins Mark, denn sie hatte recht. Es war immer der Orientteppich gewesen, der mich faszinierte, und daran hatte sich nichts geändert. Für ihn tat ich all das, was mein Leben prägte. Diese modernen Teppiche gingen mir, wenn ich ehrlich sein darf, sonst wo vorbei. Noch am selben Tag marschierte ich zum Vermieter.

Der fiel aus allen Wolken. „Aber das Geschäft geht doch bestens", sagte er. „Warum verlängern Sie nicht?"

Was hätte ich ihm sagen können? Unter dem Eindruck der jüngsten Erkenntnisse fehlten mir an diesem Tag die richtigen Worte. Gut möglich, dass ich deshalb dieses Buch geschrieben habe. Weil ich meine Liebeserklärung an den Orientteppich nicht in einen Satz fassen kann.

Wenn ich noch ein weiteres Leben hätte, wäre ich gerne Journalist, Maler, General, Kneipenwirt oder Indianerhäuptling. Da es nur eines gibt, bleibe ich bis an mein Ende „Der Händler".

In Gedenken an

Taghi Miri (Teheran), mein väterlicher Freund in Persien, der mir die Teppichwelt eröffnete und mein Leben veränderte.

Alfred Böhmler (München) und Horst Engelhard (Mannheim). Beide waren äußerst erfolgreich als Unternehmer, Kaufmann und Händler, und von beiden durfte ich viel lernen, vor allem Herzlichkeit und Fairness gegen den Mitmenschen.

Karl-Heinz Terwiel (Düsseldorf) zeigte mir die hohe Kunst, schlaraffisch zu leben.

Sigi Borho (Denía), grundverschieden und doch wesensgleich mit mir beim Arbeiten und beim Feiern. Wir waren wie Brüder.

Günther Ruf (Schramberg) gab mir immer wieder guten Druck an der richtigen Stelle.

Siegfried „Black" Plocher (Schramberg), Traditionswirt im Rosengarten, war der verlässliche Freund nicht nur für späte Stunden.

Oft denke ich an diese Menschen.

Dank sagen möchte ich

Razi, Sadegh und Habib Miri (Teheran), die mir gezeigt haben, dass man ein fremdes Land und seine Menschen kennenlernen und verstehen muss, um es richtig beurteilen und lieben zu können. Das Gleiche gilt übrigens auch für Teppiche.

Uwe Rettkowski (Schramberg), dem Freund und Werbemann an meiner Seite, hier wie in fremden Ländern.

Mohamad Nobari (Hamburg), meinem langjährigen Weggefährten im *carpet business*.

Dr. Wolfgang Sipli (Stuttgart) und Klaus von Zeppelin (Schramberg), meinen engsten Freunden seit der Schulzeit. Jeder von uns ein Solitär, und zu dritt ein Trio Infernale.

Dieter Merz (Pforzheim), meinem Schulfreund und Steuerberater mit dem geraden Lebensweg, der mir versagt blieb.

Dr. Wolfgang Pollack (Schramberg), einem Arzt der alten verlässlichen Schule.

Hans Kaiser (Königsfeld), die Junghans-Ikone.

Helmut Krämer (Eislingen), Teppich-Top-Team-Boss

Karl-Heinz Steffan, der Hüter des Jahrgangs 1941

Den Freunden im Rotary Club Rottweil, die mich über viele Jahrzehnte hinweg geduldig ertragen und mir ihre Freundschaft geschenkt haben.

Den Schramberger Ehrenbürgern Dr. Jochem Steim und Dr. Herbert O. Zinell, die zu treffen mir immer eine Freude und Ehre ist.

Meinen Kolleginnen und Kollegen des gesamten Peter-Renz-Teams, für aufopfernde, treue Mitarbeit, herzliche Freundschaft und Verbundenheit, weit über die aktive Zeit hinaus.

Allen Schramberger Bürgerinnen und Bürgern, die den Einheimischen, den Exoten, den orientalen Don Peter immer unterstützt und oft kameradschaftlich mit ihm gefeiert haben.

Meinen Eltern, die mir Leitbilder für mein Leben waren und deren großes Vertrauen ich nie enttäuschen wollte. Sie ließen mir immer freien Lauf.

Meiner Schwester Gertrud für ihr Verständnis für ihren störrischen Bruder.

Meiner Schwägerin Renate und meinem Schwager Rolf für schöne und hilfreiche gemeinsam verbrachte Stunden.

Meiner Frau Ute, die unerschütterlich zu mir gehalten hat, und die ich nach über 50 Jahren Ehe mehr liebe als je zuvor.

Allen Freundinnen und Freunden, die ungenannt blieben. Schön war die Zeit!

Daniel Oliver Bachmann, der mir die Anregung zu diesem Buch gab und es mit mir verständnisvoll zu Ende geführt hat. Er ist nicht mein Ghostwriter, sondern der wahrhaftige Übersetzer meines Lebens.